沉默證詞

WHEN THE DOGS DON'T BARK

A Forensic Scientist's Search for the Truth

by PROFESSOR ANGELA GALLOP

感謝傑若米、西蒙和米克，他們的樂觀永無止境，而且不斷給我靈感。感謝我的兄弟（尤其是強納森和大衛）不斷鼓勵、支持，提出新想法。至於大衛和吉娜，你們讓一切不再遙不可及。

目次

序言 7
1 這工作不適合女人 9
2 約克郡開膛手 18
3 奇行異舉 26
4 專業 33
5 血液：血型、鑑別與血跡形態 38
6 DNA鑑定 48
7 新型的鑑識服務 55
8 「這是我的人生」 64
9 控告馬西莫·卡洛圖一案 73

10 纖維與毛髮 83
11 角色與現場重建 93
12 謀殺還是自殺？ 104
13 解讀證據 115
14 誰在說實話？ 124
15 遠大前程 135
16 判斷錯誤 142
17 史蒂芬·勞倫斯案 155
18 檢驗檢方證據 169
19 挽救平衡 179
20 麗奈特·懷特案 193
21 「說說妳要怎麼破案」 210

22 下一階段 223
23 是真相還是掩蓋真相？ 231
24 瑞秋．尼可案 238
25 事物的核心 248
26 不容小覷 262
27 達米羅拉．泰勒案 274
28 新挑戰 280
29 展望 289
30 彭布魯克郡濱海步道謀殺案 301
31 反思 312
謝辭 319

序言

一九七八年二月一個寒風刺骨的晚上，我來到哈達斯菲爾德（Huddersfield）的樹木園時，十八歲受害者的遺體已經送去停屍間了。我剛在哈洛蓋特的鑑識科學服務中心（Forensic Science Service，FSS）工作滿三年，但這是我的第一個犯罪現場。我既想讓老闆對我的學識和洞見刮目相看，又擔心錯失任何可能幫助西約克郡警方找出凶手的證據。

我走向樹木園的時候，也在擔心我還真的會丟臉、出醜。我之前沒到過犯罪現場，沒有任何現場裝備（防水褲、防風連帽外套、鞋子等等），不像比較有經驗的同事逐漸累積了一些。所以我穿的是我老闆後車廂裡恰好有的一些衣物。問題是，朗．奧特里奇（Ron Outteridge）是個穿著十一號鞋的大漢。我勉強擺出能幹專家的架勢，同時還得穿著他的威靈頓雨靴走路，控制那一大件防風外套的皺褶，防風外套正拍打著我的小腿。

其實怎樣也無法為你的第一個犯罪現場做好準備，尤其是暴力死亡的情況。做我這行遇到的通常都是暴力死亡。但內省的時間稍縱即逝，我必須專心思考幾小時前樹木園冰冷的黑暗中可能發生了什麼事。接著我開始尋找凶手留下的微物證據——任何衣物的碎片、破木頭勾到的頭髮，或鞋子或車輪留下的痕跡。警方懷疑凶手可能是約克郡開膛手，因此要找出蛛絲馬跡幫助警方分辨誰殺了海倫・芮特卡（Helen Rytka），就顯得更緊迫了。

1 這工作不適合女人

我哥哥強納森堅稱我對犯罪的興趣始於九歲時，我父親時常應我的要求，買一份《世界新聞週報》（*News of the World*）或《週日人物報》（*Sunday People*）給我。讀到的那些犯罪新聞確實令我著迷，不過我每週日早上跟父親去報攤，或長大一點跟強納森騎腳踏車去報攤再騎回家，其實主要不是為了報紙，而是雪花巧克力棒。我後來成為鑑識學家，純屬巧合。

我大概很小就知道我想當某種科學家。我家住在牛津市外一個小村莊，以前會在地下室用化學實驗套組做各種實驗，多少強化了這種隱約的野心。然而，要不是我設法通過夠多的普通級考試，勉強進入第六學級的學校，在那裡孕育了我對植物的熱愛，這樣的野心也不會成真。

我的五個兄弟中，與我年紀最近的是強納森和大衛，我跟他們一起長大，已經習慣（而且喜愛）與其他人為伍。其實直到十六歲，我的學業表現都乏善可陳，主要就是因為學校生活的社交層面令我分心。

我在海丁頓中學（Headington School）的學費是由一位慷慨的姨婆支付。但我對學校教的東西幾乎毫無興趣，開始準備進階級考試之前，根本很少做功課。因此我的學校報告大部分都有這類的評語——「如果安吉拉多努力一點就好了」。要不是優秀的植物學老師湯普森太太激起我的興趣，讓我想主動學習，我這生恐怕不會有什麼成就，而且絕對不可能成為科學家。結果我通過了進階級考試（化學、動物學和植物學），接著在謝菲爾德大學（Sheffield University）修習植物學。

畢業後，我得到留在謝菲爾德攻讀博士的機會。但我當時準備結婚，因此拒絕了邀請，搬回南方和新婚丈夫彼得．蓋洛普（Peter Gallop）在一起。接著在牛津大學擔任一段時間的實驗助理之後，我改成攻讀博士，專門研究海蛞蝓。

我對海蛞蝓產生興趣的原因和植物吸引我的原因相同——它們的運作方式。植物藉由根部從土壤吸收水和礦物質運送到葉子；用綠色的小東西（葉綠體）轉換太陽能和空氣中的二氧化碳，產生食物讓它們生長、欣欣向榮，這過程拆解起來十分驚人。我研究的那幾種海蛞蝓也利用葉綠體，牠們從特定的海草裡吸出葉綠體，創造某種體內的製糖工廠。我得到研究經費，是基於聽起來很有野心的理由——這類海蛞蝓可能成為解決第三世界國家糧食問題的關鍵。接下來三年，我有許多快樂的日子是在懷特島（Isle of

Wight）朋布里治（Bembridge）的海灘上翻找，在我迷你的飛雅特汽車裡載滿了一大箱的海水和海草，將這些收集到的迷人小生物帶回牛津研究。

然而，最後我在寫論文的時候，才明白三件事：我做的研究不大可能解決任何世界糧食短缺的問題；全世界真正對我研究有興趣的不過六、七人，我恐怕找不到工作；而且我其實想做更實際、對更多人更切身重要的工作。

當時，我和朋友自然常常聊到我們的餘生要做什麼。一九七四年夏日的某一天，我在圖書館裡，好朋友史都華．密利根（Stuart Milligan）遞給我一份報紙，說：「安吉拉，看起來妳會有興趣。」他用原子筆圈起來的，是鑑識科學服務中心總部的徵才廣告。我從來沒注意過鑑識科學，不過鑑識確實可以歸為「實際」的範疇。我決定這值得一探究竟。不過我得先和指導教授大衛．史密斯（David Smith）談談。史密斯是位傑出的科學家，也是不可多得的朋友和提供建議的人。他告訴我：「那樣的工作會有不少應徵者，所以不論如何都要應徵，不過別抱太大的希望。」

我先生決定再接受事務律師的培訓，我們財務吃緊，沒什麼別的選擇，於是我送出了履歷。沒想到他們要我去面試。

我很清楚，要說服面試官相信我能從海蛞蝓跳到刑事工作，並非易事。所以事後我很懊惱，覺得自己沒好好思考他們會問我什麼問題。如果有好好想過，我當場也許就不用絞盡腦汁思考怎麼巧妙地回答，「如果有輛卡車涉及載運贓物，你會尋找哪些微物跡證」之類的問題。那時我已經累積了不少科學知識，然而我拼命想出合理的答案時，那些知識似乎都派不上用場。幸虧我的答案應該讓他們覺得我還有點希望；面試後不久，我接到一封信，聘請我擔任高級研究員。

鑑識科學服務中心在全國有八間設施，我幾乎能任意選擇。彼得在法學院拿到資格之後，找工作可以很有彈性，選哪個地點其實不重要。我選擇了哈洛蓋特的實驗室（那裡離謝菲爾德大學不遠，而我在那裡的大學時光非常快樂）。一九七四年十月二十四日，我開始在那裡工作。

我擔心第一天遲到，反常地提早來到充滿綠意的近郊那間宏偉的大房子，好不尷尬。幸好有人更早上工，親切地招呼我，帶我上樓到實驗室等候。

我走進實驗室時，最先注意到的是空盪盪的房間一角拉了條晾衣繩，繩子上掛著幾樣物品，似乎是染血的衣物。我坐在凳子上等新同事到達，第二個注意到的是實驗室乾淨無瑕的長凳上，居然有觸目驚心的紅褐色汙漬。我正開始納悶那裡究竟發生了什麼事，這時門開了，我第一份鑑識科學工作的第一天就此展開。

幾小時後，我被介紹給太多人，聽他們解釋了太多種檢驗和技術，感到頭昏腦脹。那天我和遇到的一位人士有段很奇妙的會面，他是實驗室主管——伊恩・巴克雷（Ian

Barclay）博士。我還記得，當時我覺得他指示我「描述證據時用茶匙來當量詞」在科學脈絡中感覺很怪。不過聽他解釋這樣能讓「一般人更容易理解」證據的分量，就比較說得通了。後來我開始在法庭作證，發現這樣真的有用，因為陪審團和其他人未必有科學背景，用毫升來表達容積有時會讓他們難以想像。我也發現，巴克雷博士十分有趣，而且太投入工作了，幾乎不休假。我們常說要看他上班時穿的是不是涼鞋，才能分辨他是不是在度假。

第一天被那麼多資訊轟炸，有點令人怯步。不過幸好工作看起來真的很有趣，一起工作的人都很友善。唯一可惜的是，我發現新老闆朗．奧特里奇對於團隊中有個女人有點不以為然。

我當然不是那裡唯一的女性員工。但我**確實**是唯一將成為所謂報告員（reporting officer，RO）的女人。身為報告員，就要去犯罪現場，處理、主導實驗室工作，撰寫報告交給警方和檢方律師，必要時上法庭作證。我將是那職位唯一的女性，這在今天看起來很不可思議；除了現在比較平等了，也是因為現在鑑識科學工作的女性比男性多。不過當時那樣的情況只是自然風氣。即使這樣，我聽到新老闆說出這類的話還是大為震驚：「我知道找妳來是讓妳成為報告員，但妳要知道，我不認為該讓女人做案件報告。這工作不適合女人。妳大概覺得我老古板，不過我覺得女人就該待在家——根本就該待在廚房水槽邊。」

我多少期待工作關係有個令人振奮的序幕，雖事與願違，但我也說了，當時的時代不同，所以我大概沒回他什麼吧。雖然前幾個月奧特里奇對我的態度很糟糕，但不久就發現他對大家都很嚴厲。儘管奧特里奇幾乎一臉嚴肅，面容顯得更嚴峻，但他眼中總帶著一絲光輝，而且他那些話都是無心之言。話說回來，我還是很慶幸我同事的情誼與親切支持，能平衡他厭女的粗魯。

鑑識科學服務中心位於哈洛蓋特的設施，原來是影星邁可．雷尼（Michael Rennie）母親的住所（雷尼曾在一九六〇年代當紅的電視影集《黑獄亡魂》〔*The Third Man*〕飾演哈利．萊姆〔Harry Lime〕的角色。）樓上一些房間打掉改建成主要的生物實驗室，我們在那裡的原裝大理石水槽做血型檢驗。那裡還有一間舞會廳，用來進行比較複雜的化學檢驗；有間溫室是我們種大麻的地方——容我解釋一下，種大麻只是為了估計產量；此外還有些馬廄，被我們當成靶場。那區原本是寧靜的高級住宅區，天曉得我們鄰居作何感想。或許警車經常出現在那裡收送證物，讓他們比較安心。也可能沒有。

我在經驗老道的鑑識學家身邊呆坐了幾天（還真的是呆坐），觀察、學習之後，終於得到第一件證物可以檢驗了。那樁案件很恐怖，有個男人深信妻子和她的狗被惡靈附身，試圖驅魔時顯然徒手殺了他們。我負責檢驗的證物是個染血的乙烯基塑膠手提包，發現處就在女人的屍體旁。

手提包和大部分警方交給我們鑑識檢驗的物品一樣裝在褐色紙袋裡。紙袋上端摺起，用透明膠袋密封，貼上標籤，列出細節，例如物品名稱、證物編號、採集者、採集時間和地點。我在鑑識科學服務中心又待一段時間之後，獲准用膠帶為證物採樣，用一段段黏性膠帶有系統性地黏過證物表面。然後用顯微鏡檢視了每條膠帶上的毛髮和織物纖維；很多毛髮和纖維太小了，肉眼看不見。不過那次我只需要描述那只手提包和裡面的內容物，記下所有的破損、汙漬或其他痕跡，畫下各個角度的素描。（我還記得當時我真希望在學校上美術課時多用點心！）

那時是十月底，實驗室開著暖氣，窗戶灑進早秋陽光，使得室內更暖和。我打開手提包時，熱呼呼的乙烯基塑膠、凝固的血和手提包裡爛蘋果發出的黏膩甜味幾乎令我無法招架。我是負責案件報告的鑑識學家的助理的助理，很清楚如果這手提包如果是調查的關鍵，絕對不會交由我獨自檢視。但我處理的東西令我驚愕，記得我當時連忙別過頭，心想，「太可怕了。我這輩子真的想做這種事嗎？」

我們常常不知道我們處理的案件結果如何，有些案件甚至是在調查結束之後幾個月，甚至幾年才開庭審理。不過我倒知道那個案子的嫌犯因為精神異常、殺妻罪名未成立，後來移送到布羅德莫（Broadmoor）戒備森嚴的精神病院。

我搬到北方哈洛蓋，開始在鑑識科學服務中心工作時，我先生彼得離家去切斯特（Chester）讀法學院。因此前幾個星期，我有許多晚上都獨自坐在出租公寓裡寫博士論文，納悶著我的決定是否正確。我開始在鑑識科學服務中心工作時二十四歲，但或許要知道一個人類能徒手對另一個人類做出怎樣的事，任何年紀都太早。處理完乙烯基手提包的那個晚上，我自問我是不是錯了。我真的想放棄迷人的研究，拋下無害又精明的小小海蛞蝓，花幾小時在不通風悶死人的實驗室，檢查殘酷謀殺案受害者濺了血的私人物品嗎？我的同事顯然都游刃有餘（至少表面看起來），我覺得無法向同事表達我的擔憂，因此這問題更難解了，身邊沒人幫我客觀地思考。

不過我看錯了我同事。原來，不只我一個人在思考自己適不適合鑑識科學的生涯。我不知道奧特里奇是否刻意藉著貶損人來自然淘汰手下——唯有夠強悍、能處理這份工作會遇到的各種狀況的人，才留得下來。不過這種作風確實有效，雇來當助裡的幾個人（有男有女）短短幾星期後就離開了。最後只有我撐下來，在鑑識科學服務中心六個月後，奧特里奇對我的態度改變了。從此以後，他似乎完全接納我，非常支持，不過幾年後我向他提起此事，他倒是告訴我，他認為我是「可敬的傢伙」。據我所知，這話是在讚美我！

我剛去鑑識科學服務中心時，以鑑識生物學家身分做的大部分工作和比較「單純」

的性侵害有關。通常要檢查受害者私處、嫌犯身上或內褲採集到的一兩個拭子。我想他們給我那樣的案子處理，是因為一般認為那些案子比較簡單。然而要解讀相關檢驗的結果，卻常常很複雜。

另外，我第一天早上在實驗室工作檯上看到的血紅色汙漬，其實是我們用來檢驗精液的化學藥劑。大家都在實驗室的開放空間噴灑那種化學藥劑，直到後來發現那種藥劑極易致癌，才被趕去抽氣櫃進行，還要穿戴口罩、手套和其他防護衣物才能使用。我們開始比較了解潛在的健康危害以後，也不再把衣物掛在實驗室的開放空間裡乾燥了（不論衣物有沒有染到血跡）。對健康和安全問題的了解，就像鑑識科學幾乎所有的領域一樣，在過去四十五年有長足的進步。

2 約克郡開膛手

一九七七年，哈洛蓋特和紐卡索（Newcastle）的實驗室合併之後，我搬到威瑟比（Wetherby）新成立的鑑識科學服務中心實驗室，和諾桑比亞（Northumbria）、杜倫（Durham）、克里夫蘭（Cleveland）、亨伯賽德（Humberside）、西約克郡、北約克郡與南約克郡的警方合作。幾個月後，被晉升成資深研究員，開始走訪犯罪現場。

一九七〇年代還沒有ＤＮＡ鑑定，血型鑑定的鑑別力遠遠不如，時常只能為特定連結提供非常有限的證據。因此鑑識調查十分依賴指紋以及其他幾種證據——這些證據成為鑑識學家主要的法寶（歷史因素導致指紋通常是由警方採集）。其中包括毛髮和織物纖維、塗料和碎玻璃、鞋印或工具印、槍隻和彈道物質、筆跡比對、非法毒品與毒物，和體液與身體組織中微量的這些東西。

一九七八年寒冷的二月晚上，我在哈達斯菲爾德樹木園的第一個犯罪現場要找的是，任何能提供線索、有助於了解那裡發生什麼事、凶手是誰的東西。例如輪胎印、鞋印或拖曳痕跡；或任何衣物的碎片、毛髮、微量精液、用過的保險套或棄置的菸屁股。

我和老闆到樹木園時，警方已經在那裡一段時間了。我們熟悉環境，幫警方搜索了證據之後，就去停屍間看受害者的遺體。遺體經過指認，是十八歲的海倫・芮特卡。我之前沒看過屍體，想到我不知道會有什麼直覺反應就感到緊張。我走進燈火通明的停屍間，裡頭擺著刷亮的不鏽鋼桌子和方方正正的檯面，那時令我震撼的是消毒水和其他化學藥劑的獨特味道。那年頭，在一人發一套手術服式的工作服成為（至少某些實驗室的）常規之前，我們不只在犯罪現場穿自己的衣物，去犯罪現場也一樣。打從那一晚起，在許許多多的夜晚我去過停屍間回家後，就脫掉身上的衣物直接丟進洗衣機，擺脫那種味道。

死亡之後，重力使得體液在身體下側累積，身體上表面的血都流光。所以看到芮特卡的肌膚呈現蠟白，看起來不像真人，我並不覺得意外。沒料到的是，被殘酷殺害的人看起來居然那麼平靜。也許是因為小時候看太多阿嘉莎・克莉絲蒂（Agatha Christie）的小說，所以想像受害者看起來都應該神色痛苦或詫異，然而基於醫學因素，其實絕對不會如此。

芮特卡生前顯然很迷人，想到她曾是**活生生的人**，是某人的女兒、姊妹、朋友，我才得以專注於在那裡的任務。我和負責驗屍的病理學家討論過她發生了什麼事，然後看他仔細檢查她的傷口，尋找任何能看出武器種類、大小的跡象。接著我幫忙收集她體表的碎屑（可能從攻擊者轉移到她身上），尋找其他可能有助於警方調查的證據。

找到芮特卡的遺體時，警方懷疑約克郡開膛手已經殺害了其他女人，主要在里茲（Leeds）、布拉福（Bradford）與哈利法克斯（Halifax）及附近地區，而且很可能殘暴地攻擊了其他幾個女人，其中有些人留下會影響她們一生的傷。芮特卡的傷顯然符合約克郡開膛手的**作案手法**——攻擊受害者頭部，有時攻擊數次，凶器通常是鐵鎚，然後用刀或類似螺絲刀的工具反覆捅向受害者。

芮特卡死後不久，西約克郡警局的副局長接獲幾封信和一只卡式錄音帶，寄件人自稱是約克郡開膛手。這下子這連環殺手似乎在嘲諷警方，警方必須找到他的壓力愈來愈大了。沒有其他明顯的線索可以追查，因此將近三年的時間裡，調查陷入死胡同，期間又有更多受害者死在約克郡開膛手手下。其實，警方在那三年間幾度晤談了真凶。但他並不符合警方的剖繪——像錄音帶上的男聲一樣有著桑德蘭（Sunderland）口音，因此被排除在嫌犯名單之外（後來發現錄音的人是個騙子）。

芮特卡遭謀殺的十四個月後，在哈利法克斯的一座公園發現另一名年輕女性的屍體，於是我勘查了第二個約克郡開膛手的犯罪現場。喬瑟芬・惠特克（Josephine Whitaker）十九歲，晚上走路回家，在路上遇襲。隔天早上發現她屍體時，天色已亮。

我的第一個念頭是，那地方是開闊的草地，碰巧望向公園的人應該一覽無遺，即使在黑暗中，在那裡攻擊、殺人也很奇怪。

接下來幾年中，我將學到徹底勘查犯罪現場有多重要。儘可能了解事件發生的順序，才能知道可能有什麼鑑識科學的機會，規劃最有效的檢驗策略。於是我們晚上回到那裡，站在公園邊看向犯罪現場。那時才發現環繞著草地的燈光打開時，草地中央陷入一片漆黑，對外面的人形成視覺的屏障。即使如此，殺害惠特克的人在開闊的戶外攻擊她，還是冒著很大的風險。或許那是一時興起的決定。或者如果警方懷疑的沒錯，殺害她的**確實**是約克郡開膛手，也許他開始覺得自己所向無敵了。

一九七〇年代，西約克郡警方尋找嫌犯時，無法借助電腦或電腦化的資料庫。他們只能追查所有線索，發掘一些新線索，比方說，找出「跨區目擊」——也就是在一個以上的謀殺發生地區目擊相同的車輛，並且把所有的資訊記錄在交叉比對的卡片索引系統。這個過程會產生大量幾乎無法消化的文書工作。但正是因為警方決心追查所有可能有用的調查途徑，所以才要求我們調查約克附近磨坊村落的一間房子。

一位「雅芳小姐」上門推銷時，應門的男人在上衣外穿了件胸罩，「舉止非常古怪」而引起懷疑。雖然我和同事造訪的那間窄長形屋子外觀平凡無奇，但看得出屋內發生某些非常古怪的事。

警方報告指出，男子的臉頰兩側與兩腿間都有形狀特殊的燙傷痕跡。而且不論如何，屋裡絕對發生過火災。除了多到反常的火柴盒和打火機，地窖的拱道還有火燒的痕跡；一大桶溶劑裡泡了一些大木棍，一端捆著絲襪；幾幅畫裡畫著人們起火燃燒，或圍在葬禮火堆旁，有些人手拿著類似的火把。一間上鎖的房間裡，也有一些沾了精液的女用睡衣和印度式窄管褲，顯然發生了非常怪異的事。在屋裡幾個地方發現碗裡裝著吸滿血的衛生紙，進一步強化了這個印象。

當時我在鑑識科學服務中心工作將近五年，得到了很寶貴的經驗，幾乎每天都在學習新事物。我知道任何鑑識調查都有個最重要的原則——絕不預設立場——因為真相時常比小說更離奇。這案件充分體現了這個原則，後來我們發現不論在那間屋子裡觀察到的一些情況看起來多可疑，那名男子都不是警方在尋找的嫌犯。他只是有戀物癖的普通人，喜歡戴假髮、穿窄管褲、點火燒自己。那些吸滿血的衛生紙是前一天他拔掉所有牙齒時用來替牙齦止血的。

接下來四十年中，我會見識到更多瘋人院。比那些和火有關的東西更格格不入的，恐怕是男子的妻子留下的紙條，上面只寫著：「我受夠了。我要離開你。你欠我三先令、四便士。」在那情況下，**換作我**，應該會放棄那筆債務。

我想我們其實沒人期待在那間房子裡，找到和約克郡開膛手或其他受害者有關的任何東西（例如凶器或一些染血的衣物）。那裡顯然沒有任何東西顯示那個戀物癖的怪男人是連環殺手。其實，沒有任何證據顯示他犯過任何罪，頂多是每次他拿火柴點燃自製火把時，對鄰居的生命和財產造成了威脅。

回到實驗室，我們開始竭盡科學所能，設法找出開膛手案件之間的關聯，特別想找到應該來自凶手的共通微物跡證。受害者身上和衣物取得的採證膠帶應該有數以萬計的微小織物纖維，系統化地用各種方式比對，把重點放在來自不同受害者但外觀相似的纖維。我們用的方式是當時比較新的技術——顯微分光光譜儀（microspectrophotometry，MSP），將不同波長的光照在微小的物體上（在此是織物纖維），記錄物體的反應，然後用圖示表示，以便客觀地評估顏色。

隔年底又死了三名女性之後，奧特里奇加入尋找約克郡開膛手的行列，這時工作已經如火如荼。當時奧特里奇是鑑識科學服務中心諾丁漢（Nottingham）實驗室的主管，他選了鑑識學家羅素·史托克戴爾（Russell Stockdale）協助他——史托克戴爾後來在我生命中扮演了非常重要的角色。

奧特里奇和史托克戴爾被安插在布拉福的警察總部，系統化地檢閱開膛手的犯罪現場，以及之前的所有相關工作。他們核對一些基本事項的關鍵資訊，例如凶器可能的特性、倖存受害者怎麼描述攻擊者，以及每樁案件中的所有鑑識證據，例如精液、鞋印和輪胎印。接著他們列出兩份清單：一份總結了「我們對開膛手的了解」；另一是「我們認為我們對開膛手的了解」。調查中充斥了「文書工作」，因此很容易「見樹不見林」，不過這些程序除了能讓文書工作有點條理，也有助於找出一些可以探索的新途徑。

另一方面，鑑識科學服務中心的中央研究院（Central Research Establishment，CRE）當時的院長史都華・坎德（Stuart Kind），開始思考他在戰時擔任英國皇家空軍領航員接觸到的一些技術。首先，他找出這個神出鬼沒的連環殺手犯下的所有謀殺和攻擊案，標示出當時所知或估計的時間和地點。然後研究一些因素，例如凶手每次犯案後需要儘快回家——所以晚上較早發生的案件，應該離他住的地方比較遠。

坎德利用這種技術得到的結論是，他們在找的男人住在曼寧漢（Manningham）和賓利（Bingley）之間，屬於布拉福市的行政區。這種技術之後被稱為「地理剖繪」。這樣的結論至少促使警方不再把焦點放在騙子誤導他們去的地區。不久之後，經過警方一些敏銳、出色的努力，在布拉福逮捕了三十四歲的卡車司機彼得・薩特克里夫（Peter Sutcliffe）。

花了那麼多時間拼命尋找可以查出約克郡開膛手的證據之後，我和同事忍不住納悶薩特克里夫是怎樣的人。有些人難得南下倫敦，旁觀了部分的審判過程。結果他長期在北英格蘭許多地方掀起恐慌，看起來卻毫不起眼，我想我們都有點意外吧。但如果是在深夜的某處遇到他，而不是在老貝利（Old Bailey）中央刑事法院的被告席，感覺應該不同。其實在逮捕他之前，每次我去完犯罪現場或刑事現場之後，獨自在夜間開車穿過里茲，來到開闊的鄉間、開上回家的路時，總是鬆一口氣。

一九八一年五月，薩特克里夫謀殺十三名女性的罪名成立，依最低刑期判處最短三十年的徒刑。

大約三十年後，我碰巧和一位非常優秀的警察克里斯·葛里格（Chris Gregg）共事，他在一九七四年加入西約克郡警局，和我開始在鑑識科學服務中心工作同年，而他的第一個開膛手犯罪現場也是芮特卡的命案現場。其實，發現騙子真實身分的，正是葛里格；他當時是西約克郡犯罪調查局的局長，而騙子的本名叫約翰·亨柏（John Humble），又名「威爾賽德的傑克」（Wearside Jack）。二〇〇六年，透過DNA找到亨柏之後，他因妨礙司法的罪名被判處八年徒刑。

3 奇行異舉

除了學到鑑識科學本身的知識，我也發現不少跟人有關的事，以及有些人的行為可能多不尋常。犯罪往往牽扯到某種情緒。這些年來我參與過一些最恐怖的案件，起因於憤怒、嫉妒或貪婪，時常有酒精和金錢（或沒錢）推波助瀾。不過堪稱最駭人聽聞的案件，動機卻很難理解。

一九八〇年二月的一個星期六晚上，路人在亨伯賽德的一條步道發現一具三十多歲男子的屍體。艾倫．烏瑟（Alan Usher）教授當時是總部的首席病理學家，烏瑟在現場檢查過屍體後，屍體就被送去停屍間進行完整的驗屍。

驗屍發現，男子似乎受到持續性的攻擊，至少從前方和後方被捅了十三刀。有些刺傷比較淺；有些則是在他試圖抵抗攻擊時產生。至少有四下比較嚴重，導致其頸部、脊椎和柔軟的腹部組織受傷。在陰囊旁的一個傷口很可能是在他倒在地上時刺到的，當時他很可能已經死了。警方已經逮捕了兩名嫌犯，驗屍報告也指出，凶器有可能是警方從其中一人身上搜出的那把大折疊刀。

屍體上找到一只手表、一些染血的衣物和其他物品，由警方交給威瑟比的鑑識科學服務中心實驗室，也就是我當時工作的地方。不過特別有趣的是那兩名嫌犯的陳述，我在此稱為丹尼爾（化名）和戴維（化名）。

據丹尼爾的說法，那天晚上稍早時，他們兩個年輕人在酒吧裡討論怎麼弄到一點錢，這時戴維提到，「找個計程車司機宰了他，搶他的錢」。之後他們離開酒吧。兩人走向另一間酒吧的路上，戴維攻擊了街上一個素不相識的人，這時丹尼爾跑走了。幾分鐘後，戴維追上丹尼爾，說他殺了那個男人，然後將一把刀交給丹尼爾，那把刀被他包在手套裡。

接下來，他們在第二間酒吧討論時，戴維說現在該丹尼爾做類似的事了，這麼一來，丹尼爾就不會有他朋友的「把柄」。

丹尼爾在他給警方的口供中提到，他們離開第二間酒吧之後，他攻擊了他們遇到的一名老人：「我不記得當時我在想什麼。感覺像一場噩夢。我右手握著刀，本能地砍向他喉嚨……只劃破皮膚，沒造成任何傷害……我看著他的臉，他表現得像我根本沒碰到他……然後我聽到他跟我說，他只是領養老金的老人。聽他這麼說，我感覺更糟了。我想我砍了第二下，主要是因為厭惡自己……我沒辦法及早擺脫那個傢伙……」

不論真相如何，攻擊都減少了，老人的命運與第一名受害者不同，活了下來。兩個年輕人埋了那把刀（後來戴維找回來，丟進一座池塘），然後分別回家。

戴維的敘述在一些方面很類似，不過他聲稱他們原本談話時，問過對方他們是否覺得自己**能**殺人。然後他們**都**決定那晚隨機選個人來殺，看看他們能不能做到。戴維還說，是**他**怕了，說服丹尼爾別殺計程車司機。雖然戴維承認捅了第一個男人（那人當街死去），但他說那人試圖爬起來時，丹尼爾踢了那人的頭。

事情發生在將近四十年前，現在我無法取得那樁案件相關的任何實驗室紀錄。不過身為鑑識學家，一部分的工作就是設法找到證據來證實一方、推翻另一方的說法。於是我們研究了第一位受害者的衣物，以及警方找到的刀，我想這些東西多少證實了嫌犯和死者之間的關聯。我不知道丹尼爾的下場如何，不過戴維因為是隨機殺人的主嫌——只是想體驗殺人的感覺，而殺死在錯誤時間出現在錯誤地點的一個男人——被判了無期徒刑。

調查西約克郡磨坊鎮一名兒童可疑死亡時，我目睹了另一種情感抽離。警方懷疑那名兒童的頭部在床柱上撞擊多次。因此我和同事到達那間屋子進行調查時，覺得母親應該傷心欲絕。結果她看起來頗愉快，我們在那裡的期間，她都坐在電視前看《朝代》（*Dynasty*）影集。她請我們喝杯茶的時候，確實暫時離開電視前，但我們基於專業因素而拒絕了（而且那間屋子的牆上塗著狗屎）。我想，《朝代》也算不錯的逃避。只是說起奇怪，她顯然沒意識到電視裡的內容和她的處境與周圍環境有多麼不同。

人類的怪異行徑不只危害人類；同事阿爾夫．法拉格（Alf Faragher）在威瑟比實驗室調查的一樁案件可見一斑。一個男人送醫時狀況很糟，結腸穿孔，併發腹膜炎，醫療人員百思不解發生了什麼事。特別令醫生困惑的是，患者的腹部有凝膠狀的物質，他們想不透那是哪來的，男人自己顯然也沒頭緒。最後有人向他解釋，除非能辨識出那是什麼物質，給予恰當的治療，否則他們無法再為他做什麼，他很可能會送命。這時男人終於承認他和一頭公豬性交。

公豬的陰莖是螺旋狀，而母豬的陰道形狀類似，正好吻合（如果想追根究柢的話，告訴你，是左旋螺紋）——難怪男人的結腸受到損傷。而且公豬會產生大量精液，需要有塞子塞在母豬體內一段時間，所以男人的腹腔裡有凝膠狀的物質。

男人運氣好，活了下來。不過人獸交在英國是犯罪，法拉格受託檢驗「凝膠」的樣本，作為上法庭時的證據。在威瑟比鑑識科學服務中心大實驗室工作的人感情都很好。雖然我們顯然非常認真看待自己的工作，但法拉格問有沒有人知道該找什麼證據時，難免有人建議：「他毛衣背後的豬蹄印！」結果他的抗豬血清（anti-pig serum）檢驗呈陽性，體內還有一些模樣古怪的精子，後續確認為公豬的精子。

幾年後我們處理到和人獸交有關的另一案，證據的基礎則是山羊毛和證人陳述。不過那一案沒什麼神祕的，因為該事件發生於鐵路旁的一塊地，在一列緩緩經過的火車乘客眼裡一目了然，而一名乘客拉下緊急鈴。

一九八一年，我離開威瑟比去柏克郡（Berkshire）奧德馬斯頓（Aldermaston）的鑑識科學服務中心實驗室時，以為天下已經沒有誰能做出令我意外的事。我當然錯了，不過最令我驚奇的恐怕是最早的一些案子，那時我還不知道有些人能做出怎樣的事。

***

我快離開威瑟比時，丈夫彼得和我分手了。我們從我十四歲就在一起，很可能只是太早結婚。我實在很難過。但當時我已經遇到後來成為我第二任丈夫的男人——鑑識學家史托克戴爾，奧特里奇，尋找約克郡開膛手時他曾從旁協助。主要是因為史托克戴爾得到奧德馬斯頓中央研究院生物系主任的職位，我跟著調職，到隔壁鑑識科學服務中心的操作實驗室工作。

奧德馬斯頓的實驗室替漢普郡（Hampshire）、薩里（Surrey）、薩塞克斯（Sussex）、肯特（Kent）和泰晤士谷（Thames Valley，涵括牛津郡〔Oxfordshire〕、白

金漢郡（Buckinghamshire）與柏克郡）的警方處理所有鑑識工作。一九八一年剛開始在那裡工作，我就發覺有些事情和北方非常不同。最明顯的是警方和鑑識學家之間的關係，那裡的警方只有走投無路，才會叫鑑識學家去犯罪現場幫忙。我想那多少是因為南邊警方雇用的犯罪現場調查員遠比北方活躍。某方面來說，他們參與得多是好事，因為這表示他們不只是露個面，拍拍照，檢驗指紋、搜集一些他們認為是證據的物品。問題是，他們有時不大清楚我們在實驗室能做到什麼程度，所以有時沒要求最適當的檢驗，或提供所有必要的背景資訊。

這樣的理解斷層促使我開始製作《實驗室串聯》（*Lab Link*）雜誌，每年推出幾次。這套雜誌的目標是讓警方更了解我們實際上在實驗室做什麼、他們需要怎麼做才能讓我們發揮最大的功效。除了委託同事寫文章，我也鼓勵警方提出議題，他們的反應似乎很不錯。

我在奧德馬斯頓遇到的另一個阻礙是一些警察的厭女態度。這種態度在一九八〇年代雖然沒那麼「奇怪」，卻頗令人灰心。儘管奧特里奇說了對女人和廚房水槽的評論，但我在哈洛蓋特和威瑟比已經習慣合作的警察尊重我。所以我造訪薩塞克斯的第一個犯罪現場時，資深調查官居然毫不掩飾他對我的質疑和失望，這令我大失所望。不過不久之後，他就開始主動要求我到犯罪現場，如果我說我會去，他會不大情願地表示贊同。

當合作的警方對鑑識科學以及女性參與鑑識調查的態度稍微開放一點時，對我來說真的是個轉捩點。

4 專業

鑑識科學可能和日常生活中的任何事物有關，毫無例外。要訣是弄清最重要的是什麼，最應該往哪找、怎麼找。今日常用到的鑑識證據主要是體液、組織和其中的DNA，以及指紋，而手機、筆記型電腦和其他電子產品則扮演愈來愈重要的角色。不過其他類的微物跡證與痕跡也可能很重要，例如衣物和家具上的織物纖維、毛髮、玻璃和塗料、鞋印和工具痕跡。理論上，我們能分析、比較任何微物跡證，設法找出在案件脈絡中的意義。

生活中做任何事很難不留下微物跡證，即使（舉最簡單的例子）像戴手套這麼間接也一樣。所有鑑識調查背後都有一個非常有趣的原則——路卡交換原理（Locard's Exchange Principle），總結來說，就是「只要接觸，就會留下微物跡證」。這個原則是一九一〇年由法國犯罪學家愛德蒙・路卡（Edmond Locard）博士提出，這些年來的經驗告訴我，這原則千真萬確。次次不假，毫無例外。唯一的變數是，你能不能找到留下的微物跡證，因為有時微物跡證可能沒那麼明顯。鑑識學家進行調查時，必須有想像力，並且一絲不苟、不屈不撓。

各類相關證據專家間的通力合作，也是鑑識調查的一大關鍵。例如有些案件是頭部遭到鐵鎚重擊。遭受這種攻擊很可能死亡，但有時不會。約克郡開膛手的第二名受害者奧莉芙・史繆特（Olive Smelt）就活了下來。如果受害者死亡，病理學家會檢驗屍體。驗屍時病理學家在顱骨發現的任何孔洞尺寸，只要可能符合尋獲的鐵鎚尺寸，就會記錄下來。警方會調查所有指紋。鑑識生物學家會驗視鐵鎚上的血跡形態，轉移到鐵鎚上的任何皮膚和毛髮，以及鐵鎚柄上血中的任何織物纖維或手套印。鑑識化學家也可能摻一腳，檢查受害者顱骨上的鐵鎚痕跡，以及鐵鎚擊中身體留下痕跡但沒傷口的地方。此外還有和嫌犯衣物與犯罪現場有關的各種檢驗。

不同專業之間也會跨界。不過基本上，除了檢查屍體和其他地方的痕跡和微物跡證，鑑識化學家的專業還有從前所謂的「侵害財產罪」，也就是和破壞、侵入、毀損或使用汽車，縱火或爆破等等有關的犯罪。至於鑑識生物學家則主要和「人身（與動物）侵害」有關，包括各種性侵害或暴力攻擊——推擠、刺傷、槍擊、用重物攻擊以及綁架。

鑑識化學家會檢視像玻璃、塗料、其他建築材料、鞋印、輪胎印與工具痕跡等等，以及火災損害和任何可能造成火災的助燃劑（可能提供非常有力的證據）。比方說，如果有人用短橇棍破門闖進屋子，門上就會留下使用痕跡，從門上剝落的油漆碎屑會轉移到短橇棍上。如果闖入者是打破窗戶爬進屋，他們袖子上就會卡著細小的玻璃碎片，銳利的玻璃邊可能勾著一些衣物纖維，而且可能在窗沿或外面花床留下鞋印。化學家了解這些東西的化學組成；能分辨一小塊玻璃碎片是不是最近打破的，是否來自玻璃杯或玻璃瓶這些玻璃器皿，或做窗戶的浮式玻璃（float glass）這種玻璃片；可以檢視玻璃碎片的折射率和化學組成，進行比對，分辨是不是強化玻璃的碎片；由應力痕（stress mark）和裂痕，判斷玻璃片從哪一側打破；從組成和層次順序，辨識從房屋或汽車找到的塗料碎屑，檢識製造過程留下的痕跡，比對紙張和聚乙烯之類的東西。

毒品化學家的專長是分辨濫用的毒品和毒品工廠，判斷分量，確認找到的毒品品質（純度）。拿大麻來說，產量很重要——產量是指植株能精煉出多少四氫大麻酚（tetrahydrocannabinol）這種有效成分——知道產量，才能區分是持有（個人使用）還是意圖販賣。毒品化學家也會比對扣押的毒品，確認是否來自相同來源；研究製造過程中用到的切割劑和可能存在的任何摻雜物，得到化學成分概況。有時候，包裝提供的證據可能比毒品本身更有力，能找出不同批扣押物之間的關聯、確立供應鏈；化學家可以從折起的雜誌紙片、保鮮膜、拋棄式手套的手指部得到很多資訊。製造過程中，擠出塑膠袋時聚乙烯顆粒聚積在染劑邊緣，會造成表面刻痕，因此也能比對這些刻痕和塑膠袋上的應力痕，分辨出同一批製造的塑膠袋。

毒理學家也是另一類鑑識化學家，他們的工作則是檢驗屍體樣本和體液中的藥物和代謝物（藥物進入體內之後轉換成的物質）。有些代謝物的代謝周期很短，有些則要花較長的時間才會從體內排出，或變成其他物質，這些資訊能讓毒理學家判斷藥物何時攝取的。知道怎麼解讀一樁案件在特定狀況下的毒理學結果，就能評估藥物是否受到當時其他因素影響，以及這些因素可能被「削弱」的程度。

此外還有像我這樣的鑑識生物學家，負責辨識血液和其他體液，以及這些體液形成的圖樣。推斷攻擊事件中事情發生順序時，這些資訊可能非常有用。生物學家也負責鑑定血型，與現在取代血型鑑定的ＤＮＡ鑑定，並檢驗皮膚、指甲、牙齒和毛髮、織物纖維這些生物微物跡證，不過有些（特別是合成的）織物纖維時常是由化學家處理，近來更有特定的織物纖維專家處理。生物學家也會檢驗損害狀況（比方說衣物和武器的狀況），在解讀比較複雜的犯罪現場時扮演關鍵角色，所以生物學家常負責統整一樁案件的所有科學證據。

近年來，還有其他類的科學家參與鑑識調查。比方說，現在有數位鑑識學這個全新的領域，這領域反應了現代人的生活方式，涵蓋所有儲存在手機和個人電腦的資訊。數位鑑識學家由電話的手機號碼分辨出誰在跟誰說話、通話的時間點，甚至概略知道當時雙方的位置；也能判斷某人瀏覽哪些網站，調閱當事人網路訂購的所有商品資訊，以及活動的歷史；也會檢查監視系統的影像，現在監視器的覆蓋率非常高，通常可以在某個地方找到和特定犯罪有關的蛛絲馬跡。

此外，有些鑑識科學的專業偶爾才需要借助。比方說，法醫昆蟲學（forensic entomology）和昆蟲研究有關，雖然複雜，但有時極有用處。肉體死亡後，屍體分解的氣味有很長一段時間會吸引蠅類。如果屍體在戶外，容易接觸到蠅類，不同種的蠅類就會依序到來，反應了屍體分解的階段。可以從屍體找到的特定昆蟲、蛆或卵的發育階段以估計死亡時間；有時也能藉著找到的昆蟲種類，判斷受害者死後是否被移動過。

還有其他較罕見的鑑識專業，本書之後談到特定案件時會再探討。

5 血液：血型、鑑別與血跡形態

我開始在鑑識科學服務中心工作時，鑑識實驗室最大的部門是化學部門。今日，生物學是首要焦點，這完全受到DNA鑑定的影響。DNA鑑定最早應用於案件，是一九八〇年代中期的事。不過當年依賴血型鑑定，分辨關鍵證物上體液可能來自某個對象的鑑別度和DNA鑑定鑑別度有著天壤之別的差異。所以我們在解讀、報告結果時，總是謹慎至上。

舉例而言，鑑識學家可能在法庭上說嫌犯衣物上血跡裡的血液，和百分之四的英國人口相同，雖然與受害者血液吻合，但和嫌犯的血液不同。問題是，陪審團可能比較注意「吻合」這個詞，沒那麼注意統計數據。除非清楚解釋那「百分之四」，我相信那種說法至少對一些陪審員會發揮過大的影響。百分之四的意思其實是，以一個二十萬人的城市來看，大約有八千人的血型組合和血液**真正**來源者相同。因此，顯然必須有其他證據（鑑識學或其他方面的證據）確認被告在案發時間是在特定地點。

血型鑑定依靠血液中以數種不同形式存在的多種化學物質。血液依據其中各個物質的一種或多種特定形式分類，也就是血型系統。最早的血型系統是ＡＢＯ；根據遺傳決定的抗原，所有人類都可歸於Ａ、Ｂ、AB或O型其中一型。鑑識科學可用的其他大量血型系統之中，在一九七〇、八〇年代最常使用的是ＰＧＭ（phosphoglucomutase，磷酸葡萄糖變位酶）、ＥＡＰ（erythrocyte acid phosphatase，紅血球酸性磷酸酶）和Hp（haptoglobin，血紅素結合蛋白）系統。

ＰＧＭ系統有十種不同的血型（此外還有一些罕見的版本，在此略過），每種血型具備一或二種因子（共四種因子，以1+、1-、2+、2-表示）。ＰＧＭ血型定名為1+1-、2+、2-、2+2-、2+1+、2+1-、2-1+、2-1-；ＥＡＰ的酵素只包括Ａ、Ｂ、Ｃ三種因子，組成六種不同血型：Ａ、Ｂ、Ｃ、BA、CA、CB；而Hp蛋白以一型和二型兩種不同形態存在，因此有三種不同的血型：Hp1-1、Hp2-1以及Hp2-2。

可以確立特定人士血液中的物質是哪種形式，就能說犯罪現場的血液樣本**可能**或**不可能**來自那個人。但你不能同樣確定地說，那個血液樣本**確實**來自特定人士。換句話說，只能排除特定人士的血液來源，但不能辨別血液來源來自何人。不過只要大致了解那些血型組合在總人口中的程度，就能概略知道血型鑑定提供的關聯有多強。

血濺形態分析（Blood-pattern analysis，ＢＰＡ）是一體的另一面。檢視血跡的大小、形狀、濃淡與位置，可以提供寶貴的資訊，讓人了解血跡如何產生。所以要了解暴力犯罪現場發生什麼事，以及事件發生的順序，血濺形態分析是最有力的證據。

血濺形態有三個基本要素，只要知道怎麼解讀，就能得到很多訊息。（一）傷口被動滴下，或從指尖、武器尖甩掉，或傷及動脈而陣陣噴出的血液，都會留下較大範圍的獨特血點或潑濺。（二）槍擊、拳打腳踢或鈍器攻擊這些外力，會讓血液飛散成較小的血滴。血液噴濺的形態由特定輪廓、大小的血點和潑濺構成，由此可以看出受害者當時大約的位置、攻擊次數，有時甚至可以知道武器的形狀。（三）和沾有血液的物體直接接觸產生的血跡形態，是塗抹、刷痕、擦痕，或指紋、鞋印或織物印之類的圖樣。

一般來說，犯罪現場找到的血跡形態通常是上述三種基本要素的組合。血跡形態有時會受到額外的因素強化，例如凝血（表示攻擊持續一段時間），或血泡（通常是咳出或擤出的血液）。

除非攻擊極為猛烈（例如頭被水泥塊砸碎），否則第一擊可能只傷及皮膚，開始流血。第二擊和後續的攻擊，血液才會轉移到周遭的表面（任何物體表面，不只是地板、牆或衣物），造成血液噴濺的獨特形態。

推理小說說得簡單，其實在攻擊之後，要消除所有血跡很不容易。有時候，關鍵線索變得顯而易見；我們實驗室經手的一案正是這樣（不過這其實是很極端的例子）。嫌犯大概覺得他徹底地湮滅了行跡。當警方來到他家時，他應門時戴的眼鏡上布滿細小血滴。雖然他自己戴著眼鏡顯然看不到那些血，但警察卻一目了然。

我在威瑟比參與過一起很有意思的案子，這一案非常明確地說明了血跡形態和實際勘驗犯罪現場的重要性。有人在距離一名女性住處幾哩的路肩發現了她的屍體，屍體頭部側面有個傷口，警方起初以為她在黑暗中走在路邊時被卡車的後照鏡撞到了。不過警方去她家告訴她丈夫這個噩耗時，起了疑心。

當時我雖然已經出庭報告一段時間，卻還在學習怎麼處理犯罪現場——該注意什麼、決定哪些證物要仔細檢驗，如果有東西不能帶回實驗室（例如牆和地板），該怎麼從表面採樣。所以我去那棟屋子時，擔任較資深的鑑識學家彼得．格雷果里（Peter Gregory）的助手。到場時，女人的丈夫還在那裡，他坐在客廳坐和警方談話，我們在門廳開始調查。

丈夫向警方解釋門廳地板空無一物，是因為他和妻子把地毯收起來，打算換掉，但還沒著手更換。這解釋很合理，地上沒有任何覆蓋物的狀況，跟我們的調查很可能沒什麼關聯。

門廳牆上的壁紙是通稱為「驢子早餐」的木片壁紙，表面凹凸不平，很難看出汙漬或褪色。但仔細檢查，注意到一些非常小的潑濺痕跡，可能是血。我用非常強力的現場燈（其實是強力手電筒）更仔細查看時，發現了更多資訊。

常用於檢測血液的推定試驗有兩種，其中一種叫「還原型孔雀綠」（leucomalachite green，ＬＭＧ）試驗。用孔雀綠試劑處理可疑的痕跡或汙漬，再加上過氧化氫之後，試劑會和富含過氧化酶的血紅素產生作用，從無色變成鮮藍綠色。然而，由於生辣根之類的物質中也含有過氧化酶，因此需要進行額外試驗，才能確認有血液存在。另一個推定試驗是「酚酞試劑檢測法」（卡斯特－梅爾試驗，Kastle-Meyer，ＫＭ）試驗，程序類似孔雀綠試驗，但用的是酚酞（phenolphthalein）。酚酞會和血液中的血紅素反應，變成鮮洋紅色。

在威瑟比，我們喜歡用孔雀綠試驗，那天我用的就是這種。我用折起的圓形濾紙尖輕輕抹過牆上的部分汙漬，然後展開濾紙，在中央滴上一滴孔雀綠。如果這時已經變色，就能得知汙漬不是血液，而是油漆或鐵鏽之類會直接和試劑反應的東西。我等了幾秒，沒有反應，於是加上一滴過氧化氫，看著濾紙上溼掉的地方從無色變成醒目的藍綠色。

不過還得回實驗室做進一步的測試，確認陽性反應才能斬釘截鐵地說牆上的痕跡是人血。我們也從有液體潑濺的壁紙上採取樣本，結束在門廳的檢查，進入車庫，也就是警方說找到地毯的地方。

迅速檢查現場，發現地毯局部潮溼，有微弱的消毒水味。我們還注意到那個區域有些毛髮可能和案情有關。之後，回實驗室更細仔驗查地毯時，確認了地毯上有血液，而毛髮符合路肩女屍的毛髮。警方質問時，男人說不久之前，他妻子「在月經時出了點意外」。這解釋也有可能，直到我們把所有的發現拼湊在一起。

以地毯在門廳應該擺放的方向來看，地毯上的潮溼痕跡緊鄰牆上的潑濺痕跡，而潑濺這時已經確認是血。更重要的是，從潑濺的狀況和形態可以看出，血液是濺上去的（是重擊之類的結果），不像經血被動地滴下。丈夫的一雙鞋子上也有血。警方再次質問丈夫時，他突然想起他和妻子有一天在門廳胡鬧，妻子跌倒，頭撞到暖氣。

造訪犯罪現場、看到當場的血跡形態，是鑑識調查非常重要的一環，就像這個例子，時常能讓人清楚明白可能發生的情況。雖然我不知道此案結果如何，但我想那男人殺了妻子之後棄屍在路肩的證據非常有力。

我參與的另一案，餐廳老闆娘受到殘酷攻擊，而拼湊事件的先後順序起了不小的用處。老闆娘身受重傷，幸運活了下來。只是她完全不記得自己發生什麼事。

當時我在奧德馬斯頓工作，發生攻擊事件的餐廳位在泰晤士谷的一座小鎮。餐廳呈L形，像古色古香的農舍。要是顧客看過餐廳後面垃圾桶裡的垃圾爬滿蛆，生意恐怕不會那麼好。不過餐廳裡似乎夠乾淨了。至少在大量血液四處噴濺之前應該算乾淨。

乍看之下，餐廳內活像隨機殺戮的現場。經過更仔細的檢查，前一晚最後一批顧客用餐完離開之後的情況開始水落石出。

一些桌子上潑濺的血和附近地毯上濃濃的血跡，顯示了女人遭到攻擊、倒下的位置。沿著用餐區的狹窄走道有一段痕跡，顯示她到廁所的路徑，她在廁所顯然用染血的手抓住洗手檯邊咳嗽，血噴濺到鏡子上。然後她似乎沿著另一條走道來到通往街道的門邊，沿途繼續留下一長串血滴。不過她顯然沒跨出餐廳門，最後一段痕跡折回餐廳，她在那裡終於倒地。

我解釋我認為的事件順序時，負責調查的警察一臉狐疑。最後我說：「喔，還有，受害者身高五呎三吋（約一百六十公分）。」他顯然完全不知所措。

他說：「她**確實**是五呎三吋。妳怎麼知道？」他這麼問情有可原。但我很享受他吃驚的模樣，所以沒回答。

過了一陣子，我接到那位警察的電話，他告訴我，那女人接受催眠。「知道嗎？」他幾乎語帶敬意地說。「她記起的事件順序和妳說的一模一樣。」那時我大概終於心軟，向他解釋我是怎麼知道那女人的身高。其實，五呎三吋是餐廳走道一大棵盆栽一片葉子離地的高度，我在那片葉子的葉背發現了和染血頭髮接觸留下的特別痕跡。我知道受害者頭部受到重創，頭髮應該淌著血，由此可知痕跡應該是她走過或跑過盆栽下時留下的。

警方應該是懷疑女人的丈夫雇人攻擊她。雖然我不記得結果，但這個有趣的例子顯示，擁有知識和經驗來解讀在犯罪現場看到的情況有多重要。除了可以填補調查的漏洞，也很有機會搜集到最可能為證據的物體做仔細檢查。其實，正是因為缺乏和犯罪現場相關的適當知識和經驗，過去的鑑識調查才會有種種不足，包括最近揭露的一些狀況。

我在奧德馬斯頓參與過另一樁和血液有關的案子是銀行經理的謀殺案，不只有趣且某方面來說很不尋常。受害者在位於薩塞克斯家中的客廳被重器攻擊致死。但勘查犯罪現場得到的有用資訊不多，只知道攻擊者是怎麼到達、離開那地方。**真正**有趣的是，床上有個染血的輪廓，似乎是某種桿狀工具。屋子裡大部分的抽屜和櫥櫃顯然都被打開、大略搜過，應該是在找錢和其他值錢的東西。看起來凶手攻擊、殺死屋主之後，把凶器放在臥室床上，然後翻了櫥櫃的抽屜。

此案像陌生人的謀殺案一樣，警方很難找出可能的嫌犯。不過我不記得他們究竟是為什麼決定求助於靈媒（或是接受她的幫助）。對科學家來說，這樣的決定很可能被斷然歸類為「有趣但不大可能有幫助」。即使如此，事後他們告訴我發生了什麼事，我還是盡量保持開放的心態。

顯然有人安排靈媒在死者的屋外和兩名警察見面。約定時間只有一名警察出現，而靈媒告訴他：「我**現在**得開始走了。」然後她唐突地轉身，沿著路離開，警察跟在她幾步後面。

他們大約走了一哩路，靈媒在一小條死巷裡停下來，那條死巷周圍是幾片房產的後花園。靈媒稍微遲疑一下，然後指向某道籬笆，對警察說：「我想非常靠近的地方有東西和謀殺案密切相關。」警方搜索花園，發現一截染血的鷹架桿。

或許是幸運的巧合吧？多疑的人甚至可能覺得靈媒比她承認的更了解那起謀殺，不過並沒有任何跡象顯示是那樣。實在不可思議，而且提供了推動調查的關鍵證據——因為那段鷹架桿完全吻合受害者床上血跡的輪廓。

不過事情沒有就此平平順順，我們在奧德馬斯頓檢查那根桿子時，發現上面的血液和死者的血型組合幾乎一樣，只有一個例外——ＥＡＰ血型。不一致的情形一時令人困惑挫折，因為只要有一個血型不吻合，就不能說鷹架桿上的血屬於受害者。從邏輯來看，如果那根鷹架桿**不是**殺死他的凶器，那也太過巧合了。鷹架桿不只發現的地方距離犯罪現場非常近，完全吻合床上血跡輪廓的形狀大小，而且上面的血幾乎符合受害者的所有血型，只有一個例外。所以那個血型不吻合，絕對有**某種**解釋。

我知道理論上ＥＡＰ血型可能隨著血液壽命而改變。但那不可能是這一案不吻合的原因，因為如果桿子上的血**確實**是死者的，沾到桿子上也只有幾天的時間。所以可能和鷹架桿本身鍍鋅有關。為了檢驗這個假設，我們做了些實驗，把幾種已知血型的血液放到另一截類似的鷹架桿上，然後放到犯罪現場附近找到那截桿子上沒染血的地方，看看會發生什麼事。我們發現，真的讓血液加速老化了。其中EAP血型和受害者相同的血液，明確證實了EAP血型可能在那段時間中，轉變成我們用原本鷹架桿上血液樣本檢驗出的血型。

鋅是強力的還原劑，化學家同仁解釋了為什麼鍍鋅鷹架桿上的鋅可能導致血型變化。這是大家期待的突破。這下子，我們有實驗證據支持，可以確定鷹架桿上的血可能來自受害者了。

之後找到了攻擊者，他被判謀殺罪，處以無期徒刑——這多少歸功於科學和靈媒偵探的合作（不過請別引用我這句話）。

6 ＤＮＡ鑑定

一九八四年，萊斯特大學（University of Leicester）的遺傳學家艾力克・傑弗瑞斯（Alec Jeffreys）博士（之後成了教授，現在受封爵士）在研究家族的遺傳疾病，發現可以靠著遺傳碼的差異來辨別身分。四年後，他進一步發展出ＤＮＡ指紋分析（現在較常稱為ＤＮＡ鑑定）之後，克林・皮奇福克（Colin Pitchfork）成為全球第一位因ＤＮＡ證據而被判謀殺罪的人，也是第一位位因大規模ＤＮＡ篩檢而被辨認出的人。

毫無疑問，ＤＮＡ鑑定絕對是我生涯中鑑識科學最重要的發展。ＤＮＡ鑑定改變了一個人，以及唾液、精液、血液，甚至衣物上皮屑這些微物跡證之間的關聯強弱。此外，ＤＮＡ鑑定自從一九八〇年代中期開始應用以來，在科技不斷進步之中，這種技術改良到即使材料少到肉眼看不見、受環境破壞或混進一人至多人的ＤＮＡ（甚至綜合上述各種情況），也能得到結果。

ＤＮＡ（deoxyribonucleic acid，去氧核糖核酸）是染色體的主要組成，不論是動物或植物，幾乎所有生物的細胞內都有。細胞分裂時，ＤＮＡ可以自行複製，產生複製版，且ＤＮＡ中含有代代相傳的遺傳訊息。

物體上的ＤＮＡ可以用各種技術採集，包括擦拭、刮取、切下織物片段、用膠帶黏取表面殘留物。接著將樣本直接放進小試管，加入化學物質萃取ＤＮＡ。分析時，第一步是倍增（或「擴增」）萃取液裡的ＤＮＡ，才有足夠的數量可以分析。倍增的方法是將樣本加入複雜的化學混合物，給予一連串的加熱、冷卻循環——每次循環反應，數量都會倍增。將擴增的萃取物樣本和一系列已知樣本放到反應板。已知樣本中有些不含ＤＮＡ，有些含有已知型的ＤＮＡ，這是為了確認系統正常運作。接著把反應板插入發出陣陣閃光的灰色大盒子裡，這灰盒子的名稱「很有創意」，叫作「分析儀」。分析儀區分出一些特定位點的特定組成（屬於幾個不同的型）加以辨識。這些特定組成的組合構成了ＤＮＡ的圖譜。

由於可以用微量的ＤＮＡ得到結果，表示必須特別小心排除其他可能的解釋。比如說，證物送到實驗室前或後，是否可能受到某種汙染？或者可不可能，該ＤＮＡ其實是事件發生前因完全無關的事情所留下。因此盡可能了解案件脈絡，以及相關收集、檢驗的證物和樣本就顯得很重要。舉例來說，嫌犯之前去過犯罪現場嗎？嫌犯是否接觸過犯罪現場的關鍵證物？或是曾經和受害者在一起？或在案件發生前，曾經和受害者出現在同個地點？可想而知，上述這些狀況（或類似的狀況）都可能導致無辜的ＤＮＡ轉移，之後被誤認是和案情有關的證據。

同樣的，也要確保實驗室的系統和程序夠健全，才能確信實驗室本身完全不會危及結果的正確性。所以實驗室必須比ＤＮＡ登場前更乾淨，科學家必須穿戴比以前更有保護力的衣物。我開始在鑑識科學服務中心工作時，只要一件實驗衣，如果是特別髒的東西，就再加一雙拋棄式手套。但有時不戴手套，因為汙漬有時不容易看到，沒戴手套比較容易「摸」出來。然而，ＤＮＡ登場之後，保護措施不只是為了保護證物，也是為了保護科學家自己。

英格蘭和威爾斯目前使用的標準技術稱為「ＤＮＡ17」，分析ＤＮＡ上十七個不同位點的組成，包括判可以斷性別的位點。完整的ＤＮＡ圖譜，出現頻率通常小於十億分之一。全球只有七十五億人，由此可見ＤＮＡ鑑定的效力多麼強大。相較之下，用傳統鑑識的血型鑑定，特定血型組合的出現頻率是幾千分之一就很幸運了。

不過統計數據雖然厲害，卻仍然可能出錯。例如在一九九〇年代初期，有個懷疑犯下入室搶劫的男人，根據出現頻率大概三千七百萬分之一的ＤＮＡ鑑定結果而被判有罪。嫌犯一直嚴正否認涉案，之後他的案子上訴時，有了進一步的調查。當時，檢驗的ＤＮＡ區域增加了，結果更具鑑別力。雖然最新結果確認原先的檢驗沒問題，但嫌犯在新區域的ＤＮＡ並不吻合。所以罪行不可能是他犯下的。鑑識界得知這個結果，有點震驚。鑑識界當時還在習慣ＤＮＡ提供大幅改進的統計數據，卻發現即使達到那樣的水準，還是不夠好。

一九八〇年代以來，ＤＮＡ鑑定是幫忙破了我參與的許多案件的關鍵因素——例如史蒂芬·勞倫斯（Stephen Lawrence）謀殺案和彭布魯克郡濱海步道的關妲（Gwenda）與彼得·迪克森（Peter Dixon）謀殺案的懸案調查。不過除了幫忙證明無數人的罪行（或清白），ＤＮＡ鑑定也用於檢驗歷史判決，例如「Ａ６公路殺人犯」詹姆斯·漢拉提（James Hanratty）的判決。

麥可·格雷格斯登（Michael Gregsten）和他的情婦薇樂利·史托利（Valerie Storie）在斯勞（Slough）附近的道路研究室（Road Research Laboratory）工作。一九六一年八月二十三日，兩人開著格雷格斯登的車在美登赫鎮（Maidenhead）的田野間被一名陌生人攔下。男人持槍逼他們開到Ａ６公路盧頓（Luton）到貝德福（Bedford）之間的一處路肩，開槍殺死了格雷格斯登，然後強暴史托利，之後也對她開槍，雖然撿回一條命，但腰部以下癱瘓。

隔天，在一輛公車的坐位下找到了包在手帕裡的一把點三八左輪手槍。幾天後，梅達谷（Maida Vale）的一間客房裡發現同一把槍的兩個彈殼；攻擊發生當晚，漢拉提就住在那裡。漢拉提當年二十五歲，史托利指認了漢拉提之後，他受審、遭到定罪，在一九六二年四月於貝福德監獄接受絞刑。

漢拉提直到最後還是辯稱自己清白，一九九一年，鮑柏．沃芬登（Bob Woffinden）找上了我。沃芬登是約克郡電視台的調查記者，且得到事務律師喬弗瑞．班德曼（Geoffrey Bindman）支持；班德曼認為可能有司法不公的情事。

原先的調查過程中，史托利的內褲和襯裙發現一些精液和陰道分泌物的混合汙漬。但大都會警局鑑識科學實驗室（Metropolitan Police Forensic Science Laboratory，MPFSL）進行了血型鑑定之後，一般認為這血型鑑定是「排除測試，而不是包容測試」。換句話說，這項血型證據不該視為漢拉提和史托利之間的正向關聯，不過可根據血型證據，排除某人是精液來源的可能性。

一場火災毀了許多證據。但我在一九九一年七月造訪貝德福郡總警局的時候，查看了那裡留存的一些案件相關證物。幾個月後，我去了蘭貝斯（Lambeth）的大都會警局鑑識科學實驗室，查看原始的鑑識案件檔案。檔案沒幾頁，破破爛爛。但在少少幾頁裡，我發現兩小塊碎布料，正是我們想找的關鍵樣本，我其實不相信居然找得到。

這些碎片分別密封存放在貼了標籤的塑膠袋，而這些碩果僅存的精液樣本，來自當初調查時在史托利內衣上找到的精液痕跡。不過接下來幾年間，雖然幾度嘗試從碎布料的萃取中得到DNA鑑定，但檢驗都無法得到任何結果。我把我找到的寶貴樣本交給大都會警局鑑識科學實驗室的優秀專家之後，我和這樁案子的直接關係就結束了。

因此，直到一九九九年找到包裹凶器的手帕，並用手帕上的鼻涕痕做DNA檢驗時，我已經不再參與此案。檢驗比對的是漢拉提家族成員的DNA樣本。結果顯示，「證物DNA」來自漢拉提的機率，比來自其他無血源關係隨機人士的機率高了「二百五十萬倍」。

有鑑於案件相關的種種爭議，首席大法官沃爾夫（Woolf）當時決定，應該挖出漢拉提的遺體，直接用他的DNA比對。較現代的DNA鑑定終於得到精液的結果，結果確認手帕上DNA和史托利內衣上的精液痕跡都非常可能來自漢拉提。（內衣上的其他男性DNA應該是來自格雷格斯登。）

二〇〇二年，代表漢拉提家的麥克・曼斯菲爾德（Michael Mansfield）大律師在上訴庭提出，DNA檢驗結果可能遭到汙染。這個指控被法官裁定為「無憑無據」，因為還有其他證據顯示漢拉提涉案，包括目擊證人指認，因此上訴庭法官決定有壓倒性的證據足以支持原始判決。

不過DNA確實可能遭到汙染。尤其是延續多年、在DNA鑑定開始以前的案件，以今日的技術來看，那時證物處理、檢驗環境都不合格。話說回來，只提出可能受到汙染還不夠，必須探索特定的做法，也必須評估任何微物跡證轉移或殘留而被誤認為證據的可能性。此外，這一案也讓人注意到，有時候老檔案裡很容易忽略的樣本，也可能成為支持（或推翻）歷史案件判決的關鍵。

自從三十多年前鑑識科學開始採用ＤＮＡ鑑定以來，ＤＮＡ鑑定技術已經有長足的演變與發展，未來許多年無疑會繼續演進。

7 新型的鑑識服務

我開始代表鑑識科學服務中心去犯罪現場之後，很快就學到，許多（或所有）謎團的解答或許肉眼看不見，但確實存在。你只要了解發生了什麼事，就知道該往哪去找，然後就能把線索拼湊在一起，得到連貫的概況。幾乎所有案件的脈絡都至關緊要。閱讀倖存受害者、證人和所有嫌犯的陳述，非常有助於了解脈絡。所以一九八一年底，檢察總長發布一則公告，聲明鑑識學家在檢驗證物之前不准再按例閱覽陳述，便引起軒然大波，我和許多同事都提出異議。

他們顯然判定，「事前提供陳述，可能導致科學家在交叉詰問時，容易被控『操弄』結果以符合他對疑似犯罪狀況的理解」。新規定理論上很合理，實際上卻是場噩夢。因為這表示我們無法得知正確的架構，以便依據每樁案件的特定脈絡，選擇最有用的證物來檢驗、測試，理解結果的潛在意義。幸虧委託我們調查的警察都了解這一點，而且時常通融，最後大家似乎都忘了有那些規定。

同時，鑑識科學服務中心位在威瑟比、喬利（Chorley）、伯明罕（Birmingham）、切普斯托（Chepstow）亨丁頓（Huntingdon）和奧德馬斯頓六間實驗室的科學家快要接應不暇，工作品質下降，士氣隨之低落。總部在新實驗室投下重金，顯然希望找到辦法解決問題，讓科學家更快處理完更多工作。於是他們決定派督察到一間鑑識科學服務中心實驗室，做某種碼錶時間研究（time-and-motion study）。

我們都明白總部急於知道究竟需要多少鑑識學家，以及實驗室需要多大時工作最有效率。令人惱火的是，他們找來評估、寫報告的人顯然對鑑識調查一無所知。檢閱、解讀那份報告的人顯然也是。他們選擇視察的實驗室是切普斯托那間。其他所有鑑識科學服務中心實驗室都有同樣的狀況（包括我在威瑟比待過和後來在奧德馬斯頓的實驗室），所以恐怕大多的鑑識學家都被其中某些言論激怒到。

一項氣死人的「觀察」提到，有些科學家去了犯罪現場，然後前半小時都「呆呆站在那裡」，沒有立刻著手檢驗東西。顯然沒人想到要問科學家，他們究竟在做什麼。如果問了，就會發現科學家正在思考可能發生了什麼事，再判斷需要做哪些檢試，哪些證物要帶回實驗室進一步檢驗。事後我寫了封抗議信，在信中提到這個誤解；切普斯托報告引來不少義憤填膺的信件，我的信只是其中之一。

我在信中也提到一件事，「現場勘察在報告中遭到貶抑，但這其實是鑑識學家工作中最具挑戰的領域……科學家的頭腦必須機警、充滿好奇、受過科學訓練，才能正確解讀跡象，在大量線索之中區分重要和不重要的線索，知道哪些證物需要深入檢驗、哪些大可忽略——要做的選擇愈多，工作就愈艱鉅」。「選擇」這個詞是指為了改善效率而削減我們檢驗的證物數量，把重點放在最明顯有關聯的證物上。如果不會一一檢驗，就要特別小心，不能排除任何重要的東西。

我當時強調的要點，至今多少還是很重要。我在奧德馬斯頓的主管說得好，親臨犯罪現場可以省下在實驗室的兩星期。有鑑於最近鑑識服務委託和交付狀況的變化，可以補充一句，「前提是你知道你在做什麼」。

儘管切普斯托報告引起這樣的反應，鑑識科學服務中心確實亟需改變，而且改變**確實**將發生。

一九八〇年代早期，鑑識服務已經開始變化，打從那時我就一直思考那些變化對我身為鑑識學家的未來有什麼影響。我開始管理一小隊助理和低階報告員之後，下一步應該是管理比較大的小組，甚至整個部門。當時我認為那是我想要的發展，但回想起來倒也未必，尤其是我醉心科學，若是那樣，我做的科學工作勢必大減。結果事情終究不是我可以決定的；機會可能上門的時候，鑑識科學服務中心停止了晉升。大約就在我開始在哈洛蓋特工作時，組織大幅擴張，這下子充斥著經驗豐富卻無處發展的科學家。

一九八二年到一九八八年，鑑識科學服務中心的主任是鑑識學家瑪格莉特・佩雷拉（Margaret Pereira），她一開始在大都會警局鑑識科學研究室工作，人稱「謀殺小姐」，是一號新奇人物。在科學層面，佩雷拉最為人知的大概是將ABO血型鑑定微型化，以及調查盧肯（Lucan）伯爵與夫人的保姆珊卓拉・李維特（Sandra Rivett）的謀殺案。但佩雷拉也做過其他有趣的事，例如在一案中，發現了一朵新鮮菊花不同部位的特徵互相吻合。佩雷拉是主任職的唯一女性人選，一些男性同事難免抱怨正向歧視圖利女性。然而，即使事態愈漸艱難，她的表現仍然出色。所以我在決定下一步之前，先去見她一面。

基本上，如果待在鑑識科學服務中心，我的生涯不可能有進展，所以我想我得離開。當我這麼向佩雷拉解釋的時候，她的反應跟我預料中差不多——她完全了解我的處境，雖然她不希望失去經驗豐富的人才，卻也沒有任何適合的職位讓我擔任。討論的氣氛友善，我們分別時和和氣氣，我喜歡這樣跟人相處。其實，之後我著手成立一間實驗室，成為鑑識科學服務中心的競爭者時，佩雷拉給了我莫大的支持，即使這麼做讓她在總部有點不受歡迎。

過去十二年，我非常快樂，而且學到很多。但我在鑑識科學服務中心已經走到了盡頭，有些自己的想法要追求，於是在一九八六年離開奧德馬斯頓，成立自己的公司。

在鑑識科學服務中心工作的那些年中，愈來愈意識到被告難以找到合格、有經驗的鑑識專家，但警方和檢方卻能輕易得到這些資源。我認為這是英國對抗制司法系統中關鍵的失衡問題，所以我成立鑑識資源（Forensic Access）公司，主要目的就是為辯方提供鑑識服務，以彌補失衡狀態。被告鮮少能找人獨立檢驗對自己不利的科學證據，即使可以，也很少是由訓練合格的鑑識學家進行，而這種需求似乎很大。

我也了解到，如果科學家幾乎完全替警方服務（鑑識科學服務中心的所有實驗室都是），通常（尤其近來）很少思考有沒有其他解讀證據的方式。總之，在這位置的科學家處在不利的地位（他們在調查的「前線」工作，在那階段常常還沒有挨家挨戶調查、證人晤談等方式以取得所有的必要資訊）。所以案件關鍵是鑑識科學證據的時候，格外需要兩名科學家。一人查明檢方提出的證物，另一人則確保考慮到所有狀況下（包括被告的說法）那個證物得到恰當的解讀。

今日的狀況健全多了，現在有更多公司在做鑑識資源公司一九八〇年代做的事，其中也有一些主要和警方合作。此外，今日的法官有時會要求檢方和辯方專家在審判前先會面，討論、決定他們同意、不同意的證據。之後陪審團就能把焦點放在有爭議的問題上。不過當時，想必因為法庭僅依賴一位鑑識專家證人的證詞（不受質疑，而且有時不完全被理解），直接導致一些司法不公的情事。

當時檢方通常有優勢的另一個原因是，辯方律師時常沒有相關的知識從不同角度審視呈堂證據。因此，他們經常沒信心提出切中要點的問題，藉此查明除了檢方的解讀之外，是否有沒有其他解釋。

舉例來說，一名嫌犯身上找到織物纖維，懷疑這是來自受害者的衣物。嫌犯堅稱不可能，因為他沒殺人，而且不在場。如果嫌犯能指出自己某件衣物可能有同類纖維，就能檢驗他的聲明。然而，由於太麻煩了，警方和檢察官不大可能提議翻找他所有衣物，看能不能找到其他吻合結果。所以即使纖維可能來自嫌犯自己的衣物、不是受害者的衣物，這個可能性也從來沒人調查過。

更糟的是，如果辯方要求這麼做，就必須透過警方提出要求，而且得透過警方才能得到結果。如果測試結果不符合警方和檢方的預期或希望、對他們立證沒幫助，他們會比辯方更早知道。也就是說，辯方律師可能提出某些證據，結果卻導致自己的客戶遭到定罪。

像鑑識資源這樣的公司改變了這種情形，替辯方律師提供有公信力的專業，讓辯方律師了解客戶面對的科學證據有什麼優勢和弱點。此外，他們也能和檢方一樣，私下檢驗能解釋該證據為什麼存在的其他理論。

雖然鑑識學家是法庭證人，理論上可以由任一方傳喚作證。不過律師一向喜歡提前知道他們提問會得到什麼答案，因此傳喚敵對律師團委託的證人很不保險。其實鑑識學家出庭時，通常也是委託方傳喚的。

我成立鑑識資源公司時，並不知道我想做的事會不會成功。顯然很擔心我能否吸引足夠的客戶，讓公司存活下來。此外還有個風險——如果他們都要我說我不贊同的話，我會幻想破滅——我絕對不當「拿錢說話的專家」。但我一向樂觀，決定孤注一擲。

當時我和史托克戴爾結婚了，有個年幼的兒子；他成為我生命中的主要動力，至今依然如此。所以我們還有史托克戴爾的收入當後盾。但我跟銀行貸款的金額等同我最後一年在鑑識科學服務中心的收入，感覺風險還是很高。

我們在柏克郡紐伯利（Newbury）的房子是一九六〇年代典型的郊區平房，之前增建了門廊、斜屋頂，看起來有點像一層樓的瑞士小木屋。我們把六乘八呎的房間改裝成辦公室，沿著一面牆加裝了一張白色的廚房工作檯充當辦公桌，沿著旁邊那面牆放了另一張較高的工作檯用來檢驗物品，放置一台修復過的比較顯微鏡和一些電泳設備。工作檯下方有充足的空間放置小冰箱，冷藏血型鑑定和織物纖維分析需要的所有化學藥品。等我在房裡擺進兩座鮮紅的檔案櫃，還有一輛手推車專門放我買的尖端 BBC Master 家用電腦，房間就差不多滿了。

辦公室安排好之後，我印了一些折頁，寄到一長串專辦刑事案件的事務律師名單上的地址。然後在電話簿上刊了廣告，其他據我所知能讓人知道我這個合格、獨立作業的鑑識生物學家開張大吉的事，我都做盡了。

不知為何，我對文具很著迷，所以我非常喜歡哥哥亞當替新公司設計的商標。商標描繪戴達魯斯（Daedalus）建造的迷宮——克里特（Crete）的米諾斯王（King Minos）關牛頭人米諾陶（Minotaur）的地方——有條直接從中央通往迷宮外的路徑，代表希望替客戶創造穿越迷宮的捷徑。這個形象完全總結了我希望做的事——檢視科學證據之後（其中有些可能複雜如迷宮），我會加以解讀，用缺乏科學背景的人也能輕鬆理解的方式向客戶解釋。其實這個商標的效果太好，至今所有文具仍然印著這個商標。

所以我開業時有辦公文具、小而實用的辦公室，以及處理案件需要的所有設備。這下子只欠客戶了。

我的第一樁案子是看電話簿廣告找來的。當時我已經是經驗豐富的鑑識學家。所以，替懷疑老婆出軌的男人檢驗內褲，並不是我特別想做的事。不過開創一間公司，該做什麼就做什麼。

檢驗精液要格外小心，因為在外行人眼中，推定試驗中要找的顏色變化很像陰道分泌物會有的顏色變化。其實，我遇過一些轉行做鑑識的科學家看不出兩者的差別。憂心的是，若他們報告了試驗得到的假陽性結果，可能會破壞一些非常美滿的婚姻。我關心精液試驗已久，這樣至少我有機會處理和那有關的問題。

我的第二樁案子頗不一樣，是一位病理學家朋友史蒂芬．柯達納（Stephen Cordner）替辯方處理的一樁謀殺案。檢方的鑑識證據（由大都會警局鑑識科學實驗室的科學家舉證）主要聚焦在血跡形態，尤其是犯罪現場找出的少量接觸噴濺。

我除了造訪倫敦的實驗室，和那裡的科學家談過、親自檢視關鍵證物，也讀了所有相關的報告和筆錄。得到的結論是，檢方對證據的解讀不是唯一可能，有些證據其實可能顯示嫌犯無罪。我不記得案件的細節了，不過倒記得我覺得我寫的報告應該至少讓人們思考，只因為一件事的經過**可能**是怎樣，不表示那事的經過**確實**就是那樣。這個區別很重要，然而辯方律師時常不會嚴正強調。當然了，律師的專業是法律，所以不理解我過去十二年學習的所有科學細節也不意外。但或許那種情況就要改變了。

8 「這是我的人生」

隨著接到的工作愈來愈多，我有時會查看起訴案件的關鍵證人陳述，替辯方檢查最重要的證物，最後納悶那案件究竟怎麼會送上法庭。有位醫生被控性侵一名患者的案子正是這樣。讀過所有陳述和相關的文件之後，我檢視了各種證物，包括兩件褲子、一隻拋棄式檢查手套，和醫生門診垃圾桶取得的其他垃圾。

手套大拇指的上半部剪掉了，交由檢方雇用的鑑識學家檢驗，顯然在上面找到精液的痕跡。大拇指沒了，所以我沒辦法檢查。但實驗室的紀錄記載了報告內容。而我**能夠**確認其他發現，包括醫生長褲的拉鏈附近有少許精液的痕跡。

在案件其餘脈絡之下思考這些發現時，我認為這些發現失去了原本的重要性，主要原因有三：（一）據稱的受害者身上，或據稱發生性侵的沙發和毯子上採樣的拭子，都沒發現精液。（二）醫生的內褲沒有精液痕跡。（三）醫生褲子上的精液只占正常射精量的非常小部分——所以其餘的精液呢？

此外說不通的是，手套上找不到任何「大量的白色（陰道）分泌物」，這顯然是那名女性當初就診的原因。鑑識調查的一個基本原則是，沒找到證據不表示沒證據。不過在這一例中，看起來女人的說法愈來愈不像事實。我給辯方的報告中指出，我認為其實沒有科學證據顯示原告在事發當晚有過性行為。其實，綜合其他所有證據（或正因缺乏某些證據），鑑識學家的原始結果比較可能有其他不同的解釋。

根據可靠的科學檢驗提出證據，卻沒考慮脈絡或討論其他可能的解釋，非常可能讓科學蒙蔽人們——律師、法官和陪審團。這是我成立鑑識資源公司時希望對付的問題。多少是因為那樁案件完全突顯了這一點，事隔多年，我還記得那一案。

身為鑑識生物學家，我大部分的工作內容涉及血液與其他體液（例如精液、唾液）、衣物和家具上的織物纖維等等，以及各式各樣的武器和那些武器造成的傷害。有些案件非常清楚明瞭。例如起司番茄三明治一案，我設法確認了衛生部官員的懷疑——幾片麵包上紅褐色的抹痕是人血。或是六塊巧克力案，那些錫箔包的巧克力顯然拆開過，又笨拙地包回去。在那一例中，知名巧克力製造商的恐懼證實毫無根據，沒有證據顯示有任何東西注入巧克力中，或是塗到表面上，或用任何有害的方式處理過。之後，我開始接到其他訴訟律師、事務律師、病理學家、各路警方和調查局的委託。不久，我就變得非常忙碌。

我離開鑑識科學服務中心幾個月後的一個初冬傍晚，獨自待在屋裡，坐在小小的辦公室中，意識到外面天色暗了。屋裡其他地方也是暗的，而且寂靜無聲。我只看到辦公桌上桌燈投下的那灘明亮白光。被虛無包圍的感覺顯然受到視覺影響。但那是種超現實的體驗，記得當時我看著那圈燈光，心想：「就這樣了。這事成真了。這是我的人生。我永遠不會忘記這一刻。」我確實沒忘。

或許感覺那麼奇妙，是因為我不習慣獨自一人。小時候，我兄弟強納森和大衛總是在我身邊，待在家中的某個地方。我也經常看到哥哥亞當和傑若米，之後還有山姆和繼妹凱特。然後，中學和大學之後，過去十二年裡我在鑑識科學服務中心忙錄的實驗室，和朋友與同事一同工作。所以我想我還在適應獨自在安靜的屋子裡工作的孤獨感覺，一邊納悶事情會不會成功。不過這念頭完全沒令我喪氣，我只是很好奇（甚至興奮），想知道未來可能是什麼模樣。

主要是屋裡存放了機密文件的關係，所以開始在家工作時，裝了一個警報器。但我從來不緊張或覺得受到威脅，直到有一天，一個男人來聽我替他做的檢驗結果，這次又是懷疑出軌的案件。

男人將妻子染上汙漬的裙子帶來時，看起來十分友善，顯得很愉快。我解釋了能做的檢驗有哪些限制，而且即使汙漬的精液測試是陽性，也無法判斷是多久以前留下的，可能已經存在一段時間了。他似乎能接受、了解我告訴他的所有事。他回來拿結果時也很友善，直到我說他妻子裙子上汙漬的精液測試**確實**是陽性。

我提醒了前一次我警告過的事，但我預料到這消息會令他懊惱。他的舉止突然從禮貌體貼變得極度緊繃，快到我反應不及。之前我說話的時候，他兩手幾乎都垂在身邊，這時他兩手緊握拳頭，指節發白，手臂緊繃。幸虧我設法把他請出房間，帶到前門，然後迅速在他身後關門上鎖。幾天後，我們安裝了一個警報鈕，和當地警局連線，這才讓我（和史托克戴爾）感覺好多了。

在懷疑出軌案件的另一方面，是替一個女人調查的案件，她把從丈夫內褲上找到的一些毛髮交給我。女人顯然個性細膩，想到用透明膠袋黏住那些毛髮，而且附上她自己和丈夫的頭髮與陰毛以供比對。不過檢驗結果無須判定或解釋，這次也沒引起極端的情緒。其實我向女人保證，她在丈夫內褲上發現的那些「可疑黑毛」，其實是非常細小的灰藍色織物纖維，而且很可能是來自丈夫自己的衣物。

一九八七年秋天，鑑識資源公司大約成立十八個月，而我奮力處理不斷湧入的工作，顯然需要一點幫助了。史托克戴爾不久之前調去倫敦工作，受夠了長途通勤。結果不是我去找別人，而是他決定放棄自己的工作，加入我的行列。然後我們重建紐伯利房子的車庫，改成一間L型實驗室和兩間辦公室，我們請來一位祕書，後來又雇用一位化學家。

我在鑑識資源公司第一年的收入，大約和我離開鑑識科學服務中心時差不多——和我透支設立公司的金額只差幾百英磅。所以在化學家加入我們、抵押房子之後，感覺像剛解決第一個危機，又陷入了另一個。但不久之後，公司就擴張到改裝車庫也容不下，我們搬到紐伯利的一小間辦公室，雇了一位業務經理處理我和史托克戴爾先前分攤的管理工作。然後，公司再度擴張時，我們搬到薩徹姆（Thatcham）更大的場地。新場地原先是慈善機構導盲犬協會（Guide Dogs for the Blind）在使用，有個訓練廚房，非常適合當作實驗室，而且我們又請了一位化學家、一位ＤＮＡ專家，還有幾位職員。

委託我們的通常是由辯方，所以我時常必須開車去全國各地鑑識科學服務中心的實驗室，花上一天檢視、討論他們科學家完成的工作，再老遠開車回家。比起體力勞動更累人的是，這工作牽涉到大量緊張的能量。

我扮演的角色是查核關鍵證物的檢驗和測試結果，以及強調鑑識科學服務中心的科學家可能忽略了案件特定脈絡的其他解讀。要能這麼做，就必須和他們進行有意義的對話。為了確保他們把我視為某種安全網，而不是敵人，我必須向他們保證，我不是無端挑他們工作的毛病。幸好在鑑識科學服務中心工作了那麼多年，他們所有的工作細節我都瞭如指掌。我也明白他們經常承受必須更快做完更多工作的壓力。有時候，我為了保持氣氛輕鬆，會說些笑話。但要維持恰當的平衡還是很棘手，這工作絕對不適合不愛與人為伍的人。

當時我們處理的調查五花八門。除了謀殺、性侵害和暴力攻擊、竊盜、持械搶劫、疑似縱火、毒品和毒理學，也接了一些英國或全球難得一見（有時頗古怪）的案子。有個委託調查案件十分不尋常——涉及一九八七年賽普勒斯總統接到的一封勒索信。

信件署名是「尼莫指揮官」（Commander Nemo），說他代表「不可抗力」（Force Majeure）這個組織，宣稱在賽普勒斯島的各地布署了「毒氣施放設備」的化學武器。信中指出，除非賽普勒斯政府付出一千五百萬美元的贖金，否則他們將啟動化學武器，釋放出戴奧辛毒氣，讓賽普勒斯受到遺害數百年的汙染。

收到信幾天之後，位於尼科西亞（Nicosia）的總統宅邸接獲一位自稱迪格斯比上校（Colonel Digsby）的人士來電。男人自稱在倫敦的英國軍情局工作，說「不可抗力」組織是知名的嚴重威脅，建議賽普勒斯政府最好交付對方要求的贖金。他們還是沒付錢，不久之後，一個男人來到了賽普勒斯駐倫敦的高級公署（Cyprus High Commission），提議以二萬五千英磅為代價，讓直升機裝載一個磁力儀飛越賽普勒斯各地，幫忙偵測藏起的毒氣設備。這次**確實達成了協議**。然而男人回來收取報酬時，卻遭英國反恐小組的警察逮補。

兩年後，控告英國出生的希臘裔賽普勒斯人帕諾斯・庫帕里斯（Panos Koupparis）一案開庭審理，我們才參與此案。賽普勒斯政府的代理人請我們評估尼莫指揮官和數名家族成員（他們組成「不可抗力」組織中的「恐怖集團」）可能造成什麼威脅。我們接下這樁案子，然後開始思考該怎麼處理，那時我靈機一動，向哥哥傑若米尋求建議。

傑若米在五個兄弟中排行第二，他當時是哈佛大學傑出的化學教授（之後在一九九一到二〇〇二年擔任哈佛文理學院院長，二〇〇六年續任，直到他在二〇〇八年過世）。傑若米請教了同事中一位優秀的教授之後，給了我們一些非常有趣的建議，他的信中包含了下面這些觀察。

> 實在太滑稽，「迪格斯比」太有才了。被告根本應該去寫電視劇本……質子磁力儀靈敏度高，確實可以偵測到金屬（其實是類似鐵的金屬），但極為不可能裝在直升機這種會移動的大塊金屬上使用，即使可以（有些類似的裝置會綁在很長的繩索上探測潛艇），也會偵測到所有舊車、新車、廢冰箱等等（也就是太不合理）。
>
> 總結來說，這封信（證物二十）只證明了整件事有多滑稽！我會滿心期待證物二十一……

換句話說，這整個陰謀其實誇張得要命。根本沒有毒氣施放裝置，沒有英國軍情局的迪格斯比上校，沒有尼莫指揮官，也沒有「不可抗力」這個恐怖組織。不過確實有人打算向賽普勒斯政府敲詐一筆錢。一九八九年七月在倫敦中央刑事法院的一場審判後，庫帕里斯被判勒索罪，處以五年徒刑。

庫帕里斯案不久之後，我們參與了另一個「想像」案件，受託檢驗一位前警察的靴子。這一案的工作是由克里夫．坎迪（Clive Candy）博士負責，他在加入鑑識資源公司之前，是大都會警局鑑識科學實驗室的首席科學家。他的報告讀來很有趣。

我們得到的案件簡報非常簡短。這位警察在一九八〇年一個昏暗的冬日清晨開著自己的車，結果發生一場事件，他暫時失去意識。警察相信他恢復意識之前，被外星人移出車外，他們用類似雷射光的某種明亮光線照射他的雙腳，然後把他放回車裡。

依據我們得到的資訊，警察當時穿的靴子很新，狀況良好。但隔天早上他看到左腳的靴底，卻發現一道裂痕，和他腳底一道發癢的燙傷痕跡吻合。警察的事務律師告訴我們他想知道，靴子上是否有任何痕跡或殘留物可以看出外星人帶他去了哪裡。

據稱的事件大約發生在我們參與的十年前，警察說，當時他只在室內穿過這雙靴子。就這樣，坎迪抱著優秀鑑識學家必備的開放心態，非常仔細地檢查了靴子。他發現靴子上部嚴重龜裂、皺褶，鞋墊和腳跟內襯褪色、受到壓擠，殘存的鞋底和鞋根有磨損痕跡。靴子兩腳都至少換過一次鞋底和鞋根。因此，坎迪在報告中寫道，根據證據，他認為靴子使用頻繁。

或許最有幫助的是，坎迪發現左腳原先的鞋底在腳球處完全磨光或裂開（換新的鞋底也是），使得邊緣凹凸不平。此外，左腳鞋底有根釘子穿透鞋墊，就在大拇趾腳球處。所以警察描述他腳上「發癢的燙傷痕跡」，或許就是這麼來的。比起他的腳被雷射燒傷，這解釋顯然比較可能發生。娛樂等等用途的雷射光很不集中，不足以造成傷害。而靴子上沒有任何可能由工業用雷射光造成的焦痕。

此外，找到的微量礦質砂粒、植物組織和瀝青中，並沒有一般靴子見不到的成分。雖然**確實**主要在鞋舌和鞋帶孔內側有少量的疏鬆碎屑，但在顯微鏡下檢視，發現這些碎屑主要來自鞋油和皮革本身。

坎迪表示沒有值得進一步調查的東西時，表達意見的態度仍然禮貌自制。所以，很不幸，我們無法揭露外星人和警察靴子之謎——我想這個謎團至今仍然無解吧。

9 控告馬西莫・卡洛圖一案

一九八九年，我參與了義大利的一樁案件，受託為國際人權聯盟（International Federation for Human Rights）對鑑識證據提供關鍵的評估。這次解讀證據再度扮演了關鍵的角色。

一九七六年一月二十日晚間，一名十九歲的學生馬西莫・卡洛圖（Massimo Carlotto）走進義大利北方帕多瓦（Padua）的一間警局，說出以下內容。

他經過他姊姊住的公寓時，聽到有人呼救。姊姊的公寓在一樓，當時不在家。但他發現聲音來自公寓樓上，而且大門沒鎖，於是進了公寓。他在樓上臥室的更衣室裡發現有過幾面之緣的年輕女子一絲不掛，渾身是血地倒在嵌入式衣櫃底部。

卡洛圖震驚恐懼地彎下腰，他右側身體靠近女子的左側。然後，就在他朝她的臉伸出手，手橫過她的胸前時，她的右臂劃弧舉起，又落回右側的地板上。女子閉眼時，卡洛圖覺得她死了。於是他跑出公寓到朋友家，他們勸他向警方說出他的見聞，所以他就來了。

卡洛圖向警方解釋完之後就遭到逮捕，以謀殺二十五歲學生瑪格莉特・瑪傑洛（Margherita Magello）的罪嫌遭到起訴。一九七八年三月，卡洛圖的案子在帕多瓦法庭舉行聽證，因為缺乏證據而宣判無罪，當時他已經遭拘留兩年了。

當時在英格蘭，只有辯方能針對判決或判刑上訴。但義大利的司法系統不同，一九七九年，義大利法務部開始上訴程序，試圖推翻原始判決。這次案件交由威尼斯的上訴法庭審理，卡洛圖被判謀殺罪，處以十八年徒刑。

因為某種從來不清楚的原因，卡洛圖在審訊後獲准離開法庭，在家裡住了一段時間，去了墨西哥。然後，他在一九八五年被墨西哥驅逐出境，回義大利時遭逮捕入獄。

卡洛圖一直明確否認涉入瑪傑洛的謀殺案，在入獄之後開始得到支持，支持者遍及義大利國內外，尤其是法國。因此，義大利最高法院在一九八九年下令重審此案，我就是當時開始參與。

據我理解，沒有爭議的事實是，瑪傑洛在看似瘋狂的攻擊中，大約被刺了六十刀。那天晚上她母親下班回到兩人同住的公寓時，在嵌入式衣櫃裡發現女兒赤裸的屍體。除此之外，細節就沒那麼顯而易見了。雖然各種專家提出的大量醫學和科學證據中，有些似乎顯示卡洛圖有罪，但其他方面卻傾向他是無罪的。

我讀了義大利文英譯的各種文件，其中有份驗屍報告，以及一些警方和各種專家對命案現場的報告。此外也有卡洛圖衣物和犯罪現場一些證物的實驗室檢驗細節，以及卡洛圖本人對事件的證詞，和受害者母親的陳述。

依據驗屍報告，瑪傑洛身上沒有精液能顯示攻擊有明確的性動機。瑪傑洛手臂上的大量防禦性傷口顯示，她激烈地抵擋凶刀攻擊，但因為重要器官遭刺傷而死。她一隻手的兩指間夾著一根頭髮。右腳內側的血跡有些圖樣印子，可能是鞋印——但不符合卡洛圖被捕當晚穿的鞋子。

我參與這樁案件時，病理學家已經替檢方重新檢視了一些證據。卡洛圖穿的衣物也送過來，拿出證物袋，由多人在無數情況下檢視過，但我未獲准親自檢視任何衣物或其他證物、造訪犯罪現場，或查核和科學分析有關的任何原始紀錄。由於各種照片缺乏直線比例尺，拍攝技術差勁（即使以十四年前的標準也一樣），我時常難以判斷我看到的究竟是什麼。此外醫學科學的檔案也有些問題，翻譯的人顯然不是相關領域的專家，所以有時無法傳達原意。

此外我立刻明白一件事——調查初期進行的血跡鑑別和分析也有問題。為一九七九年上訴聽證會進行的鑑識檢驗算是合理，而且符合良好的科學做法。但即使以一九七六年的標準，原始調查時使用的技術也遠不及鑑識科學服務中心當時的技術。而且血型鑑定只限於較無鑑別力的ABO系統，因此所有和受害者血液的關聯性比較屬於間接推論，而不是客觀分析的結果。比方說，受害者的血型鑑定為O型，因此傾向於假定現場發現的所有O型血都屬於受害者。這樣的結論完全忽略了O型是極為常見的血型，大約占義大利人口的百分之三十九（大約占英國人口的百分之四十五），因此有些血液可能來自凶手。

瘋狂砍殺時，罪犯的手有時會在鮮血中從刀柄滑到刀刃而割傷。區區這個可能性未被考慮，就足以讓人懷疑之前對於距屍體一段距離的一些血跡，其潛在重要性的推論結果是否正確。由於臥室、浴室和欄桿的血跡沒做過全面的血型檢驗，因此原始的假定顯得更糟。其實，樓下洗衣間發現的一些血檢驗之後，發現既不屬於瑪傑若，也不屬於卡洛圖。

由血跡來看，檢方立證根據的是四個主張：（一）卡洛圖手套上的一些割痕和瑪傑洛身上的一樣；（二）卡洛圖洗過他的外套，很可能也洗過手套；（三）卡洛圖手套上一些可見的汙漬很可能是血（但其實沒分析過）；（四）攻擊者未必一身鮮血。

卡洛圖衣物上的血跡的確**可能**來自瑪傑洛。但沒有任何證據顯示他洗過他的外套。其實，在特別要求兩名科學調查員考慮這個可能性之前，沒人提過卡洛圖外套上的血液可能稀釋過。接著他們才進行一些實驗，結論是沾到血後，血液受到有某種程度的稀釋。然而我還是無法親自檢查微物跡證。所以我看了原始證據，然後靠著我自己對血跡的經驗和知識得到結論。我的結論是，只有輕微的接觸痕跡，一、兩處小潑濺，符合卡洛圖敘述他和受害者接觸的情形。而且不論審判時的說法如何，並沒有證據顯示卡洛圖的手套洗過，而且當初的科學家徹底檢驗之後，也沒有證據顯示手套上找到的汙漬是血。

檢方主張中最重要的，或許是現場發現的血液大部分在衣櫥底部的屍體位置。依據當初兩位科學家的說法，刀刺攻擊開始時瑪傑洛應該是「幾乎仰臥」，傷口大多在她身體前側，所以血液不會流盡。這表示他們在攻擊者身上應該不會找到太多血跡。由於卡洛圖的衣物只有輕微的血跡，毛衣右邊袖子和外套正面左下方有幾個印子，牛仔褲的褲襠和兩隻小腿處有些非常小的零星痕跡，因此他們認為不能排除他攻擊的可能性。然而這樣的宣稱忽略了一些非常重要的事實。

比方說，攻擊主要發生在狹窄的衣櫥裡，表示受害者和攻擊者不大可能沒有大量接觸。其中大多數的攻擊（有些力道頗強）應該會導致攻擊者衣物上有大量血跡，何況瑪傑洛當時奮力抵抗。瑪傑洛沒穿衣服，所以不會有任何衣物吸走她傷口流出的血。義大利科學家到場的時候，瑪傑洛的屍體（應該是現場最血淋淋的證物）已經移走了，可能影響科學家理解血跡規模。如果隔壁浴室的血是攻擊者經過時滴下的，至少他身上一部分的衣物應該吸飽血液。我考慮到上述所有因素得到的結論是，在這這種情況下，攻擊者的衣物上應該有大量的血液來自受害者。

這和原本那些科學家得到的結論完全不同。幸好我有過去一樁案件的證據支持。鑑識學家通常不會留下血跡分布形態的正式紀錄（當然案件檔案中留有資料），有時作為教學或展示的參照。但我有張照片中的男子和卡洛圖的說法類似，幫助了暴力攻擊的受害者。警方找出真凶之前，不曾懷疑男子攻擊受害者，然而他上半身衣物上噴濺到的血漬和潑濺比卡洛圖身上還多。

以我得到的資訊無法建立事件發生的順序，但最後我可以肯定，在我獲准檢閱的任何文件或照片中，沒有任何內容顯示卡洛圖衣物上的血能使他定罪，也沒有任何證據顯示那些血的成因不是他所描述的狀況。

卡洛圖聲稱他聽到瑪傑洛的呼救聲，因此進入公寓，他找到她時，說了幾個字。然而依據兩名義大利科學專家的說法，這是不可能的，因為瑪傑洛受的傷應該會立即致命。這種主張隨後被其他科學家駁斥，但在卡洛圖受審時顯然對他不利。

此外，還應該考慮到卡洛圖的陳述。他在衣櫥地板上發現瑪傑洛時，覺得她身上只有幾個傷口，絕不是驗屍時記錄的起碼六十個。然而檢方也忽略了這個問題。其實，似乎完全沒有人考慮到卡洛圖進入公寓前按了鈴，可能驚動真凶。或許瑪傑洛的攻擊者躲進浴室，也就是發現一些輕微血跡的地方。卡洛圖跑走之後，攻擊者或許又回到衣櫥把他起頭的事收了尾，確保受害者不會活下來指認他。

這絕對是個值得調查的假設。但原本的科學家卻排除這個可能性，認為所有傷口都在一小段時間內造成，受害者立即死亡。不過之後參與案件的三名科學家**確實**支持這個可能性，他們堅持持刀攻擊分成兩個不同階段，第一階段的攻擊並沒有致命。

此外，卡洛圖描述的現場和實際狀況有出入，似乎也支持卡洛圖進公寓時凶手躲起來的可能性。比方說，卡洛圖在陳述中提到，他經過門口來到浴室時發現地上有些抹布，但警方沒看到。他說浴缸裡有半缸水，但沒看到後來褲襪和褲子漂在浴缸尾端的景象；這從浴室門口應該一目了然。還提到他進屋子時浴室和隔壁臥室有燈光。但瑪傑洛的母親回到公寓發現女兒屍體時，臥室顯然是暗的。

卡洛圖在這些細節上說謊沒什麼好處，由此可見他說的可能是實話。如果他說的是實話，就代表有人在他離開之後挪動了抹布，把那些東西放進浴缸。或許另一間臥室電燈開關上的血跡，是有人在卡洛圖跑走後用染血的手指關掉電燈留下的。或許浴室內側門把上和附近比較難接觸到的毛巾架上的血跡，是某人染血的手留下的，也或許那個「某人」開始攻擊瑪傑洛，然後卡洛圖按了門鈴，他才躲進浴室。

讓一些問題雪上加霜的是，原本替檢方工作的科學家或許是經驗豐富的病理學家等等人士，卻沒有鑑識科學的專長。他們缺乏鑑識知識的一個明顯例子，就是他們用流明諾（luminol）試驗來檢測血液。

流明諾這種化學物質會和血液作用，產生化學發光反應（chemiluminescence），在黑暗中發亮。我在一九七四年加入鑑識科學服務中心之前，英國就在用這種試驗了。但流明諾試驗當時已經太落伍，很少人還記得或知道怎麼處理。流明諾試驗其實非常敏感，稀釋到一百萬倍的血液都能偵測出來，因此是偵測血跡的強大工具，能讓肉眼看不到的血跡形態顯現出來。舉例來說，像是難以辨別的背景（例如深色、圖案複雜的地毯）或曾經試圖清理血跡，或想追蹤肉眼已看不見的染血鞋印。不過使用流明諾有些缺點，例如必須在黑暗中作業、記錄反應結果，而這結果會在你眼前愈來愈模糊。

這些不良因素促使英國不再使用流明諾，而改用更現代化的試驗，這些試驗一樣極度敏感，可以在亮處操作。不過流明諾**確實**在有些情境可以派上用場，從那時開始，我就時常使用——不過採用流明諾的目的絕對和在義大利調查時不同。

義大利病理學家主張，血液在布料上凝固之後，就不可能轉移到任何東西上，因此卡洛圖一案的問題更複雜了。但事實並非如此。（或許那位病理學家搞混了——血愈陳舊，就愈難溶解，而血型鑑定時需要把血溶解）血液凝固之後，很容易一碰就變成粉末，例如衣物布料皺褶、展開或拿出證物袋，因為擠壓而產生皺褶。所以衣服證物上即使只有非常少量的血跡，凝血的粉末也可能散布到衣服的其他地方。然後用非常敏感的流明諾技術測試時，血跡的範圍看起來就可能比實際上大多了。

為了示範這個狀況，並且培養我使用流明諾的專業技術，我當時做了大量的實驗。那些實驗證明在某些情況下，使用這種技術很容易讓人誤解物體上的血跡範圍。而我認為卡洛圖一案正是這種情況。雖然病理學家認為他做的試驗證明卡洛圖的衣物曾經染滿血，但衣物上其實只有非常少量的血跡，完全符合卡洛圖描述的情形。

義大利司法系統是審問制，而不像英國是對抗制，表示法庭的功能稍稍不同，除了裁決案件，也參與調查。因此（尤其當時）「令人尊敬」的專家可能得到更多縱容，受到太少挑戰。話說回來，英國從前也發生過這樣的事，直到大概七、八十年前，發現即使大學學者兼病理學家伯納德·史匹斯貝里（Bernard Spilsbury）這樣的人物也可能出錯，於是對他們的信任與信心逐漸煙消雲散。

我在威尼斯出席法庭聽證會時，主要負責作證的知名病理學家顯然在做完全超出他專業的事，但完全沒人準備質疑他。病理學家和警方一樣，似乎斷定卡洛圖殺害了瑪傑洛，他出庭作證時似乎信心滿滿。卡洛圖的家人多年來一直試圖推翻判決。但雖然卡洛圖因病獲釋，卻仍然被視為有罪。因此我替他和他家人感到難過，他們得坐在那裡聽這些頗不科學的證據和誇張的結論，而他的判決主要就根據這些東西。

比起聽病理學家作證，更令人沮喪的是法庭後面另一間房間裡發生的事。法庭暫時休庭，法官、訴訟律師、家族成員和其他幾人（包括我和巴黎一間鑑識實驗室的主管）移至那間房間，讓病理學家展示他拍攝卡洛圖衣物血跡的幻燈片。他展示快結束時，我們聽見有人一遍遍喊話。聲音似乎來自法庭裡，我問翻譯員他們在喊什麼，她告訴我說：「*Assassino*。是凶手的意思。」更令人難以置信的是，居然無人制止他們。

法國實驗室的主管也擔任卡洛圖家族的顧問，而她的發現和我的十分吻合。然而，大量來回討論之後，決定不准辯方提出自己的專家。我不能斷定卡洛圖不是凶手，不過根本沒有任何科學證據顯示他是。然而，這些糟糕的「專家」居然說服了所有人，讓他們以為有那樣的證據存在。我感到束手無策，我知道我有證據能嚴正質疑他們的假定，但他們不給我機會在法庭上解釋。

最後，卡洛圖謀殺瑪傑洛的罪名再度確立，處以十六年徒刑。但卡洛圖的家人仍然堅持證明他的清白，三年後，在一場國際正義運動之後，義大利總統終於赦免了卡洛圖。據我所知，卡洛圖後來成為暢銷的犯罪作家，我想他有些情節可以參考自己不幸的親身經歷，多少有幫助吧。

10 纖維與毛髮

一九九〇年九月的一個晚上，剛退休的直布羅陀總督（Governor of Gibraltar）——空軍上將彼得・泰瑞（Peter Terry）爵士坐在他位於史塔福德郡（Staffordshire）的家中看書，幾發子彈破窗而入。其中兩槍的子彈擊中很靠近他腦部的位置，其他則粉碎了他的臉，他妻子也受到比較輕微的槍傷。

泰瑞爵士待在直布羅陀時，曾經依據英國情報局對愛爾蘭共和軍計畫攻擊直布羅陀島的報告，授權了一次祕密行動。在那次行動中，英國空降特勤隊擊斃了三名愛爾蘭共和軍臨時派的成員。所以這場攻擊被視為有人企圖為他們的死報仇。兩個月後逮捕了三名男性，以那場攻擊起訴，這時代表其中一人的事務律師委託我們調查此案。

我們參與之後，史托克戴爾和坎迪拜訪了大都會警局鑑識科學實驗室，警方在倫敦幾輛汽車和地點取得了眾多證物，那裡的科學家已經檢驗了其中一些。然後我做了些進一步的纖維分析，包括深入分析檢方舉證核心的纖維證據。

我們特別感興趣的是「我們的」一名被告被捕時，在外套口袋、毛衣和牛仔褲上找到的一點纖維。這些纖維似乎符合犯罪現場附近找到的一個黑色壓克力面罩的組成，而面罩其實是從毛衣剪下袖子做成的。依據實驗室的報告，泰瑞爵士家從窗沿採集的一根織物纖維，以及梳取另一位被告頭髮得到的兩根纖維，可能都是來自這個面罩。

衣物或任何其他織物是否符合纖維轉移的來源，取決於一些因素。比方說，組成的纖維染色染得多深，多容易脫落——鑑識學家一向稱這個特性為「易脫落性」（shedability），以及這些纖維在整個織物纖維族群中出現的頻繁程度。舉例來說，可能不值得花大把時間尋找藍色牛仔褲掉落的纖維，因為即使找到了，和特定物品的關聯也太過薄弱。

要從物體表面取得纖維，最常見的方法是系統性的用一系列透明膠帶黏過物體表面，來黏取任何表面的織物纖維和其他鬆散碎屑。採證膠帶貼在透明的塑膠片上，邊緣再用膠帶密封，隨即個別裝入保護套或塑膠袋中。接著密封保護套或塑膠袋，貼上標籤，標明每條採證膠帶上的纖維是從證物的哪部分採集到的。

重新調查懸案時，可能要處理許多年前檢驗的證物，當時警方和實驗室的守則不像今日這麼嚴謹。所以必須非常小心確認在原始調查中，沒發生任何事會破壞你現在要做的事。採證膠帶在這方面非常有用，因為這些膠帶不只是任何證物上（在詳盡檢視之前）最先採取的樣本，而且會採集到形形色色的微物跡證。之後採證膠帶會受到防護且不受汙染一段時間，直到再度供人檢視。

可能有人認為鑑識學家說到轉移纖維，是指一束束的纖維，其實不然，他們說的是這些纖維束的個別組成。每條纖維時常不過一公釐長，細小到甚至肉眼難以看見。所以要比對採集到的纖維和可能來源的纖維組成（所謂標的纖維或對照纖維），就必須仰賴顯微鏡。首先，膠帶上的纖維在低倍率顯微鏡下和對照纖維做比較。然後把任何相似的纖維去掉，將個別纖維放到載玻片上，在包含幾個不同階段的程序中更詳細地比對。

第一階段，兩條纖維在高倍率顯微鏡下，全排在一起比對纖維種類和目視顏色。任何看起來不同於假定來源的纖維都要排除。下一階段是用顯微分光光譜儀進一步分析纖維的目視顏色。顯微分光光譜儀能更精細、客觀地評估顏色。人造纖維的化學組成也能用傅立葉轉換紅外光譜儀（Fourier-transform infrared spectro- scopy，ＦＴＩＲ）這種技術來判斷，舉例來說，可以區分壓克力纖維和尼龍、聚酯纖維、多種其他纖維。任何纖維中的混合染劑成分都可能非常複雜。所以，在最後階段，篩選剩下這些纖維的染劑可以萃取出來，用薄層層析（thin-layer chroma- tography，ＴＬＣ）或是高效液相層析（high-pressure liquid chromatography，ＨＰＬＣ）儀器分析、比較。

薄層層析法的問題是，有些纖維顏色太淡或太短，無法分析。不過我們調查泰瑞爵士攻擊案時，可能最具決定性的是最後這個階段。因為雖然兩根藍色纖維看起來非常相似，即使在顯微鏡下也不例外，但兩條纖維中用來形成那種顏色的染劑可能大不相同。所以兩根看似來自同一件衣物、地毯、毛巾等的纖維，可能證實截然不同，且彼此毫無關聯。

雖然面罩的纖維用肉眼看起來是黑色，但在顯微鏡下卻是斑駁的綠褐色，這類纖維稱為「老虎尾巴」。當時，大部分的老虎尾巴纖維都是一家以英國為中心的紡織生產商製造的。他們確認我們的纖維確實是販售的一款之後，大都會警局鑑識科學實驗室的鑑識學家分析了染劑，判斷那和該公司的一個配方難以區分。

犯罪現場取得的面罩可能和一名被告外套口袋找到的一些纖維吻合，而這或許會成為檢方舉證的有力證據。然而，那家生產商在近兩年之間，生產了大約三千六百噸類似的紗線，降低了證據的效力。

進一步的調查無法找出用來製造面罩的衣物可能是由哪家公司生產的。不過來源其實不重要。**真正**和辯方舉證有關的是，類似紗線的產量極大。這表示被告外套口袋找到的纖維不能確定是來自袖子做的面罩，而不是同款紗線做的其他數百萬件產品。此外，很有趣的是，面罩內側沒找到任何唾液或頭部毛髮；如果有人戴著面罩一段時間，應該能找到才對。

史托克戴爾請辯方事務律師查明他的客戶，是否有其他含有黑色壓克力纖維的衣物，可以合理成為另一個清白的纖維來源，於是我們收到一些纖維樣本做檢驗。其中有兩根纖維證實和袖子面罩的纖維難以區分，於是史托克戴爾要求看這些纖維的實際來源，結果竟然是兩件混紡的毛衣，兩者的外觀差異非常大。不過當時我進行薄層層析和其他檢驗時，證實兩件毛衣都含有黑色壓克力纖維，而這些纖維和「我們的」被告衣物採取到的纖維無法區分。大都會警局鑑識科學實驗室的科學家之後進行了同樣的檢驗，確認我的發現，也同意織物纖維的證據不像原本認為的那麼有力。

我不知道我們受雇調查的那名被告下場如何。我特別記得這樁案件，是因為這案件恰恰說明了你絕對不能不考慮（而且有時檢驗）其他可能的解釋，就依證據假定任何事。即使今日，ＤＮＡ鑑定有了長足的進步，ＤＮＡ吻合也不能證明某人做了某件事。那只證實那個人有關聯，而這可能有其他無辜的解釋，也可能沒有。這樁案件也突顯出所有關鍵的鑑識證據都應該受到獨立檢驗，才能考慮到其他可能的解釋。

那次調查大約四年後，在一九九三年十月二日到八日之間於北倫敦發生的爆炸攻擊之後，我參與了另一樁和織物纖維與臨時派愛爾蘭共和軍有關的案件。三名嫌犯立刻就逮。不過幾乎一年之後，一位事務律師委託我們檢查和他客戶有關的一些證據，我們稱他的客戶為「嫌犯甲」。

檢方的鑑識調查由大都會警局鑑識科學實驗室的科學家負責，他們在處理其他愛爾蘭共和軍的案件表現優異。我們的工作是查核證據，確認所有可能的解釋都考慮到了。或許最重要的發現是兩個特別的關聯。其一是嫌犯甲公寓的一些衣物和一條浴墊，以及警方在那裡的浴缸擋板裡找到的一些炸彈製造設備之間的關聯。其二是那些衣物、浴墊，與裝置在海蓋特大街（Highgate High Street）、但沒爆炸的裝置間的關聯。和浴墊吻合的纖維也出現在其他兩名嫌犯的衣物上、認為嫌犯甲遺留在私人包車的一條圍巾，以及之前屬於嫌犯甲的一輛汽車的駕駛座。

我在一九九四年十二月初造訪大都會警局鑑識科學實驗室時，找到的大部分纖維都在分析中用盡了。不過檢視剩下少許的纖維後，我確認這些纖維確實和疑似的來源無法區分。不過這代表的意義卻是另一回事。

檢驗交叉轉移的潛在可能性後，證物似乎不大可能是在交給大都會警局鑑識科學實驗室之前受到意外汙染。不過汙染並不是織物纖維證據唯一的其他解釋。除了檢方敘述的解釋，在炸彈製造設備上找到的纖維，也可能只是在公寓本身的纖維中沾染到。嫌犯甲把公寓借給其他兩人使用，是不爭的事實；他只是宣稱不認識他們，對他們可能藏匿在那裡的任何材料一無所知。所以如果他們衣物上**確實**有浴墊的纖維，也沒什麼奇怪。

一九九四年，此案在中央刑事法院審理時，我們的調查指出檢方對嫌犯甲的不利證據有疑慮，而陪審團似乎有同感。雖然其他兩名嫌犯密謀引發爆炸被判有罪，處以二十五年徒刑，但陪審團對嫌犯甲無法達到共識。

另一方面，織物纖維在一些案件中，能為嫌犯與受害者或犯罪現場之間的關聯提供十分可信的證據。但即使那樣的情況下，檢查、排除任何可能的交叉轉移或意外汙染也很重要。因為雖然我們目前很了解各種風險，有時**仍然**會犯下錯誤。比方說，同一名警察有時處理不只一個地點的證物；或纖維是從警察自身的衣物轉移而來；或證物在裝袋、重新裝袋的房間中，沾附到其他證物上的纖維。甚至我在鑑識科學服務中心遇過這種狀況——病理學家在犯罪現場的受害者上方彎下腰時，筆記本老化的裝訂可能脫落！那些古怪的藍色纖維糾纏成奇妙的圖樣，我們花了大把的時間設法辨識，最後才明白發生了什麼事。

我曾受一位辯方律師委託參與的另一案，是另一種可能發生交叉汙染的情況。被告被控試圖搶劫一位店主，當時他正要把當日的收入送去銀行。依據鑑識報告，被告連帽外套上的幾根纖維可能來自店主的上衣。另一方面，店主長褲、上衣以及裝錢的袋子採集到的一些纖維，則可能來自被告宣稱在攻擊發生時身上所穿的開襟毛衣。因此，結論是證據符合兩人曾經互相接觸。

我前往威瑟比的鑑識科學服務中心，負責處理的科學家讓我看了那些織物纖維之後，我自己做了檢驗。起先，我認為有些證據可能比檢方聲稱的更有力。比方說，袋子上找到那四根非常明顯的綿質纖維，和被告連帽外套襯裡的一些纖維在顯微鏡下無法區別。然而，其他纖維證據就沒那麼令人信服。我在讀案件相關的所有報告和陳述時，赫然注意到可能遠比此更重要的一件事。

負責逮補被告的警察顯然也和店主接觸**過後**，才收集、裝袋所有的衣物和其他證物。為什麼發生那樣的事，無疑有操作上的合理原因。但警察可能無意間讓纖維從一人身上轉移到另一人身上，導致這樣的情況顯然破壞了極為重要的規定。雖然違反了守則，但如果發現大量的轉移纖維，袋子和連帽外套織物纖維間的證據，仍然可能具某些效力。不過由於只有十一根微小的纖維，因此原始鑑識調查的發現並不可靠——這使得被告的事務律師有可著力之處。

我們接受辯方委託的其他許多案件中，原本的鑑識證據完全沒問題；只是可能有其他解讀。而我們的任務是將已經採取的證據放到某種有意義的脈絡中。根據現有的證據，或許同意這一樁犯罪似乎是由GM血型1+的人所犯下的，或該人當時穿著藍色的毛衣，但我們不能說那樣的人絕對是被告。

近年來，織物纖維在幫忙解開一些飽受關注的謀殺案時，起了很大的作用。在彭布魯克郡濱海步道謀殺案以及史蒂芬・勞倫斯謀殺案中，織物纖維本身不只是絕佳的證據，也起了指路的作用，讓人知道該往哪裡尋找其他類的證據，包括關鍵的ＤＮＡ。

＊＊＊

和織物纖維的情況一樣，我有時也會質疑檢方鑑識學家所得到的毛髮相關結論。在ＤＮＡ鑑定問市之前，人類毛髮的證據效力比較有限。其實通常只能確定提交為證物的毛髮樣本是屬於人類或其他動物。

個人的對照樣本可以和證物採取的毛髮比對顏色、長度和顯微鏡下的外觀。如果採證的毛髮和對照樣本無法區別，或是差異在合理的範圍內，可以說這些毛髮可能有同樣的來源。不過不同人的毛髮特徵可能有許多重疊處。此外，同一個人的不同根頭髮在髮色和顯微鏡下的外觀也可能有很大的差異。無法吻合時，可能表示樣本來源不同，也可能表示提供的對照樣本無法代表那人的所有頭髮。

如果毛髮漂過、染過、受損或有其他原因，例如和辮子裡其他頭髮混在一起，有時關聯會比較強。如果毛髮連根拔起，毛髮上就可能附著了細胞物質，可以用ＤＮＡ鑑定技術來分析。然而少了ＤＮＡ確認，通常無法斷定一個來源不明的毛髮樣本和對照樣本很可能來自相同來源，不過類似特徵的毛髮愈多、這些特徵愈不尋常，這點愈可能成立。

問題是，檢方常讓人以為，既然有跡象顯示特定毛髮樣本**可能**來自被告，等於該樣本就是來自被告。他們這麼做，可能是因為確實有所誤解，或是想利用不確定性來支持他們的論據，即使那和該科學證據實際上的意義天差地遠。有時候，這反應了鑑識學家說過的話；也有時是由於律師或法官在證據總結時，總結那項科學證據的方式——那時科學家早已離開法庭了。

由於毛髮證據有諸多阻礙，英國通常比較偏重織物纖維證據。不過美國的情況恰恰相反，想到毛髮證據的效力在那裡似乎過度誇大，總是令我們很不安。這問題在二〇一五年造成了危機，當時美國法務部和聯邦調查局一同在美國，查出二千五百件因此原故而需接受複查的案件。按那份報告所說，複查二百六十八件證據有瑕疵的案件之後，發現百分之九十五的檢驗員證詞「偏袒檢方」，而且根據的是粗糙的毛髮分析技術。這些案件橫跨二十年的歲月，涉及三十二名被告被判死刑。雖然有些被告其實可能因為其他比較令人信服的證據而被定罪，但那份報告是個駭人的警告，提醒我們務必了解毛髮證據的限制。

11 角色與現場重建

英國的司法系統屬於對抗制，參與其中的所有人都扮演著特定的角色。警方的角色是調查犯罪的情境。他們必要的時候求助於各種專家（例如病理學家和鑑識學家），設法推敲出發生什麼事，並且辨認、調查然後逮捕最有可能的嫌犯。如果他們認為收集了充足的證據，就會向皇家檢查署（Crown Prosecution Service，CPS）陳述案情，由皇家檢查署判斷是否起訴，若要起訴，便啟動程序。接著指派辯方律師，他們接受被告的指示，進行自己的調查，有時也會委託自己的專家。接著雙方（檢方和辯方）的辯護人會向公正的法官和陪審團陳述案情。法官在法律相關層面指導陪審團，確保他們的疑問在審判過程得到答案，提出他們之前沒機會問的問題，最後為他們聽到的證據作結。接著陪審團會決定被告是否有罪。最後，如果被告**確實**被裁定有罪，法官就會宣告判決。

警方的必要條件是必須保持絕對公正；檢方的責任是完整地陳述案情。這表示檢方除了把注意放在可能顯示被告有罪的證據，也必須歸納出傾向於對被告有利的證據。辯方的角色是指出檢方立證的任何瑕疵，提出其他支持被告的據證。

我當然知道這一切。但在成立鑑識資源公司之前，或許不完全明白被告在法庭多麼需要一個公平的競爭環境。

鑑識科學代表一個愈來愈有力的證據形態。鑑識科學不只客觀（比方說和目擊證人相比），也能分析、比對細小的微物跡證。有些肉眼不可見，因此罪犯很難意識到並加以清除。鑑識學家也必須公正，這對於正義的品質也很關鍵。或許那對鑑識學家比對警方容易，因為鑑識學家不在警方調查的中心，通常不需要和嫌犯面對面接觸。所以他們認知偏誤的風險比較小，較不容易有主觀的判斷。

假設有一位毫無過失的老太太遭人殘酷謀殺。警方強烈懷疑凶手是個暴躁、一點也不親切且有暴力前科的男人。有些參與本案的警察目睹了老太太的親戚有多悲慟，有些遭到嫌犯一連串下流的言語辱罵。但他們絕不能容許因為同情受害者或痛恨眼中的凶手而影響調查。因為可以理解這樣有時很困難，所以辯方和檢方雙方都必須能得到獨立且**經驗豐富**的鑑識學家。

鑑識資源公司根基穩固之後，我們替全國各地的事務律師工作，需要前往所有的鑑識科學服務中心查看各式案件的調查結果。除了和參與的科學家討論鑑識調查，也會查驗他們的結果，親自檢驗關鍵證物，做出所有我們認為必要的進一步檢驗，以求更全面地了解可能發生的情況。有時候，我發現檢方提出的鑑識證據有弱點；有時我同意（即使只是概略同意）他們得到的結論。如果一樁案件中，檢方證據非常有力，我的責任是向辯方律師解釋**為何**如此。辯方唯有了解證據的優勢和弱點，才有足夠的信心知道他們能放心質疑證據的哪些部分，反過來說，對哪些部分窮追猛打對他們的論證無益。

無罪推定的司法系統中，勢必要有那類的平衡，避免辯方屈居劣勢。因為雖然檢方律師有責任在法庭中陳述案情，但他們難免把重點放在支持他們那一方的部分。一九八〇年代和九〇年代確實是這樣。不過自從推行嚴格的規定以來，要求揭露所有相關訊息（不論訊息對檢方舉證而言是正面還是負面），今日情況稍有不同了。

鑑識學家不論受雇於檢方或辯方，顯然都必須提供他們做過所有檢驗的結果，而且不論這些結果對案件可能有什麼影響。然而，有時候如果鑑識學家不知道完整的脈絡，可能不明白某些證據存在（或不存在）的意義，所以在解讀上可能有所瑕疵。

我開始接受辯方委託之後很快就學到，了解每樁案件的狀況，以及整體來看待每樁案件，有多重要。所以我的報告開頭總是記錄發生了什麼事、檢方聲稱什麼、辯方的說法如何。然後我會描述檢方拿出來的科學證據、我研究過什麼，加上對每件證物的描述、有什麼發現，以及我的看法。最後，在末尾的總結中，會詳述我認為有用的額外調查和理由。

我在鑑識科學服務中心時幾乎完全是為警方服務，剛成立鑑識資源公司時，有點擔心辯方律師會試圖影響我說的話，或表達的方式。我可不容許這樣的事情發生——我的責任很明確，最終永遠是為法庭服務。但拒絕按辯方律師的意思行事，雖然這樣可能會讓我生意清淡。後來發現絕大多數的案件中，辯方律師只想知道證據代表的意義、檢方舉證是否有任何他們能討論、利用的弱點，這讓我實在鬆一口氣。

我為辯方律師做的工作，通常由法律扶助委員會（Legal Aid Board）贊助。偶爾寫完報告之後，雇用我的律師會提到有些事他們不希望我陳述，或他們自行改寫了一段。不過我很慶幸這種事不太常發生。但每次發生時，我都堅守立場，除非修改純粹是為了潤飾，完全不影響我要表達的意見。

除了確保律師在審判前了解科學證據，還有如何在法庭上表現的問題。你所有的證據和問題的答案，都必須向法官與陪審團講述，而不是提問的訴訟律師。法官可能沒有特定的科學知識，陪審團幾乎絕對不會有，所以你也必須確保法官和陪審團容易理解你說的話，同時維持精確。（這方面，我的第一位實驗室主管巴克雷教的「茶匙」表達法常常很有效。）

鑑識調查有時需要幾個月才能完成，報告一樁案件之前，必須絕對確定其中的每個環節。所以除了對一切瞭如指掌，還必須知道做了哪些檢驗、順序如何，以及這些檢驗的結果在該案件的脈絡中可能有什麼意義。此外，在呈現深思熟慮的發現時，必須做好準備，在證人席上如果得知新的資訊，就必須修改你的發現。在法庭作證是件有趣的事，雖然我不能說我享受過哪次在法庭亮相的經歷，但那確實是犯罪現場與實驗室一絲不苟的作業背後非常重要的動力。

我進入鑑識科學服務中心幾個月後，第一個報告的案件是疑似強暴案。當時會有別人檢查、簽核鑑識工作的各種方面，大部分的鑑識工作聚焦在一組私密處的拭子。早上我出門去法庭前，重讀了所有紀錄和附注。所以我有信心能解釋、證實寫下的所有內容，也能對辯方律師提出的任何狀況做出評論。即使這樣，我來到聽證會的地點——約克郡最古老的法院時，還是會自然緊張起來。

我原本預期從等待傳喚作證的房間沿著走廊走一小段，才會來到證人席，沒想到證人席就在門邊。所以我沒機會深吸口氣，整理思緒，就有人打開門、拉開簾子，而我發現自己面前就是法庭上所有的人。

法庭有個鴻溝隔開證人席和法官席、陪審團。牆壁漆成乳白、粉紅和綠色，有不少雕刻精巧的木嵌板，布置得很老派。這一切都讓我覺得自己被丟進吉伯特（Gilbert）與蘇利文（Sullivan）的歌劇舞台上，而且有人正準備放聲高歌。但我知道我不容許自己驚慌。許多人做了大量嚴謹複雜的工作，才讓這樁案件送上法庭。現在該由我來展示鑑識證據，盡我所能回答他們提出的所有問題。

有些科學證據不論在哪類訴訟案件裡，恐怕都很枯燥。在回答一個非常重要的問題時，卻發覺陪審團的眼神茫然，沒跟上你，那種感覺很糟。身為法庭鑑識報告員，由經驗學到的其中一件事，就是要留意陪審團注意力渙散的任何跡象，以及如何在這種情況喚回他們的注意。不過那次，他們似乎聽懂了我說的一切，我開始比較有信心一點了。然後，就在我解釋微物跡證交叉轉移的證據，說到陰道拭子發現精液、陰莖拭子發現陰道分泌物時，法官輕笑了一聲，隨口說這就像蜜蜂交叉授粉。

我一時默默站在那裡，只希望我臉上沒什麼表情。但我的腦袋其實在高速運轉，努力判斷他是不是**真的開了個玩笑**。雖然看來是這樣，但這是很嚴肅的場合，開玩笑似乎極為不妥。但如果我沒微笑，他會不會受到冒犯？我知道我第一次在法庭作證會令我怯步，我只是沒料到原因這麼不同。

另一方面，這些在習慣之前可能有點嚇人，那就是訴訟律師會用各式各樣的詭計，打亂另一方證人的腳步。常用的策略是揮動律師袍的袖子，轉身背對你；另一種是在你話說到一半時打斷你，這我很快習以為常。發生這種情況，有時法官會制止訴訟律師，要你繼續回答問題。但有時我沒機會修正或解釋我說的話。如果我試圖修正或解釋，庭上可能嚴厲地告訴我，沒人要求我那麼做。那年頭一切都是法官說了算。現在情況有點不同了，專家證人作證結束時，通常有機會補充或進一步解釋。當然應該這樣才對。最糟的莫過於離開法庭時，覺得你作證時由於提問的內容，加上回答受到限制，沒達到應有的平衡。如果要仰賴科學證據，很重要的是那些確實是證據，而且是全部的證據，絕無虛言。只呈現一部分的證據、提出偏袒的意見，就可能誤導人，而且必然會造成司法不公的風險。

當訴訟律師聽到他們不喜歡聽到的話時，常用的另一個策略——公然指控或暗示專家證人無能或說謊。幸好我只被指控說謊過一次，雖然沒講得那麼明，但確實清楚暗示我說謊。當時我報告的案件涉及一名警察聲稱自己腹部被咬了一口。

被控咬警察的男人堅稱他沒那麼做，警方提出的報告中也沒有跡象顯示他咬了。辯方律師委託我們評估他客戶受到的指控有沒有可能是真的。其實，我想他只是覺得另一位鑑識專家的意見頗可疑，想要找人確認。因為我們開始參與這一案時，另一位科學家已經宣布警察衣物受到的損害，不可能是他所描述的咬傷所造成。

警察衣物上的撕扯痕跡看起來確實很奇怪。毛衣上幾乎只有一點線頭斷掉，上衣一塊長方形撕裂處的三邊非常平整，而背心布料在對應的位置也缺了一整塊類似大小的長方形。不過特別奇怪的是，雖然上衣和背心的材質非常不同，但這兩件衣物沿著編織線的撕裂情況卻幾乎一模一樣。

鑑識科學需要大量的檢驗和重建。我找來和警察在據稱事件發生時身上衣物類似的雙面棉布老式背心、棉和聚乙烯混紡的上衣，以及非常厚重的毛衣後，就把這些衣物穿上。然後一位同事在不和我身體有實際接觸的情況下，盡可能按照警察聲稱的情形咬了我的衣物。

知道真相時常比小說更離奇之後，就知道做任何測試時要保持開放的心態。但我們發現布料撕裂的情況和原本那些衣物幾乎一模一樣，還是很訝異。特別有趣的是，我發現各種攻擊對衣物造成的損害並不是隨機的。布料撕裂的結果取決於許多因素，例如材質、新舊狀況、是否有許多薄弱處（像是內褲的墊片），以及縫線有多牢固。雖然我們的測試不能絕對證明警察聲稱的是事實，但確實證明完全可能。

不過這顯然不是辯方律師期待的結果，委婉地說，他對我很失望。但檢方不知怎麼聽到我受託參與此案的風聲，結果是他們傳喚我出庭。不過首先他們想知道我在報告裡寫了什麼，才有信心質詢我。於是我們為了對於我該不該揭露報告內容吵了很久。由於辯方律師每次都反對，結果我不斷進出法庭，看著雙方向法官提出相反的立場。

最後的共識是我**應該**交出我的報告，然後回答相關問題。我沒料到的是，辯方律師爭取排除我的證據不果，居然決定解決這狀況的最好辦法是設法破壞我的名聲。他的做法是暗示我偏袒警方，雖然他沒有實際說我「說謊」，但人人明白他的意思。

當然了，所有在法庭作證的專家證人都必須解釋他們究竟為何得到結論。但經過那一次，辯方暗示我可能做了些不恰當的事，我必須隱藏我的憤怒，設法用不同的方式和判審團交手。我注視著陪審員，和他們維持眼神接觸，努力說服他們，我**確實**有好好做檢測，只是在陳述結果。我告訴他們，結果也出乎我意料。但這些結果有照片和案件檔案中的其他數據支持。這正是我愛科學的原因——即使處理的是情緒張力十足的狀況，還是得把重點放在事實上。比方說，思考過需要做什麼檢測之後，就要盡可能小心執行，在案件的脈絡下解讀結果，並且回顧背景狀況，以免誤解任何你依賴的資訊。

有時候，鑑識證據遭到錯誤解讀或誤解，會使一些人受到誤判。在辯方律師能輕易得到鑑識服務之前，絕對有這種情事。當然，反過來說，科學證據有時也不夠有力，因此無法將**真正**犯罪的人定罪。不論是哪種情況，嫌犯有罪或是無罪都不是鑑識學家要關心的事。那是陪審團的責任。科學家要做的，是提供一些有助於陪審員做出判斷的證據——當然這些證據有時很關鍵。

另一案則是一對夫妻被控殺害老闆後棄屍，透過簡單的現場重建，才得以查出誰說的比較可能是實話。老闆是夫妻工作的速食店所有人，要是速食店店址的地主沒打算重新開發，很可能永遠沒人發現他死了。那地方被夷平，所有垃圾都當場燒掉，結果水泥因火而分解，發現了埋在水泥塊中的屍體，而水泥塊藏在餐廳後面外圍建築一個廚房櫥櫃裡。

夫妻把老闆之死怪在對方頭上。

妻子告訴警方：「我先生對他拳打腳踢。」她聲稱攻擊發生在餐廳後面，鑑識科學服務中心的鑑識學家檢查那裡時，在地板的地毯下面發現稀釋的血液，附近的牆壁低處有血液噴濺，看起來符合她的描述。

丈夫說：「和我無關。**她**刺了他，到處都是血。我只是用抹布和水桶幫她清掉地上的血。」

我沒親自去犯罪現場。我甚至不確定丈夫的辯護律師委託時，犯罪現場還存不存在。但我的確看了照片，檢查案件中的一些關鍵證據。我也和進行原本調查的鑑識科學服務中心科學家談過，他確認了在現場發現的血跡分布。

仔細檢視現場照片，尤其是牆壁低處血液噴濺的照片時，我驚訝地發現有些血點被稀釋了，而且該區域也有一些稀釋的血痕。我記得丈夫說過他如何牽涉其中，於是找來和現場照片一樣的拖把和水桶。

拖地通常是可以不假思索做的事，但其實可以分成幾個截然不同的階段。首先是將拖把頭抹過地板，吸收一些液體——在我重建的過程中，是使用過期的輸血，然後將拖把在那桶水裡洗過，將拖把從水桶裡舉起，放進水桶頂上的篩狀擰乾器擰掉一些水，最後從桶裡舉起拖把，重複這個過程。

我按現場發現的血跡位置，把血灑在一面牆旁邊的類似地板上，然後著手拖地。我發現，將拖把布塞進水桶時，會濺起細小的稀釋血點。此外，使用拖把時，一些拖把布難免會劃過那區域的牆壁。產生的痕跡就在牆壁低處，但在踢腳板之上（反應了水桶的高度），和照片中稀釋的血點與血痕一模一樣。

這當然不是決定性的證據，但確實顯示丈夫的說法很能解釋牆上的血跡。這解釋至少比妻子描述的拳打腳踢更有說服力，那麼一來，應該會造成衝擊噴濺。

這些年來，我和同事設計、進行及／或參與了許多現場重建。有些重建（例如上述的）算是簡單；有些則需要踢打表面有溼血的東西、撕裂衣物，或是刺穿類似受害者穿的一層層衣物。有些還更複雜。例如用霰彈槍射一隻吊起來的死豬，確認子彈擊中的位置；或是射中人偶後腦杓染血的棉花，檢查旁邊牆上的血跡形態；或是脫掉同事的衣服，或把同事在地上拖行來看拖曳痕跡、看看哪裡最適合採取轉移的ＤＮＡ等等。族繁不及備載。

我在大學修習試驗設計相關課程時，不明白當時學的東西有多重要。不過盡量仔細重建可能的情況之後，揭露的真相、出乎意料的感覺以及之後能和調查官、律師與法庭分享的洞察都棒極了。

12 謀殺還是自殺？

一九九二年我和鑑識資源公司的同事坎迪與麥克・以薩克（Mike Isaacs）一同參與的一案，真的讓我開了眼界，見識到在鑑識的脈絡下，科學的力量多麼無遠弗界。

一九八二年六月十八日的早晨，有人發現六十二歲的義大利銀行家羅貝托・卡爾維（Roberto Calvi）吊在倫敦黑衣修士橋（Blackfriars Bridge）下的鷹架。泰晤士河警察解開死者頸上的繩索之後，用船將他的遺體載到滑鐵盧警察碼頭（Waterloo Police Pier）。他們拍了照片，並且在卡爾維的褲口袋、褲襠處和外套口袋發現磚塊和水泥塊。然後卡爾維的遺體送到蓋氏醫院（Guy's Hospital），由知名的鑑識病理學家凱斯・辛普森（Keith Simpson）教授進行驗屍。

依據驗屍報告，卡爾維的死因是上吊造成窒息，估計發生在他遺體發現當日的清晨二點到六點。沒有傷痕顯示他在死亡前遭到粗暴對待，也沒有注射痕跡顯示他因藥物注射而失去行動能力。

事發一個月，大都會警局鑑識科學實驗室和其他處的科學家撰寫了各式各樣的報告之後，在倫敦進行了一場審訊，裁定為自殺。然而卡爾維是虔誠的天主教徒，他家人深信他不會犯下天大罪孽，奪去自己的性命，因此他必定是遭人謀殺，他們找了訴訟律師喬治・卡門（George Carman）代理。一年之後舉行第二場審訊，記錄的裁決是死因可疑。

卡爾維是一家義大利銀行的董事長，和羅馬的梵蒂岡關係緊密。卡爾維到達倫敦幾天之後，銀行就因非法交易的指控而倒閉。他前一年就為這樣的指控而遭罰款、被判緩刑。此外，還有跡象顯示卡爾維不只和組織犯罪有關，也與非法的共濟會——第二宣傳部隊（Propaganda Due，P2）有關係（第二宣傳部隊有時稱為 *i frati neri*，黑衣修士，這是巧合嗎）。

一九九二年，卡爾維的家人雇用紐約的調查公司克羅顧問公司（Kroll Associates）之後，鑑識資源公司開始參與此案。我們受克羅公司在倫敦的調查員傑夫・卡茲（Jeff Katz）委託，進行鑑識調查，設法查明卡爾維真正的死因。

凡是科學調查都需要一系列的探索步驟，每一步驟的結果決定了下一步驟的內容。卡爾維案的第一步是仔細檢驗十年前大都會警局鑑識科學實驗室進行的原始調查和各種檢測、檢驗結果。

不論哪種調查，都可能因為預設立場而不去尋找可能重要的線索。不幸的是，由於發現卡爾維的遺體時，警方認定他是自殺，所以解開他上吊的繩索，而不是剪斷繩索，於是破壞了可能有用的證據，包括綁繩索的人在繩節裡留下的任何蛛絲馬跡。其實由於警方認定自殺，導致延誤了幾個小時才開始進行真正的調查。因此在關鍵的前幾個小時，包括調查員所謂的「黃金時間」裡，現場並沒有仔細檢視過。

證據也有些不連貫的地方，幸好不是特別關鍵的證據。比方說，發現屍體的男人說，卡爾維的外套釦子是解開的，但一名警察說釦子是扣起的。不過我們讀過各項報告之後，確定卡爾維身高一百七十五公分，體重大約八十三．五公斤。此外，他在口袋和褲襠塞了三塊水泥、兩塊磚頭，總重四．三公斤。

比對類似的磚頭、石頭和土壤樣本，結論是卡爾維遺體上的磚石來自附近建築工地。這個可能性和另一位大都會警局鑑識科學實驗室的科學家報告一致。科學家檢查過卡爾維的鞋子，報告指出，鞋面上的細微損傷可能是由於爬過或走過凹凸不平的崎嶇地面。報告中也說，卡爾維在那之後不可能走超過一公里，否則損傷的部分又會磨平。

原始檔案中也包括倫敦港務局（Port of London Authority）一位資深水道測量員一份非常有趣的報告。測量員估計吊掛卡爾維遺體的鷹架周圍潮汐和水面高度，依據病理學家估計的死亡時間，確認對應時間有哪些活動限制。報告中也包括了綁繩索的鷹架桿孔眼被水蓋過的時間資訊——是當晚凌晨零時二十分。此外也估計了卡爾維的頭、腰和腳被淹過的時間。報告中也指出，為了在午夜到清晨三、四點沿著河岸的「自殺路線」來到鷹架，卡爾維必須穿過好幾呎深的水，走超過七．六公尺的距離。

另一位大都會警局鑑識科學實驗室科學家檢查遺體找到的兩只百達翡麗（Patek Philippe）手表。以薩克也檢查過手表，他多才多藝，也是鐘表專家，甚至會從頭自製時鐘的零件。其中一只手表停在大約凌晨一點五十二分，機芯嚴重鏽蝕，顯示進了很多水。所以河水升起，蓋過手表讓機芯停止運轉時，卡爾維已經吊在鷹架上了嗎。第二個表件是帶鏈的懷表，受到的水損比較輕微，停在早上五點四十九分。但懷表在上發條後又開始走，表示沒有淹入水中。可惜沒有任何紀錄記載兩只手表和其他各種物品，是何時在卡爾維身上什麼地方找到的。所以無法借助這項資訊和潮汐升落的資訊，縮短卡爾維可能吊在那裡的時間區段。

鷹架是在卡爾維死前大約五個半星期搭建的，替那家公司工作的裝配工頭在倫敦舉辦的第二次審訊中，描述了**他**會怎麼到達鷹架。他列出的路徑是從橋上的走道爬下一道固定的金屬梯，然後踩著兩塊顯然永遠滑溜溜的木踏板，越過大約八十一公分的空洞。詢問工頭時，他同意如果是不習慣爬鷹架的人，那樣的路徑很難走，尤其是在黑暗中。

讀過所有原始報告後，我們造訪現場，並且檢視了大都會警局鑑識科學實驗室仍保存的其他所有物證。我特別注意的是在卡爾維口袋和褲襠找到的石頭和碎磚頭、纏在他脖子上的繩索，和當時他穿的西裝和鞋子。卡爾維死前幾天到達英格蘭時，顯然待在切爾西靜謐飯店（Chelsea Cloisters Hotel）的客房，那裡找到的兩只行李箱送回義大利了。我也去米蘭檢查了一些衣物和其他物品。

可惜我受到嚴格指示，不准在米蘭檢視的證物上採取任何樣本，或進行任何檢測，我只能用看的。所以我不能詳細檢查卡爾維事發時應該穿著的其他衣物上的汙漬。不過依據卡爾維衣物的潮水印和兩只表的水損狀況，以及當晚潮汐的漲落來判斷，他很可能是凌晨一點五十到兩點四十五分之間吊到鷹架上的。

接著，我們將注意放在他到達鷹架的方式。和同事從各種角度檢驗狀況、討論不同的可能性，是鑑識調查的重要面向。我們查看、討論此案的證據，情況逐漸明朗——除了可能原本在提出的「自殺路線」發現卡維爾，另外還有其他的路線。其實，如果卡爾維是自殺的，似乎有兩條主要路線；如果是遭到謀殺，則有另外兩條運送屍體的路線。

我們利用他的一些鞋子和其他衣物（都和他的死亡無關），著手設計、執行一系列的簡單實驗和現場重建。我們希望找到四種不同情況應該會看到的微物跡證。然後就能拿來比對實際的發現，或我們當時還能在卡爾維的衣物和鞋子上尋找痕跡。

卡爾維如果走其中一條可能的「自殺路線」，就必須像裝配工頭描述的一樣，在口袋和褲襠已經塞好石頭的情況下，從橋上走道爬下固定的金屬梯來到鷹架。接著卡爾維必須走過滑溜溜的木板，來到鷹架的另一端，然後用警方從他身上取下的那段橙色繩索上吊。

如果卡爾維走的是另一條「自殺路線」，就是沿著河堤走，爬下河灘的另一道梯子，路上把一塊塊水泥和磚頭裝進口袋，大概是從附近建築工地拿的。在河灘走一段路之後（只有在退潮才行得通），他應該爬上鷹架，然後往上爬好一段距離。在這之前，他還得越過水平鷹架桿上的一大片空洞（大約九十七公分），然後才能用繩子上吊。鷹架底部總是浸在水裡，即使潮水最低的時候也不例外，這條路線因此更複雜了。

結果一九八二年在橋下架設鷹架的公司還把鷹架留著，於是他們在我們房子的花園搭起一部分的鷹架，然後我設法說服了史托克戴爾參與一些實驗；他和卡爾維的身材差不多，但比卡爾維高一點。史托克戴爾穿著死者的鞋子、褲子和外套，在口袋和褲襠裝進類似大小和重量的石頭之後，爬上一道梯子，和卡爾維當初爬的差不多長。然後他跨過八十一公分的空洞，爬上一根鷹架桿。我們發現長褲裡的磚頭會卡在褲襠的縫線，最後完全滑下來，落到長褲一腳的褲管裡，在史托克戴爾的大腿內側留下許多細小的擦傷。當然了，即使卡爾維那麼做，現場重現也無法精準反應當時的情況。但至少讓我們稍微能設想可能的狀況。

另一個實驗中，史托克戴爾越過鷹架上兩根桿子的距離，也就是卡爾維必須走到他被發現處的最短距離。這次，我們發現鞋底變得粗糙，而且在每一步壓上桿子、在桿子上旋動轉過時，沾到細碎的鏽和黃漆（及／或綠漆）。卡爾維一隻鞋子的鞋底之前發現了一些綠漆的碎片。但坎迪檢查碎片的樣本時，發現和鷹架的油漆不同。所以其實和鷹架桿完全沒有關聯。

原本認為卡爾維鞋子破損，是因為走過建築工地的崎嶇地面去撿石頭而造成的，但我們也針對那些破損做了其他檢測。坎迪發現，爬下梯子到黑衣修士橋附近的河灘，會讓鞋底留下比較少破損。此外，河灘布滿滑溜的大石頭和尖尖的水泥塊，退潮時走過河灘時造成的破損和實際上觀察到的非常不同。

我們把卡爾維另外兩雙鞋的皮底浸在水渦中，模擬河水起落，結果鞋底偶然產生的那些又小又深的割痕（其實是正常磨損與破壞的結果）變得明顯多了。水大概使皮革纖維膨脹，加重了纖維斷裂的情形，而乾燥之後並沒有完全恢復原狀。所以在卡爾維死時腳上類似鞋子觀察到的破損，可能只是泡在水裡的結果。

另外很有趣的一點是，原本假定卡爾維是爬梯子來到鷹架，但吊住卡爾維的繩索繫在另一端的鷹架上。所以或許卡爾維是因為繩索已經掛在那裡了，才選在那裡上吊。但那麼一來，繩索為什麼要穿過一個小孔眼，而不是只綁在水平的鷹架桿上呢？而且卡爾維究竟是如何爬下近乎垂直的梯子，越過鷹架上的空洞？此外，一個顯然不那麼健壯的六十二歲男人究竟為什麼爬過那麼長一段鷹架，又是怎麼爬過的（何況他衣物裡還裝著石頭）？我們實驗顯示他鞋底應該嵌著鷹架桿上那種黃色或綠色油漆或鏽屑，實際上為什麼沒有呢？還有，他身材顯然不夠高，沿著橋上走道走過的時候不該注意到鷹架，那他究竟是怎麼知道那裡有鷹架的？

最後，我們的結論是第一條自殺路線的情境幾乎「無法置信」，而第二條完全「站不住腳」。

於是我們把重點轉向兩條最可能的「謀殺路線」。其中一條大概是卡爾維死後或遭人下藥後，搬過女兒牆被垂降下去，有人在橋下的鷹架等著，把繩索綁到他脖子上。另一條路線是用船把卡爾維載到橋邊。比起卡爾維從哪裡被滑下去（例如女兒牆），第二個情境似乎更能解釋他上衣下背部和褲管的一些骯髒痕跡。

黑衣修士橋位在弗利特河（River Fleet）和泰晤士河匯流處，捲動的河水水位上下起伏。其實，經過船隻的尾流使得一些調查的狀況更加困難。不過若要推敲出當時的狀況，了解現場總是關鍵。所以卡茲決定調查用船運送的情形時，我和坎迪就和一起去了。

在夜晚同個時間、同樣潮汐狀況下沿河航行，我們經過的一些橋下，數以千計的蝙蝠發出震耳欲聾的聲響，令人驚奇。我們發現，隨著退潮把船開到發現屍體的鷹架那一側，其實比較簡單（卡爾維按同樣路線運送的時候也一樣）。我們把船頭卡進橋和堤防之間的角落時，潮水的方向把船固定在那裡，就像卡爾維被拖上鷹架，脖子綁上繩索的狀況（這時石頭已經就位）。

多虧了堤岸邊的燈光，能見度也不錯。不過堤岸上往**外**看的人，恐怕看不大到鷹架上和鷹架周圍發生的事。就像哈利法克斯公園的燈光在約克郡開膛手攻擊、殺死惠特克時掩蓋了他的行跡，堤岸的燈光也會幫忙防止別人看到卡爾維和跟他在一起的人。

我覺得這一案令人不解的另一個方面是，卡爾維顯然一向留著鬍子，但發現他遺體時，他的鬍子剃得乾乾淨淨。他離開切爾西的客房去那座橋上吊之前，自己剃了鬍子嗎？答案似乎是否定的。至少他看來不是用客房行李箱找到的那兩把剃刀刮鬍子，我檢查的時候，剃刀上沒有明顯較長的毛髮，而且似乎沒清潔過。所以或許是別人刮了他的鬍子，或許是覺得這樣得花比較久的時間才能認出他，或是出於某種象徵性的理由。像這案件其他許多層面一樣，不論解釋是什麼，似乎**都有**一個理由。

發現卡爾遺體之後的調查延誤了，因此有些可能有用的線索，但我們無從得知。例如堤防頂上有沒有繩索的痕跡。或牆面有沒有刮痕可以顯示有人把屍體垂降下來。或一些鷹架桿上是否有刮痕，而刮痕上可能沾有鷹架旁暫停那艘船的細碎油漆、橡膠、木頭或塑膠。或任何其他科學證據顯示有人用某種方式把卡爾維帶到發現他遺體的地方。問題不是**沒有**那樣的證據，而是沒人想過要找。

最後，我們的調查似乎證實了卡爾維**不曾**沿著河灘走向鷹架。此外，他那個年紀和身體狀況的男人，在沒人扶助的情況下爬下梯子，來到鷹架並且沿著鷹架移動，實在令人難以置信，況且並沒有任何跡象顯示他曾那麼做。所以，最可能的狀況是他被垂降下去，或用船載到橋下他被發現吊著的現場（我們認為這是最可能的情形）。因此，我們的結論是卡爾維**沒有**自殺，是被謀殺的。這結論讓他的家人得到一點安慰，先後得到英國大眾和義大利法庭的接受。

幾年後終於找出一名嫌犯，在義大利提出告訴之後，倫敦市警局（City of London Police）委託我去羅馬的恐怖分子法庭，為他的審判作證。

那個法庭緊鄰一間戒備森嚴的監獄，陰暗嚇人。但我提醒自己，我的證據（包括坎迪的所有成果）關乎我的結論——卡爾維是遭人謀殺。至於找出誰必須負責，就是義大利當局的責任了。即使這樣，當審判變成非常漫長、累人的過程，我說的一切（以及別人對我說的一切）都需要翻譯時，我仍然忍不住有點擔心。所以我很感激口譯員，他本身也是科學家，在法庭坐在我身邊，他溫和、輕鬆的態度幫忙化解了一點緊張。

卡爾維之死可能涉及黑手黨或梵蒂岡，我很慶幸來回法庭時有人護送。我作證之後，被送到機場搭飛機返鄉，我才開始感到有點脆弱。恐怖分子法庭的排場讓人覺得什麼事都可能發生，飛機終於起飛時，我鬆了一口氣。

話說回來，我因為調查那樁案件而得到很棒的機會，學到很多。或許最重要的一課是，不論情況多麼複雜，即使一開始覺得毫無線索，只要不屈不饒、發揮一點想像力，幾乎所有疑難都能解開。多年後，我參與深入調查一樁懸案時，這一課變得很有幫助。

13 解讀證據

十九歲的法國學生席琳・費嘉（Céline Figard）遭謀殺後，因為檢查檢方證據時，缺乏可靠的科學方法來確認血液的陳舊度，而造成一些影響。

一九九五年夏天，費嘉在漢普郡一間旅館工作，十二月回到英格蘭和她表親共度耶誕。旅程的前半段（從她在法國的家到海邊）是和一位在當地貨運公司工作的家族朋友同行，在十九日渡過海峽。然後另一位法國卡車司機走M4高速公路載她到柏克郡的契夫利（Chieveley）服務站，她在那裡坐上一個男人開的白色賓士卡車，搭便車到索爾茲伯里（Salisbury）。十天後，在伍斯特郡（Worcestershire）的一處路肩發現了她的屍體。

驗屍發現，費嘉的死因是勒頸造成窒息，以及鈍器攻擊後腦至少四次導致顱骨碎裂。幾個月後，警方釋出在契夫利讓她搭便車的男人的通緝犯影像，卡車司機史都華・摩根（Stuart Morgan）的一位同事認出了他，他隨後遭到逮捕。

檢方宣稱，費嘉在摩根的卡車駕駛室受到性侵害與致命攻擊。之後費嘉的屍體在駕駛室放了幾天，才被拋棄在Ａ４４９公路附近。一九九六年二月，摩根被捕後幾天，鑑識科學服務中心伯明罕實驗室的科學家，來到摩根位在多賽特（Dorset）的家中勘驗時，摩根的卡車已經由犯罪現場調查員檢查過了。科學家在駕駛室的幾個地方找到血跡，包括下鋪的引擎護蓋上和護蓋前方。她也在摩根家的車庫發現有點潮溼的「坐椅」，散發濃濃的腐爛血味，布套非常像卡車駕駛室襯墊的材質。原來，「坐椅」其實是個床鋪，和駕駛室那個很像。科學家仔細檢查，發現內部染滿血，底部和卡鈕的洞周圍積著血。

雖然駕駛室的血液經過ＤＮＡ分析，顯示是費嘉的血，但無法確立床鋪上的血液來源。主要是因為發現屍體後的那兩個月間，血液中的ＤＮＡ和血型物質分解了。不過假定那**是**費嘉的血，科學家的結論是，那些血是費嘉屍體留在床鋪上時，從洞裡吸進去、流到下面的引擎護蓋上。

不過摩根倒有別的解釋。據他的說法，他有些朋友在一九九四年四、五月借了那輛卡車。其中一人發生了嚴重的意外，從格拉斯哥（Glasgow）開車到曼徹斯特（Manchester）的路上，腿上的撕裂傷大量出血，事後縫了大約四十針。摩根宣稱，那次事件之後，那張床墊在卡車駕駛室放了十八個月以上，直到一罐電池酸液在上面翻倒漏出。之後他拆掉床墊，開著水龍頭沖了一個小時，然後丟在車庫，幾個月後被調查員發現。

雖然這樁案件是由鑑識資源公司處理，但我在那階段沒直接參與。所以摩根的審判開始之後，是由同事克里斯・漢德（Chris Handoll）造訪鑑識科學服務中心的伯明罕實驗室。漢德在那裡時，討論了一位檢方鑑識學家的發現，並且檢驗床鋪的染血床墊，床墊當時仍然散發強烈的腐臭味。漢德的責任是盡量確認血液是否可能是依據摩根描述的時間、方式流上去的，是否有任何跡象顯示酸液漏出或床墊用水沖過。經過仔細檢查，漢德發現沒有明顯的跡象顯示布料沖洗過。此外，雖然床墊布套上微弱的白斑可能是血流上去之後濺上液體，但也可能是血液本身和布料中某些物質反應的結果。

漢德無法判斷怎樣的傷口可能導致那麼嚴重的失血。不過床墊表面的血液集中在一區，因此漢德**能**確定的是，如果摩根的解釋真有其事，傷者在格拉斯哥到曼徹斯特的路程中應該無法動彈；這段路超過兩百哩，開車至少要三小時。

由於血液陳舊度無法用科學方法證實，因此無法確認那些血是如檢方所稱，是在一九九五年十二月流下的，或是如辯方所稱，是在前一年四、五月流下的。還有其他指標可以參考——比方說，凝固的血愈陳舊，顏色通常愈褐。但這些指標在此案的特殊狀況下毫無幫助。同樣的，也沒有科學證據能確認那些血液的來源和卡車駕駛室找到的一樣。血液的化學組成（包括血型物質和ＤＮＡ）都會劣化、逐漸遭破壞，有些快、有些慢，速度受到溫度、溼度等等因素影響。其實，鑑識科學服務中心實驗室的血型鑑定和ＤＮＡ鑑定之所以失敗，最可能是因為細菌分解（在摩根的車庫發現床鋪時，細菌分解旺盛得很）。

所以漢德認為，科學證據在控告摩根一案沒什麼幫助。不過顯然還有其他大量顯示摩根有罪的證據。為期十四天的審判之後，摩根被判謀殺費嘉，處以最短二十年徒刑。

雖然我們覺得這樁案件就這麼結束了，但幾年後，摩根對他的判決提出上訴，我們再次參與此案，這次由檢方委託我們檢視費嘉雙手側面一些發黃的印子。

當時我又成立了一間新公司，和英國原子能管理局（Atomic Energy Authority，ＡＥＡＴ）的技術分枝結盟。我們的概念是以最符合成本的方式，將更有力的科技運用在鑑識科學。實際分析汙漬的是原子能管理局一位傑出的科學家克利斯．皮克福德（Chris Pickford），他帶領我們擴展科技能力，與我們的鑑識學家並肩工作。

費嘉遭謀殺當時，鑑識科學服務中心的標準鑑識檢驗只顯示黃色汙漬不是體液。但一九九八年皮克福德著手檢驗時，原子能管理局已有更全面的強大分析技術。他發現，黃色汙漬有五種成分——尼古丁，一種含鎳、鉻和鈷的合金，柴油、甲酚、用來殺狗耳朵裡蟎和蜱的物質。有尼古丁，可能是因為費嘉吸菸。鎳、鉻和鈷的合金比例顯示是來自高品質的不鏽鋼——很可能是驗屍時檢視她屍體的驗屍檯；柴油無所不在，不過可能是來自一輛柴油卡車；甲酚這種化學物質用於消毒，而費嘉手上的甲酚很純，查出這種甲酚只供應給英國七家機構，包括那間進行驗屍的停屍間。

結果獸醫用藥居然既有趣又重要。我們到處打聽，找出製造這種物質的公司——原來他們是裝在特定大小的扁型綠罐子中販售，就像在摩根花園棚子找到的那個。或許摩根替狗塗藥之後手上殘留一些，在攻擊時轉移到費嘉身上。不論有什麼解釋，最後都不重要了，因為摩根申請上訴遭到駁回，所以沒用到這項證據。不過，這證據為此案增添新的觀點，而且顯示了科學實際上（在類別正確的科學家手中）有多強大；從這角度來看，其實很有趣。

＊＊＊

「沒找到證據不表示沒證據」的原則，對任何鑑識調查都是十分有用的基礎。不過在某些情況，設法判斷某人說的是否是實話時，在缺乏證據的情況太強烈時，似乎能透露一些蛛絲馬跡。我閱讀一份檢方科學報告時，發現自己落入這個處境，而那樁案件最後成為我參與過最有趣的案件之一。

檢方聲稱，一九九三年一個寒冷秋日凌晨，尤瑟夫．阿布迪（Yusuf Abdi，化名）

在他公寓外和一個名叫法蘭克・霍布森（Frank Hobson，化名）的男人打了一架。在霍布森吐在草上之後，據稱他被帶到樓上阿布迪的公寓，丟到廚房後一個小陽台的地板上，最後死於體溫過低。檢方認為，大約二十小時後，阿布迪和一名友人把霍布森的屍體拖出或抬出公寓，放在那名友人的車上。接著他們開車到一間酒吧前的柏油碎石地，從車裡抬出屍體，藏在附近的一個涵管裡，隔天屍體才被人發現。

鑑識檢驗確實很全面，檢方提出了多個鑑識科學服務中心實驗室八名鑑識學家的證據。每位科學家都檢驗特定的部分，例如發現屍體的現場、血液和織物纖維、阿布迪的公寓、指紋、植栽、酒精、大麻等等。倫敦一間醫院的一位生化學家也分析了公寓外找到的嘔吐物，和霍布森衣物上的一些汙漬比對。

霍布森死後大約八個月，我走訪了一間負責部分調查的鑑識實驗室。我在那裡親自檢驗了一些證物，包括霍布森的夾克；外套發現處是距離屍體大約一百碼（九十一公尺）處的一條排水道。然後我檢查了車子（停在警方車庫），和同事麥克・詹金斯（Mike Jenkins，是經驗豐富的鑑識化學家）去了涵管。

有趣的是，大部分的檢驗結果都是陰性。比方說，沒有證據顯示車裡的一根細枝來自涵管或附近地區；公寓裡沒有最近打鬥的跡象；從阿布迪或他朋友身上搜出的任何物品都沒有血；車裡沒有血跡或霍布森衣物的織物纖維，也沒有其他任何證據把霍布森和車子或公寓連在一起。沒有任何證據支持霍布森曾被丟在公寓狹小的陽台過夜的理論。其實，陽台靠近門的地方有一面破損風化的鏡子，鏡子似乎在那裡放了一段時間，沒被動過。而且霍布森的鞋子或衣物沒有任何拖曳痕跡顯示他被搬進涵管。

此外驚人的是，如果阿布迪參與棄屍，應該會找到相關的證據，但有些證據卻闕如。舉例來說，我沿著涵管緩慢移動時，衣物上沾到水泥涵管上壁一種黏乎乎的白色沉積物，意外地難以清除，但阿布迪的衣物上並沒有那種粉末沉積物。其實阿布迪的衣物沒有任何線索將他和屍體發現處連在一起。

我想阿布迪以知涉及非法毒品交易，那場疑似打鬥可能和霍布森欠他錢有關。不過在公寓和霍布森夾克裡找到的一些大麻脂樣本，似乎不是來自同一批次。而且保鮮膜上沒有利於調查的指紋。加上其他一些「缺乏證據」的情況，指控阿布迪一案似乎根本不成立，而檢方提出的整個情節似乎極為不可能。

我最後得到的結論是，科學證據的一些特性似乎顯示，霍布森是自己來到他屍體被人發現的地方。這方面有趣的是，他膝蓋有些瘀青，牛仔褲整體而言沒褪色或破損，但有些地方褪色、磨損了，顯示他可能爬過。他雙手和前臂有些傷口，顯然是在脫下夾克**之後**才產生的，進一步支持了上述的可能性。驗屍報告的描述是「符合和水泥之類的粗糙表面接觸的結果」，也說傷口可能是源於「這名年輕人舉起手和手臂保護頭臉不受粗糙表面傷害，像在涵管中掙扎的情形」。

另一個不合理的地方是，霍布森的夾克是在屍體的**上游**找到的。所以夾克顯然不是被水流帶去那裡。因此夾克要不是在霍布森被拖行或抬過排水道時脫落，就是被留在那裡。但如果是其中一種情況，警方相信霍布森夾克口袋裡的大麻是阿布迪最近賣給他的，阿布迪為什麼沒拿走大麻？而且要把屍體丟在涵管，得抬著屍體穿過那麼滑溜難走的路線，為什麼會有人選擇那麼做？

更懸疑的是，警方的照片中有些顯而易見的血跡。在涵管壁離地大約九吋（二十三公分）處的血液，比較有可能來自靠在涵管壁或爬行時撞到涵管壁的時候，而不是被抬著或拖行。

總而言之，檢方的證據似乎回答的問題少，引發的疑問多。唯一真正支持檢方舉證的是生化學家的結論——公寓外的嘔吐物和霍布森夾克上的汙漬可能有相同來源。但詹金斯檢驗時，覺得可能過度解讀了。不過詹金斯確實同意的是死者血液的原始篩檢結果，顯示血液中含有大麻素（大麻中的活性成分），而且酒精濃度很高。

在發現屍體前兩天曾在排水道工作的一些男人，證實他們下午五點離開時，涵管空無一人。所以那是霍布森最早可能到達的時間，也是最後一次有獨立證人看到他的十五小時後。驗屍時，霍布森的血液中還有不少酒精。加上他死前可能代謝掉的量（約等於每小時半品脫的啤酒或一小杯葡萄酒），顯示即使他最後一杯酒最晚是在最後有人看到他那時喝的，他喝下的酒量也足以醉倒一般人。如果他到達涵管的時間遠比下午五點更晚，最後有人看到他時的酒精濃度應該遠比較高。

我認為，發現霍布森屍體之後，警方從他的熟人中尋找是否曾和任何人發生爭執，結果找到了阿布迪。霍布森可能因為毒品而欠阿布迪錢，由此來看這是合理的懷疑。不過霍布森死去那晚的天氣很冷，他喝了很多酒，他血液中檢測到的大麻素可能加重影響。所以我們檢視科學證據時，事態開始愈來愈明朗，比較符合霍布森經過最後有人看到他的田野，然後偶然進了排水道。他覺得很熱，於是脫掉外套（顯然是體溫過低的一個典型症狀），接著沿排水道爬到涵管，頭撞到涵管壁，死在幾碼外。

根據檢方的證據（應該說缺乏證據），這一案根本不該進入法庭。檢方提出僅有的幾樣證據之後，法庭（在所謂「中場休息」時）接受了阿布迪律師提交的一項文件（附上我們所有的證據）指出其實「沒有案件需要答辯」，而阿布迪無罪開釋。

14 誰在說實話？

任何司法系統都不該以警方或其他人「認為」某人有罪為依據。而且不論是什麼情況，任何人都不該因為有瑕疵的科學證據而被定罪。即使某人承認犯下了令人髮指的罪行，也必須了解那樁犯罪的真正狀況，不輕描淡寫也不過度誇大。所以，被告瑪格莉特．哈里森（Margaret Harrison，化名）被控謀殺母親珊卓．史密斯（Sandra Smith，化名）時，必須查明的一個問題是，她對於發生的事是否說了實話，或像檢方暗示的，她對母親的攻擊遠比她描述的更兇殘。

清潔人員在門廳櫥櫃一張床墊下發現一具正在腐爛的屍體時，哈里森已經搬離她和母親同住的公寓了。檢方舉證的一部分重點是受害者開襟毛衣左上背的一些穿孔。鑑識科學服務中心奧德馬斯頓實驗室的鑑識學家認為，那些穿孔是刀之類的利器造成的。然而，哈里森雖然承認用鐵鎚攻擊母親頭部，卻否認刺過母親。

依據哈里森的陳述，她和母親為了掛上時鐘，正在把釘子釘到公寓客廳牆上，她母親卻用鐵鎚攻擊她。接下來的纏鬥中，哈里森奪走母親手中的鐵鎚，一時激憤，用鐵鎚搥了母親頭側。於是她母親倒在地上，血流如注。哈里森意識到母親死去之後，將屍體拖進門廳的櫥櫃，在那裡放了將近兩年。

搜索公寓時，客廳的壁紙和地板上發現一些血跡，臥室一面牆上則有比較少量的血。原始的科學家報告中也提到，客廳血跡的外觀像血染的表面（可能是武器）甩出的。不同區域的血液樣本使用當時最新一代的短縱列重複序列（short tandem repeat，ＳＴＲ）ＤＮＡ分析來檢測。不過除了客廳地板上的一處血跡符合女性死者的ＳＴＲ圖譜，其餘ＤＮＡ鑑定大多不成功。

被告律師委託我調查此案時，幾乎是發現屍體一年後的事了。我勘察過薩塞克斯那間公寓之後，來到奧德馬斯頓的鑑識科學服務中心討論鑑識學家的發現，親自檢驗一些相關證物。

有些假定似乎沒有爭論的餘地，根據的是和血跡有關的證據，以及櫥櫃底找到的一些脂肪沉積物（應該是來自分解中的屍體）。其中一項假定是，史密斯死於公寓客廳發生的事件。另一項假定是，事後史密斯的屍體倒在客廳地上流血一段時間，然後移到門廳的櫥櫃，留置一段時間。比較不確定的是受害者是怎麼死的，以及事情發生在客廳的哪個確切位置。

在我檢視現場時，注意到客廳牆上其他非常細小的血點和血液潑濺，就在被告說要掛鐘的釘子孔附近。我們一開始做的其中一件事，就是託人用ＳＴＲ分析從這個血跡採取的樣本，可惜沒得到任何有用的結果。所以我們不清楚那是誰的血，甚至不確定是否和我們在調查的事件有關。

血跡形態本身比較有用。比方說，我同意原始調查科學家的看法，他在客廳牆上發現的血點和潑濺可能是拋甩造成的，不像我在釘子孔附近發現的那片以小血點為主，比較像一股強大力量（例如撞擊）散開血液造成的。此外，這些血點的來源顯然是下方，表示可能來自地上或地面附近的東西或人。如果血點和攻擊有關，幾乎能確定攻擊的目標是已經染著溼血的表面，但血量太少，因此應該不是持續攻擊。

在櫥櫃裡的一個紙箱上，也發現一些似乎來自史密斯的血點和潑濺。史密斯的殘骸至少蓋著兩層衣物，所以那些血跡比較可能來自外露的頭部傷口（或許是當初屍體放到櫥櫃底的時候沾到），而不是來自她背上的任何傷口。所以原本鑑識調查員的結論可能錯了，他認為史密斯毛衣後的五個洞是刺傷，但現場的血恐怕和那五個洞無關。

我親自檢查破損時，注意到毛衣有其他邊緣銳利的洞，有些是在領子後的內側。進一步檢查，發現洞的邊緣有一系列的環狀構造，好像織物中原先固定用的那部分毛線消失了。這樣的破損確實非常不可能是刀刺造成的。有趣的是，史密斯穿在毛衣外的外套並沒有對應的破損，身上也沒有對應的傷痕。此外，毛衣其他區域也有類似的破損，不大容易歸因於刀刺。不過顯而易見的是，衣物和屍體都生了蟲。所以比起哈里斯用刀刺過母親，看來比較可信的解釋是，毛衣上所有破損都是昆蟲隨機「咬穿」小部分毛線造成的。

我替辯方律師撰寫的報告中，指出其他可能有用的一些檢測和進一步的調查。在結論中指出，科學證據似乎比較支持女兒對事情的描述，而不是檢方的指控。換句話說，哈里森比較可能「只是」用鐵鎚攻擊了母親的頭，而沒有刺她。

以史密斯的下場來看，這樣的差異恐怕微不足道，但是對她女兒可能很重要。因為，如果像哈里森聲稱的，她是在爭執中用鐵鎚擊中母親而殺死母親，而不是用一種以上的武器持續攻擊，她很可能被處以較短的刑期。

而我在該案件的工作是檢查科學證據，看看其中是否有任何跡象顯示被告說的是實話。所以，展示過檢方對證據的解讀至少有其他的解釋之後，我參與的部分就結束了。

基本原則是不要過於著迷我們參與的案件結果；這聽起來或許奇怪，不過最後的結果通常取決於其他許多和我們無關的證據。我們的成就感來自於確保把科學做到最好，同時記得我們必須處理各種限制。

鑑識學家有職責在身，絕不允許自己的看法受到其他任何人影響，而且必須親自確認、檢驗所有潛在的證據，之後提出可能的解讀。有時候，這需要忽略報紙對案件的報導，主要是因為報導中幾乎總是有不盡正確的資訊。但不論媒體怎麼說傑米・巴爾傑（Jamie Bulger）的謀殺案，這案件顯然都是非常殘暴的攻擊。主要因為這樣，加上巴爾傑本人和攻擊者年紀都很小，所以這案子吸引了媒體的大量關注。

羅伯特・湯普森（Robert Thompson）與共同被告瓊恩・凡奈博斯（Jon Venables）被控綁架、殺害二歲的巴爾傑時，兩人都年僅十歲。代表湯普森的律師委託我檢視對他們客戶不利的證據，並且提供證據的優勢和弱點，讓他們在法庭有適當的資訊可以探索。

關於巴爾傑的謀殺，確定的是一九九三年二月十二日，他和母親在默西賽德（Merseyside）的布特爾市（Bootle）出門採購時遭到綁架，被人帶著穿過購物中心；監視器錄下了那一刻的影像。兩天後，通往布特爾碼頭的鐵軌上發現了巴爾傑的屍體，當時他的屍體染滿藍色油漆，已被一輛經過的火車輾成兩半。雖然湯普森和凡奈博斯承認綁架這個小男孩，但是當他們想要貶低同伙為自己脫罪時，便指責對方做出一部分（甚至全部）的攻擊。

本案的科學證據是由四位鑑識科學服務中心科學家舉證，他們各自處特定的一部分證據。其中一位科學家勘察了現場，在喬利的實驗室檢驗了一些來自犯罪現場和巴爾傑身上的證物，以及湯普森和凡奈博斯的衣物和鞋子。另一位科學家處理的是鞋印，包括在現場和屍體上發現的一些。第三位科學家處理藍漆。第四位則研究巴爾傑衣物上的油漬，拿來比對一些火車下方採取的樣本，試圖分辨出哪輛火車輾過他。

他們共同努力而查明的情境顯示，藍漆灑到巴爾傑身上之後，他在鐵道邊受了傷，再來是月台的牆附近，那次攻擊時，他受到至少一塊鐵道碎石中的磚頭打擊。接著他的身軀被搬到鐵軌上，在他身邊擺上更多磚頭，然後一輛經過的火車輾過了他。

檢驗一些證據之後，揭露了一些可能性。血型鑑定和ＤＮＡ鑑定顯示，湯普森和凡奈博斯鞋子上的血跡都可能來自巴爾傑。幼兒臉上的一些痕跡可能是受到湯普森穿的同款常見鞋子攻擊。兩個大男孩的鞋子和他們其他衣物上都有藍色油漆殘留，凡奈博斯的夾克上也有，據稱可能是沾了藍漆的小手造成的。湯普森右腳鞋子上找到的一根頭髮和巴爾傑的頭髮相近，另一根頭髮則黏在凡奈博斯夾克一側袖子沾到的一些油漆上。

沒有證據顯示哪輛火車輾過孩子的屍體。但由於檢測困難重重，負責的科學家沒把重點放在這裡。

一九九三年九月，我走訪了喬利的鑑識科學服務中心實驗室，和主要參與的科學家討論他的發現。在那裡時，科學家也展示了警方的現場照片和一段錄影，以及他在現場做的紀錄和簡圖。然後檢視了許多關鍵證物，迅速比對湯普森右腳鞋子找到的毛髮和三個男孩的對照樣本，並且看了同一隻鞋子的血型鑑識結果。同時，我同事坎迪分別處理油漆和鞋子方面的細節。

當個鑑識學家，要懂得處之泰然。你開始參與調查時，無法改變已經發生的事。但你**能**影響接下來發生的事，幫忙將罪犯繩之以法，或是讓家人、朋友、遭非法殺害的人稍稍釋懷。所以不能允許自己受情緒干擾。然而，案件牽涉到兒童，而你從證物袋拿出小小一件衣物證物，放到你面前的工作檯上時，小小生命硬生生被奪走的悲傷會令你難以扼抑。

我造訪喬利之後，就更能精確描述現場可能發生的情況。我也能考慮證據中的血液、頭髮和油漆和湯普森的疑似關聯，能透露湯普森涉入這項犯罪的哪些事。此外，在兩個男孩互相指責時，我也能比較這些關聯和對凡奈博斯不利的證據，稍加評估。

我的報告免不了很長，謹慎處理各種細微的細節。但在報告最後，我非常全面地敘述了我判斷的現場事件順序。基本上以報告內容為根據，也強調一些需要仔細考量的地方。其中一項是，從上方駛過的火車激烈擾動圍在巴爾傑身邊的磚頭，是否加重巴爾傑的傷勢、誇大攻擊的嚴重性，以及這樣的程度高低。

我經常準備簡單的視覺輔助，因為我發現比起文字敘述，這些視覺輔助常常能更迅速準確地傳達資訊。所以，用簡圖圖示我的分析之後，我加上一張透明片，標示了主要血跡和關鍵證物的位置與特徵。然後寫到和湯普森的關聯。

湯普森鞋子上的血型鑑定只建立了一個血型系統——PGM的關聯。鑑識科學服務中心的科學家選中這個系統，是因為三個男孩的血液對照樣本分析顯示，他們都屬於該系統下的不同血型。所以用這系統，就能分辨他們的血液。雖然我確認鞋子上的血符合巴爾傑的血，但我也指出，有百分之二十三的英國人口（大約四人之中有一人）有同樣的PGM血型。所以，由這個結果要建立和巴爾傑的關聯，十分薄弱。此外，沒有任何證據顯示鞋子上的血是事發當日沾上的。但或許上述這些都不會產生爭議。那樣的話，唯一真正需要回答的問題是，血是如何來到鞋子上的。因此我需要把重點放在血跡的特性和分布。

鞋子上大部分的血都是輪廓模糊的汙漬和塗抹，顯示染有溼血的東西和鞋子直接接觸過。不過鞋子正面一區細小的血點，可能比較重要。這些血點顯然可能是某種外力散開血液時造成的細小微滴，在靠近持續暴力攻擊的物體上十分常見。然而，這並不是典型的腳踢形狀。其實這些痕跡有可能代表的是別人攻擊時攔截到的血液飛濺。因此湯普森可能是所謂的「清白的旁觀者」。

血點的另一個問題是，這些血點不屬於做過血型鑑定的那塊血跡。所以很難完全肯定血點來自同個來源。湯普森上衣也有少量可能屬於他自己的血，由此可見要為血跡可能來源下結論時，要多麼小心。

以舉證中的頭髮關聯來看，我同意頭髮可能來自巴爾傑，但不是來自湯普森或凡奈博斯。不過其實，由於那些頭髮沒什麼特別不尋常的地方，因此也可能是來自其他許多任意的人。由於頭髮和任何血液或藍色油漆沒有任何關聯，而且按報告又只是稍微黏附在鞋帶上，表示總的來說，頭髮和巴爾傑的特定關聯小之又小。

雖然油漆和鞋印是由坎迪處理，但我仍在我的報告中稍微提到，以便將所有證據一併考量。坎迪發現，湯普森的長褲、夾克以及染血的鞋子上有些輕微的油漆點和抹痕，有些和血跡在同個位置。油漆的塗抹痕顯示曾經和油漆未乾的東西接觸。而油漆點顯示罐子灑出油漆時，湯普森在附近，不過不表示湯普森當時一定拿著油漆罐。

巴爾傑臉上的痕跡似乎提供了進一步的接觸證據，接觸的對象可能就是湯普森的一隻鞋子。不過沒有證據顯示那次接觸和油漆或血轉移到鞋子上有關。

凡奈博斯的鞋子上也有血跡，也是抹痕和小血點。不過對凡奈博斯而言，ＤＮＡ鑑定遠比血型鑑定更確定那些血液可能來自巴爾傑。其實，ＤＮＡ鑑定顯示那些血液在人口中出現的頻率（包括巴爾傑）大約只有三十五億分之一，血型鑑定的出現頻率則是四分之一。此外，有趣的是這些血跡比湯普森鞋子上的範圍更廣。

凡奈博斯夾克上找到類似巴爾傑的頭髮，原本的描述是「稍微黏附在油漆痕上」，似乎加強了和受害者之間的關聯。不過最有趣的是油漆本身，原因有三：第一，坎迪詳細解釋過，之前認為凡奈博斯夾克左側袖子上的油漆印可能是小手（孩子）的痕跡。第二，凡奈博斯夾克袖口的油漆汙漬範圍遠比湯普森身上的大，顯示凡奈博斯處理未乾油漆及／或容器的程度高於湯普森。第三，凡奈博斯右腳鞋子上的一些油漆痕延伸到鞋子前的水線下。加上趾尖處淡淡的條紋擦痕，看起來造成痕跡的接觸力道可能很大。

我和坎迪收到凡奈博斯律師指派的鑑識學家做的報告，請我們評論。（我想他也把我們的報告給了對方）我們讀到時，驚訝地發現他將凡奈博斯鞋子上取得的ＤＮＡ結果，和湯普森鞋子上顯然遠比較微弱的血跡連在一起。而且，就凡奈博斯本人的部分，科學家疏於指出原本暗示夾克袖子上的痕跡是小手的油漆印，其實證據薄弱。那痕跡究竟是不是手印都不知道呢？不過他強調凡奈博斯鞋子趾頭處的油漆擦痕可能顯示踢了人，彌補了上述的疏漏。

這樣看起來像到處吹毛求疵。但如果要依賴科學證據，就必須讓科學證據清楚明瞭，細節也徹底探討過。刑事司法程序要能確實執行，陪審團就必須依據證據的優勢和弱點加以考量、判斷。巴爾傑一案充分顯示了，英國的對抗制系統是適合這麼做的良好體系。看到科學證據的所有面向，並不會改變預料中的案件結果——湯普森和凡奈博斯都受到審判，因為可怕的罪行而遭到判刑。但至少證據的弱點揭露了，法庭可以確信這些證據的效力不足，因此更能判斷兩名被告男孩相對的涉入程度。當然，有時候是反過來的情況，就像本書其他許多案件的例子。

15 遠大前程

鑑識資源公司不斷擴張，我們雇用了更多樣專長的科學家和顧問，因此能處理更多樣的案件。不過即使在早期，我們也參與了一些極為有趣的調查，就像本章描述的五花八門的案件。

史托克戴爾加入後不久，一間大型科學儀器供應商委託我們去奈及利亞當顧問，幫忙成立、運作一間新的鑑識實驗室。蓋一間實驗室比較簡單，他們已經做到了，但要讓所有設備可靠地運作，就是非常不同的事了。我們到達拉哥斯（Lagos）的實驗室時，我的第一印象是那裡多麼寬敞、設備精良卻空得可怕，而且潮溼又灰塵遍布。

那間實驗室讓我想起查爾斯·狄更斯（Charles Dickens）小說裡哈維森女士（Miss Havisham）的宅邸，簡直是科學上的空有遠大前程。原來，他們曾招募了一些學識上很有資格的科學家來這裡工作。但他們完全沒人知道怎麼處理實驗室配備的這些高品質、劃時代的設備，更不用說這些設備和警方調查有什麼關係了。他們只知道，如果他們同意實驗室完工了，就應該開始著手個案工作，並以個人名義為任何難以避免的缺失負責——即使我們也看得出，這不是什麼好事。

白紙黑字上，我們受雇做的工作似乎簡單明瞭，實際上卻像不可能的任務。雖然我們能讓科學家知道如何使用他們的一些設備，但好一段時間之前實驗室空無一人，關掉冷氣後室內高溫高溼，導致昂貴的顯微鏡毀損，我們束手無策。有些大型的設備看來也需要更換一些零件。但即使正常運作，那些設備也太過專門，需要一樣專業的科學家來操作。

第一次造訪實驗室的隔天，我們寫了一份初步報告，列出我們覺得要達成的首要目標——建立能正常運作的鑑識機構，必須採取哪些步驟。基本上，我們建議的首要任務是確認維持治安的狀況和管理當地犯罪的優先事項，由此得知哪類鑑識科學最有用。他們有兩個選擇。

一是選擇把科學家送去另一個國家，讓他們待在繁忙的警方實驗室，練習處理犯罪案件、使用拉哥斯那些精密設備。另一則是從國外引入經驗豐富的人員，至少待個兩年，訓練一批核心科學家使用基本的技術和設備。更理想的狀況是結合這兩個選擇，奈及利亞科學家到國外受訓，並且在回來拉哥斯工作時得到需要的協助和指導。

和一些敢跟我們說話的科學家進一步討論，又花了點時間在實驗室裡東摸西摸之後，我們寫了補充報告。實驗室的各個角落都有設備在積灰塵，其中有台價格高昂的掃描式電子顯微鏡，以及一台原子吸收光譜儀。我們在補充報告中指出，即使有了建議的訓練，科學家未來也不大可能真的需要（或可以有效率地操作）像那樣的設備。然後寫到和生物危機與使用有毒化學藥品有關的健康與安全問題，以及觸電、火災和爆炸的風險。目前似乎沒有任何措施處理上述任何安全問題，例如滅火器和緊急沖洗設備；也沒有當時一般鑑識實驗室普遍都有的其他基本配備或設施——甚至沒有超過十四年前我開始在哈洛蓋特為鑑識科學服務中心工作時的那些（當時我們還在開放的實驗室空間裡噴灑危險的化學藥品呢）。

我不知道他們是否有採納初步報告中的任何建議。很可能沒有，因為那麼一來，不少設備就必須報廢，而設法讓其餘的設備運作也是個大工程。然而，拉哥斯之旅在許多方面對我而言還是個很有益的經驗。比如說，我之前從來沒看過那麼怪模怪樣的蚊子，也不曾經歷過需要帶槍守衛睡在我住的房子門廊上的情況。而我們的東道主為了官僚理由拿走我們的護照，然後拒絕發還給我們，我才意識到我們的處境多麼不保險，那大概是我這輩子感到最脆弱的時刻！不過最重要的是，我們遇到的所有奈及利亞人都有種與生俱來的溫暖和強烈的幽默感，令我受寵若驚。而且受雇於在實驗室工作的科學家一心渴望有效率而有意義地工作，他們明顯的企圖心也令我驚喜。

多年前，幫助我決定是否真的想成為鑑識學家，是依據我所做的科學的重要性，就如同刑事司法如此不可或缺一樣。我沒什麼期待，所以通常設法切割頭腦的情緒層面，專注在設法解開的科學謎題。儘管如此，有時可以處理像拉哥斯實驗室評估這類的事，或是有意外轉折的案件，還是不錯。所以一九八八年，我們受一名瑞典女性委託檢驗一只皮革包時，我因為種種原因而深感著迷。她在一九四七年由一名垂死的男人那裡得到這只皮包，想知道那男人是否如她所想，是瑞典的戰爭英雄羅爾．華倫堡（Raoul Wallenberg）。

華倫堡生於一九一二年，是名建築師，二次世界大戰時在布達佩斯擔任特使。他身在納粹占領的匈牙利時，和他的同事發護照給數以千計的猶太人以保全其性命，並提供瑞典領土的建築物當作他們的棲身之處。然後在一九四五年，蘇維埃軍在布達佩斯圍城包圍了這座城市時，華倫堡失蹤了。

我在辦公室會晤這名瑞典女性和她的事務律師時，她交給我那只皮包，解釋了她是如何得到皮包的。一九四七年，她因臥底工作去了波蘭南部，遇到一名因槍傷而垂死的瑞典男人，男人告訴她他叫羅爾．華倫堡。

女人說：「他看起來確實像華倫堡。不過為了證實他的身分，我將他的指尖按在他皮包的內面，以取得他的指紋。然後，離開他之前，把我拿的皮包和他的皮包對調了。」

女人回到華沙之後，將皮包交給美國夥伴檢驗。但幾天後皮包交還給她時，沒人告訴她發現了什麼，或有沒有發現。因此她離開了波蘭，帶著這只皮包回到瑞典，打算回去之後交還給華倫堡的家屬。但華倫堡的家屬拒絕收下（因為他們不相信皮包和他有關），於是接下來四十年，她就把皮包收在她家，顯然不曾動過。

這名女性非常相信那天在波蘭遇到的垂死男人確實是華倫堡。現在，她決定該來查明真相了。所以她把皮包帶給我們，希望能找到一些科學證據，辨明皮包的出處。她提出要求之後，我立刻看出最要緊的問題是，即使我們確實在皮包上找到任何線索，也必須能取得可靠的對照樣本，加以比對：例如華倫堡的指紋或頭髮。我們同意了船到橋頭自然直，於是對皮包進行了詳細的檢查。

特別注意的地方是蓋口內側，也就是垂死男人明顯壓下指尖的地方。指紋其實是汗的殘留物。由於指紋的組成（至少一開始）大約是百分之九十九的水，加上少許脂肪、胺基酸和鹽分，這些也是皮革的成分，因此很難用化學反應辨別皮革上的指紋。所以我們安排專門的指紋專家，用當時比較新的雷射螢光技術檢驗皮包，這種技術利用的是一些潛在指紋照到雷射光會散發螢光的特性。不幸的是，完全沒找到任何指紋，皮包蓋口內部或外面光亮的皮面上也沒有，但皮面上當然不久前才被摸過。

除了尋找指紋未果，我也用膠帶黏過皮包的內面，黏下表面的碎屑。然後小心地刷過縫線，收集卡在其中所有經年累月的人類毛髮、織物纖維、沙粒和細小的碎木片等等。那部分的調查有趣的是，沒有任何一九四七年讓指紋現形的粉末技術會用到的炭粉、石墨、鋁或滑石。皮包的狀態證明了女人這些年很少動過皮包的說法。所以看起來，如果華沙的美國友人用過這些物質檢驗皮包上的指紋，這些物質的微物跡證不該**完全**消失。由此可見，如果他們檢驗過皮包，也只用了照光和攝影的傳統技術，而這些技術恐怕不夠有效。

在顯微鏡下檢視膠帶上的毛髮時，我們確認那是人類毛髮，但不確定是否來自同一人。女人的毛髮不符合皮包裡找到的三根白頭髮，不過她的頭髮可能隨著歲月而變化。雖然三根顏色較深的褐髮和跟女人取來比對的頭髮，在顏色和顯微外觀上無法區別，但華倫堡的髮色顯然也很深，甚至是他的一個特徵。所以，理論上這些頭髮也可能是華倫堡的。不幸的是，我們並沒有來自他的可信樣本可以比對。

少了對照樣本比對皮包縫線取得的織物纖維、沙粒和木屑，這些樣本除了編目起來，別無用處。我們對皮包外表面一個非常小的深褐硬汙漬上，做血液的推定試驗和確認試驗，倒是得到強烈的反應。但無從估計那是多久以前的血。而且血液的量不足以做傳統的血型鑑定，甚至不用考慮ＤＮＡ鑑定（當時ＤＮＡ鑑定才剛問市）。不過換作現在，又是完全不同的局面，ＤＮＡ鑑定有可能行得通。然而，若要任何結果，仍然需要華倫堡可靠的對照樣本，或是退而求其次，取得他近親的對照樣本。

最後，我們調查的所有結果都沒有定論，所以無法證實或推翻女人的想法——她在戰爭英雄華倫堡死前不久在波蘭見過他。其實，華倫堡失蹤之謎從來不曾破解，瑞典外交部和蘇維埃當局合作調查未能提供任何有用的證據，之後在二〇一六年，正式宣布華倫堡死亡。

16 判斷錯誤

不幸的是，任何司法系統都可能出錯，出錯時，有兩個可能非常嚴重的後果——有罪的人可能被判無罪，之後可能繼續殺人、強暴、行竊或是犯下其他罪行；無辜的人可能被判刑，不可挽回地因入獄而毀了一生，在我參與工作的一些國家，可能還會被判死刑。

我強調過其他實驗室的問題，但我要補充一下，英國的實驗室也免不了有問題。例如警方開始用自己的預算支付鑑識服務費用之後，成本就成了愈來愈重要的因素，尤其現在這些預算有「撙節」的壓力。並不是因為鑑識科學占了警方開銷的一大部分，而是因為這占了他們外部開銷的一大部分。所以他們在找地方節流的時候，鑑識服務的開銷就像眼中釘一樣礙眼。

我們造訪奈及利亞時，很明顯的是不論你買多少昂貴、高科技的設備，不論你雇用多少聰明人，除非所有人都知道他們在做什麼，否則你不會得到需要的結果。我從來不大明白，為什麼會有人覺得因為他們能做某一類鑑識調查，就必定能做另一類。或因為他們能做一些簡單的鑑識檢測，就知道如何辨別、排除任何汙染的風險，如何在特定案件的脈絡中正確解讀他們的結果。即使資格不能解決所有的問題，也有很大的幫助。不過這目前不是一致的要求，除非這事成真（檢方和辯方專家都要符合），否則糟糕的鑑識科學會繼續造成潛在的問題。

事情可以多糟糕，有個早期的例子是一九九一年老英國鐵路（British Rail）實驗室為英國交通警察局（British Transport Police，ＢＴＰ）進行的鑑識調查。

英國交通警察局非常活躍，所有發生在火車站和全國鐵道系統的事都由他們負責。我們從前在鑑識科學服務中心替他們做過不少鑑識調查，但毒品相關的案件是例外，那部分的工作他們都是自己來。然而他們的實驗室開始擴張，延伸到超出他們專業的其他鑑識科學領域時，開始出現了嚴重的問題。

辯方委託我們調查的案子，是兩名男子被控試圖持槍搶劫倫敦一個地下車站售票處。據稱其中一人用一把短管散彈槍威脅售票處職員，顯然他先把槍藏在黑色的大旅行袋裡。之後在他和共犯被捕的不遠處一輛廂型車下找到那個大旅行袋。

根據織物纖維轉移，英國鐵路德比（Derby）實驗室的兩名鑑識學家找到了他們聲稱的理想證據，將兩個男人、大旅行袋與一輛遭竊的汽車連結在一起。於是我拜訪了他們實驗室，檢查一些證物、和他們討論，結果發現了令人驚恐的事。他們除了檢驗各項證物，也採取證物表面的纖維碎屑，比對不同來源的纖維。但他們聲稱建立的關聯，對技術和規範的要求通常更高。

我的一個擔憂是，他們只從嫌犯身上的每件衣物採取一段採證膠帶（每隻鞋子採兩段）。然而，光是嫌犯在疑似企圖搶劫時穿的那種防雨夾克所掉落的纖維，就足以黏滿幾張膠帶了。所以衣物採證膠帶很容易沾滿纖維，很難搜尋，而許多纖維根本不會被黏起來。此外，也沒有任何資訊顯示任何可能重要的纖維，當初是在證物上的什麼位置採取的。如果想查出某人和某人發生過怎樣的接觸，那是非常重要的線索。

織物掉落的許多纖維（有時數量非常大）極為細小，因此在直接接觸、從一物轉移到另一物時，其實肉眼看不見。除了直接接觸，也可能由中間物體的二度接觸而轉移。或是從一件物體上脫落，在氣流中飄動，掉落到別的物體上。所以調查任何類織物纖維轉移有個極其重要的規矩——不同證物必須在不同時間、不同房間裡檢驗。此外，採證膠帶應該由不同科學家身穿標準實驗衣和其他保護性衣物（例如拋棄式袖套和手套）進行。搜查工作檯應該沒有任何角落會卡住纖維，之後掉落。檢查過每個證物之後，所有表面都應該徹底清潔。這只是標準的鑑識規範，但也是基本常識。然而，說來神奇，在英國鐵路實驗室工作的一名鑑識學家，在旅行袋、汽車坐椅和擱腳處，以及從兩名嫌犯搜來的衣物上採取膠帶採證。然後同一名科學家在同個房間的同一張狹窄的工作檯上，檢驗了所有來源的所有纖維——簡直在嘲諷他的一番「澄清」——他「把每件樣本都放在一張乾淨的紙上」。這是一九九〇年代的事，但任何實驗室提供鑑識服務時都責無旁貸，應當確保他們聘請的任何人都受到恰當的訓練、擁有適當的裝備。

原先英國交通警察局案的鑑識調查，還有其他和理想與做法差異極大的地方。一個很關鍵的是，各個來源的纖維在顯微鏡下檢驗、比對的方式十分粗糙。尤其是他們把纖維留在膠帶上的原位，之後滴上各種化學物質，溶解黏著劑，讓纖維比較容易看見。然而，實際上這會造成幾公釐厚的糊狀物，其中包括膠帶本身的化學物質、溶解的黏膠和醋酸鹽。而且他們並未試圖精確判斷纖維的類別，或判斷纖維的詳細顏色特徵與染料組成。科學家甚至沒標記纖維在採證膠帶上的位置。所以其中半數根本不可能找到，或確信找到的就是證人陳述中提到的那些。簡而言之，英國鐵路實驗室提出兩名被告、裝有短管散彈槍的旅行袋和失竊車輛之間的關聯，根本不可靠。其實，我在那之前或之後都不曾看過英國警方提出那麼糟糕的科學證據。

我為一名嫌犯的辯護律師寫的報告中，為了討論我提出的問題，解釋了一些非常基本的原則。然後我以這些話作結：「除非英國鐵路實驗室能確保員工就這類檢驗得到恰當的訓練，達到必要的知識、經驗和能力水準，否則不該允許或要求他們再接下任何這類的工作。」

我想檢方會讀到我寫的報告，明白他們犯了什麼基本錯誤，然後至少放棄那方面的舉證。或許警方確實找對了嫌犯；但如果他是根據極為可疑的「證據」而被審判、定罪，那麼正義並沒有得到伸張。過了一陣子，我受邀在聽證會提出檢方證據時出席法庭，我非常驚訝。

我來到中央刑事法院的聽證會時，科學證據已經撤回了。當參與的英國交通警察局警察聽說這個消息時，我聽到他氣呼呼地對一位英國鐵路鑑識學家說：「下次別讓她欺壓你。」我當然是他口中的「欺壓者」，他們的鑑識調查顯然糟到駭人聽聞，他們卻毫無所覺，氣死我也。更氣人的是，他們似乎完全不知道鑑識科學**不是**一體適用的作業。雖然他們對於火車上查緝到毒品等等相關的鑑識調查，有充足的經驗，但是要調查織物纖維，卻需要一系列截然不同的知識和技術。可惜時至今日，我有時仍必須重申這樣的訊息。不是和英國鐵路有關的情況，而是因為仍然有些公司和個人（在英國或其他地方）提供一系列的鑑識服務，服務內容卻遠超出他們自己的經驗和專長。

比起那天我被控欺凌，更令我訝異的是，我不留情地批判的科學家向我示好，感謝了我。他告訴我：「原本那會是我第一次在老貝利作證。我想妳可能讓我免得丟人現眼！」所以至少這次經驗似乎讓他意識到他的鑑識專長有些限制。至少我是那麼想的，然而幾星期後，他打電話給我，說：「安吉拉，妳記得那個纖維的案子嗎？這個嘛，我接到一個毛髮的案子，我想問妳要怎麼處理……」

我不知道他原來想問什麼，因為我打斷他，跟他說：「**想都別想**。毛髮比織物纖維困難多了。別接下就是了。」

只希望他聽進我的建議。

另一件可能司法不公的案子確實被定了罪，我至今仍然耿耿於懷。一九八八年，布萊恩·帕森斯（Brian Parsons）因為謀殺八十四歲的艾薇·巴頓（Ivy Batten）而被處以無期徒刑。

巴頓因頭部遭到數次鐵鎚攻擊而死，警方研判是入室行竊出了岔子。巴頓在位於德文（Devon）的家中發現了她的屍體，看來凶手打破窗玻璃進入屋內。玻璃的破裂邊緣找到一些織物纖維，這符合在屋子附近一片田野找到的一雙手織羊毛手套上的纖維。和手套一起找到的是一把鐵鎚染著疑似受害者的血，還嵌著一縷她的頭髮。

我看得出為什麼對帕森斯不利的證據看起來很可信。帕森斯之前顯然接觸過巴頓，她被殺那天，他在她家附近發送喜帖。當然了，這件事本身沒特別對他不利。然而，確實有幾種纖維符合他汽車置物箱裡粉藕色羊毛手套的纖維。此外，他在工作處一件舊外套口袋裡也有類似的纖維，我想外套大概是他前一陣子跟他父親借來的。

直到十年後，帕森斯對判決上訴，辯方委託我們調查原始的科學證據，鑑識資源公司才參與此案。

證據完全關乎模式。我查看對帕森斯不利的證據時，令我震驚的是證據看似有力，但其實只是「射箭畫靶」。換句話說，沒有形成任何有說服力的模式。有個看起來特別古怪的地方是，外套上的所有纖維都是在一個口袋裡發現的。可惜，外套採樣（膠帶採證）尋找轉移纖維的區域不多，但另一個口袋完全沒找到。

思考一般處理及／或佩戴一雙手套的模式，通常會發現幾件事。例如戴手套的人兩手都會有纖維。所以如果一邊口袋有纖維，幾乎可以確定另一邊口袋也有，雖然數量未必相同。車子也是如此。只有置物箱找到和手套吻合的纖維，依據我的經驗，很多人在置物箱裡放各式各樣的東西，但很少會放手套。此外也很重要的是，置物箱旁的副駕駛座並沒有纖維。

手套纖維的分布有限而且非常特定，原本處理案件的鑑識學家注意到這一點，至少應該停下來思考一下。因為，雖然沒理由認為有人栽贓證據（帕森斯的律師是這麼聲稱的），但如果**確實**有人栽贓，我預期看到的情況正是這樣。

此外還有其他古怪的地方，例如有張黃色小紙片上寫了謀殺發生的房間電話號碼。第一次檢查帕森斯被捕時穿的那件外套時，那張紙片沒列在外套的內容物裡。但鑑識實驗室把外套交還警方，警方晤談他時，紙片卻像變魔術似地從外套裡出現。然後說也奇怪，鑑識學家在實驗室案件紀錄裡把紙片加入口袋內容物的清單，成為未標明日期的事後補注。這可怪了，因為我們很早就被反覆灌輸，紀錄必須在當下進行。

另一個奇怪的地方是，老太太受到非常猛烈的攻擊。而認識帕森斯的人都說他是「溫和的巨人」，做出這樣的事顯然極為反常。其實，他的綽號好像叫「兔兔」。

雖然我在一九九九年帕森斯上訴時，確實提出我的擔憂，但顯然沒說服法官。由於帕森斯拒絕承認他有罪，因此提前假釋遭到駁回，最後他在獄中待到二〇〇四年。

一九八八年原始審判時，ＤＮＡ鑑定並不常見，但之後得到了一些ＤＮＡ證據，似乎串起帕森斯和手套的關聯。然而，警方在原始調查時的作法，顯然導致手套被多人試戴過。其中一人可能是帕森斯本人，雖然他不大記得他是否真的戴過那雙手套。即使在ＤＮＡ登場之前，那也是非常不智的做法。總之那做法很可能根本沒意義，因為手套是羊毛做的，有彈性，大大小小的手都能戴。刑事案件審議委員會（Criminal Case Review Commission）調查ＤＮＡ證據時，顯然判斷ＤＮＡ證據證實了這樁案件。然而在我看，ＤＮＡ證據在特定的脈絡下，雖然回答了一些問題，但也引起相當的問題。

或許我錯了，或許此案科學證據沒什麼問題。但我真的希望對此案追根究柢，或許重新檢查ＤＮＡ證據，多做點一般調查吧。因為以目前來看，感覺就是不對勁。據我了解，當時一位檢查官，以及漢普郡警局一些檢閱了德文郡和康瓦爾郡（Cornwall）警方原始調查的警察，也有這樣的擔憂。警察、律師和鑑識學家都覺得一樁案件的結果有疑慮時，確實就需要重新審視，這也是加地夫大學冤獄平反計畫（Cardiff University Innocence Project）至今仍在推動的事。

對巴頓謀殺案的調查導致一種常見的誤解，至今仍然存在——由於鑑識科學是根據事實，因此能提供特別純粹、客觀的證據，而且給予明確的答案，沒什麼討論的空間。很可能主要是我們科學家的錯，因為我們的報告一向是長篇的術語，少有解釋，看似準確精密的科學，但是任何懷疑的空間都暗藏在這樣的表面之下。一般很少意識到，若要解讀發現，脈絡的重要性不容小覷（至今時常仍是如此）。此外也常常沒考慮到，缺乏背景資訊可能限制了我們自己該做的工作本質和範圍，以及由我們**完成**的工作所得到的結論。

或許ＤＮＡ證據最能體現這些危險。現在根據報告，特定ＤＮＡ圖譜的出現頻率是「不到十億分之一」。然而打從一開始，我想我們都很擔心這個數據的大小，其實會鼓勵跳躍式邏輯。舉例來說，那個ＤＮＡ是來自特定人士的可能性，或許導致該人士一定犯下罪行的結論——簡單來說，就是ＤＮＡ＝厲害的數據＝有罪。不過ＤＮＡ和大部分的事物一樣有利有弊。雖然ＤＮＡ利於指明一個血跡或是其他體液汙跡可能來自誰身上，但接下來卻有個風險——沒考慮清楚從脈絡來看是否還有其他可能，可以解釋DNA是怎麼來到那裡的。而且近來偏好效率優化鑑識報告（streamlined forensic reports，SFRs），藉此降低鑑識服務的成本，這也毫無助益；這種報告提出的分析結果，卻不含任何脈絡相關的資訊。

似乎太少注意整體模式（至少在科學證據方面）的另一案例，關係到一名十九歲的男性——雷蒙．吉爾摩（Raymond Gilmour）。

吉爾摩常去當地的樹林，加上之前曾被判公然猥褻罪，因此一九八一年十一月，十六歲的潘蜜拉．哈斯提（Pamela Hastie）的屍體在她位於蘇格蘭住處附近的樹林裡發現之後，沒幾天就逮捕了吉爾摩。起先，吉爾摩承認他在哈斯提從學校走回家的路上攻擊了她。他聲稱用木頭把她打倒在地，打了她的頭，然後把她拖進灌木叢，在她脖子綁上繩索，然後強暴、勒死她。但他很快就撤回自白，說自白是在警方施壓下做的。發現他的敘述中有幾個地方不符合現有證據之後，吉爾摩無罪開釋。

三個月後，新的督察接手案件，重新逮捕了吉爾摩，接著他被判強暴與謀殺罪，處以無期徒刑。

吉爾摩撤回原本的自白後，一直堅持自己無罪。其實，一九九四年委託我們調查此案的事務律師，已經花了幾年的時間努力讓案子重新審理。當時，此案已經是吉爾摩的議員在下議院提問的主題，也是第四頻道《誤審疑案》（*Trial and Error*）系列電視節目的主題。不過上訴被英國刑事上訴庭（Court of Criminal Appeal）和歐洲人權法院（European Court of Human Rights）駁回。

我在此案的職責，主要是評估和吉爾摩有關的鑑識結果，是否忠實反映了他是兇手應該有的情況，以及反映的程度。為了達成這個目標，我讀了和原始調查有關的各種文件，包括鑑識學家、警察、替哈斯提驗屍的病理學家、各種平民目擊證人的報告。然後我思考哪些調查方向值得進一步追查。我發現，雖然一系列該出現的證據都沒出現，但顯然幾乎沒設法查明為什麼沒有。

驗屍報告描述了哈斯提陰部出血，但吉爾摩陰莖的拭子卻沒發現血液。攻擊和採樣時間間隔太長，所以這沒什麼奇怪。**值得**注意的是，雖然哈斯提衣服上有血和割傷，身上多處有劃破和擦傷，但吉爾摩的任何衣物上都沒有血。目擊證人描述了吉爾摩在事發時間前後的穿著，那些衣物應該包括在他家和汽車裡取得檢驗的衣物中。

哈斯提死前受到攻擊時，應該有近距離接觸，哈斯提身上的織物纖維難免轉移到攻擊者身上，反之亦然。吉爾摩衣物上沒有任何轉移纖維的證據，可能的解釋是延誤採證，當時轉移纖維已經脫落不見了。但檢驗受害者時，並沒有這樣的延誤。所以**她**的衣物上沒有任何轉移纖維就比較難解釋，而且在原始調查時，這就該是個警訊。

鑑識學家倒是發現，吉爾摩的衣物大多染上藍、紅、綠漆的小碎片。油漆顯然來自他用打磨機處理的一些工作。話說回來，哈斯提衣物上仍然沒找到任何東西。說也奇怪，因為凶手攻擊她時，和她有長時間的激烈接觸，絕對應該有些油漆碎片轉移。

其他「消失的證據」包括吉爾摩的衣物上，沒有任何土壤或植物的微物跡證（但哈斯提的衣物有），也沒有任何用來勒死她的瓊麻繩纖維。況且吉爾摩「承認」的是，他是用她袋子裡的領帶或皮帶。驗屍報告中完全沒提到頭部傷口。因此令人嚴重懷疑吉爾摩的原始陳述——他是用一塊木頭重複攻擊她頭部。她屍體旁找到的那段樹枝沒有任何血跡，顯然也沒發現任何頭髮，因此能排除用樹枝當武器的可能性。

一名參與原始調查的警察**確實**注意到，發現哈斯提課本處附近的地上有個鞋印。這可能證實是關鍵證據，但雖然拍了照，卻似乎沒人試圖比對鞋印和吉爾摩的任何鞋子。

鑑識報告中也提到，現場一根樹枝上的一根紫色的尼龍纖維和三根頭髮。三根頭髮外觀都像哈斯提的頭髮，顯示她在某個時候和樹枝接觸過。因此如果纖維和頭髮有關，假定纖維不是來自哈斯提，一個顯而易見的解釋就是纖維應該來自攻擊者。然而這似乎是另一個沒追查的漏洞。

我撰寫的報告中，除了指出所有「消失的證據」，也提議檢查哈斯提屍體找到的任何表面碎屑，尤其是曝露在外的部位。這是原始調查應該進行的另一個有用檢查，因為碎屑可能含有重要的轉移微物跡證，可能指引警方其他的調查方向。

路卡一百年前提出他的原則時，或許自己也不明白他說凡是接觸必然會留下微物跡證，是多麼千真萬確。有些人通常認為這說法只在某種程度上正確，總能找到在某個情況下可能沒有微物跡證轉移的原因（我以前就這麼覺得）。不過，現在我太明白真的是**凡是**接觸必然留下微物跡證；只是有時沒人找到。在這一案中顯而易見的是，哈斯提和她的攻擊者之間不可能完全沒任何東西轉移——如果凶手真是吉爾摩的話，不可能沒有織物纖維、血液或油漆碎片轉移。不過顯然沒人夠擔心，想知道為什麼。

我考慮到所有原始調查的報告和其他資訊所得到的結論是，科學證據有些漏洞，足以令人嚴正懷疑將吉爾摩定罪是否站得住腳。不幸的是，直到八年後，他才在二〇〇二年等待上訴之際獲釋，又過了五年，他的定罪才終於推翻。

我一向深信被告需要得到可靠的鑑識服務。但即使當時我不這麼認為，吉爾摩這樣的案子也足以說服我，我們做的事非常值得，甚至不可或缺。

17 史蒂芬·勞倫斯案

一九九三年四月二十二日的一個晚上，史蒂芬·勞倫斯在倫敦東南部一條街上等公車時遭人攻擊殺害，得年十九歲。雖然留在一輛警車擋風玻璃上的訊息指出刺殺這名青少年的一干嫌犯，但直到兩星期後，警方才開始逮捕人。五名白人嫌犯蓋瑞·道伯森（Gary Dobson）、路克·奈特（Luke Knight）、大衛·諾里斯（David Norris）和尼爾（Neil）與傑米·埃科特（Jamie Acourt）兄弟隨後不起訴開釋，但不久之後，大都會警局就被控種族歧視，因為勞倫斯是黑人就沒努力偵辦這起謀殺案。

兩年後，我參與了這樁案件。勞倫斯的家人深信原本的嫌犯就是殺死他的真凶，打算提起自訴，他們的事務律師請我確認，大都會警局鑑識科學實驗室的科學家能做的都做了。因此，我在倫敦的實驗室待了一個星期，檢閱已經完成的工作，幫忙科學家在某些特定的領域多做一點。

勞倫斯被殺時穿了幾層衣服，他上半身被刺兩刀，衣物可能在刀子抽出時把刀刃給抹乾淨。所以科學家假定勞倫斯的攻擊者身上轉移到的血可能不多，這我並不反對。他們一直沒在嫌犯衣物上找到可能來自勞倫斯的血，這我也不大意外。

另一項假定是，嫌犯很可能在被捕之前那兩星期繼續穿那些衣物，因此即使有織物纖維從勞倫斯衣物上轉移到他們衣物上，很可能也脫落不見了。這個假定的根據是一些實驗顯示，如果身穿那些衣物的人很活躍，大約百分之八十的轉移纖維會在頭四小時之內脫落。但勞倫斯只在路上跑幾步就倒下。所以**他**送醫之前並不活躍，而且他身上的衣物已經取下了。這表示，在他衣物上尋找嫌犯衣物的纖維，顯然是鑑識調查的下一步。雖然原本找到的少量纖維可能是來自道伯森上半身的兩件衣物，但這些證據加起來的說服力仍然不足以在法院上呈現。

我熟悉所有重要證物之後，就把尋找血液的範圍擴展到嫌犯衣物。接著檢查勞倫斯的衣物，看看是否有任何纖維可能來自道伯森的上衣。而且我著手在勞倫斯的其他物品上尋找這些纖維——指甲屑、曾套在手上保護證據的塑膠袋、鋪在他衣物下等衣物乾燥後檢驗的紙張。

攻擊發生時勞倫斯穿的褲子材料，是一種寬條紋的燈芯絨，稱為大象燈芯絨，很容易掉落纖維。這些纖維是很醒目的綠色，在膠帶上其他眾多纖維之中比較醒目。所以，雖然擔心這些纖維會不會在嫌犯被捕之前從證物上脫落，但我判斷我們至少應該在嫌犯下半身的衣物，和之前提過道伯森上半身的兩件衣物上找一找。

一九九五年，我在替勞倫斯家撰寫的報告中寫道，實際上（目前）沒有實際的科學證據可以將被告和勞倫斯的攻擊案連在一起——唯獨和道伯森有薄弱的關聯。不過我也寫了，由於攻擊的特性，加上被告隔了一段時間才被捕，因此這沒什麼奇怪。我的結論是，在這樣的情況下，檢方不需在意缺乏證據。

我其實沒在自訴過程中作證，不幸的是，杜威尼·布魯克斯（Duwayne Brooks）是勞倫斯遭攻擊前和勞倫斯在一起的小夥子，事發後他逃走，以為勞倫斯會一起逃掉。布魯克斯被視為不可靠的證人。我覺得勞倫斯的家人恐怕永遠無法原諒布魯克斯拋下了勞倫斯；說來可悲，他顯然也是受害者。而且即使狀況那麼可怕，他**還是**回頭試圖幫他朋友。因此我雖然了解勞倫斯家人為什麼覺得布魯克斯辜負了他們，但我也理解他想必因為發生的事而受到很嚴重的創傷。更糟的是，布魯克斯得不到警方應有的支持；其實布魯克斯說過，警方一直「跟他過不去」。

一九九七年，內政大臣下令調查所謂勞倫斯之死「引發的事件」時，我倒是去作證了。基本上，我只能確認鑑識科學服務中心科學家的結論——只有非常薄弱的證據支持勞倫斯和嫌犯（道伯森）的衣物之間有關聯。不過我也指出，這樣的結果本身並不是辯方的有力論點。

一九九九年發行的麥克弗森報告（Macpherson Report）指出，「（原始的大都會警局鑑識科學實驗室）科學家無可非議之處」，並且說我的證據「以清楚與公平著稱」。好是好，但是對案情完全沒幫助！更重要的是，調查發現警方的調查「毀於缺乏專業、制度上的種族歧視和高階警官領導能力不彰」，而「制度上的種族歧視也影響了MPS（大都會警局），以及其他警局」。

勞倫斯遭謀殺當時，英國有一罪不二罰的法律，以防有人在宣判無罪之後，再度因同一樁犯罪受到審訊。而麥克弗森報告中有一則非常重要的建議：這條法律在謀殺案發現新證據的情況下，不應採用。二〇〇五年，英格蘭和威爾斯修改了這條法律，並把適用範圍延伸到無期徒刑或刑期很長的其他重大刑案。

二〇〇六年，威廉・鄧路普（William Dunlop）是第一個在新法下第二次受審的人。一九八九年由於陪審團無法達成共識，因此鄧路普謀殺茱莉・霍格（Julie Hogg）一案的罪名不成立，但他在二審認罪，被判無期徒刑。我們參與了第二樁再次受審的案子。一九九五年，馬克・威斯頓（Mark Weston）初次因維琪・湯普森（Vikki Thompson）謀殺案受到調查、宣判無罪，而我們發現原始調查遺漏了他靴子上的一些血。二〇一〇年，威斯頓被判有罪。

二〇〇六年，繼我上次參與十年之後，又有人因勞倫斯案和我接洽，這時我正在和

ＬＧＣ鑑識（LGC Forensics）這間公司合作。我一向找強大的團隊負責調查，尤其這是知名度特別高的案子，本身就造成很大的壓力。

除了扮演我的一般角色——主導、協調我們的工作、與警方高層連繫，也確保所有新的調查都和舊有的連貫，不在任何地方有所缺漏。我選擇了一位最有經驗的鑑識生物學家處理織物纖維、在操作層面縱觀所有新工作。洛伊·葛林（Roy Green）這人溫文儒雅，性情輕鬆隨和，是很老派的鑑識學家，也是處理織物纖維和ＤＮＡ的好手。其實，多虧了他挖掘勞倫斯謀殺案當時鑑識科學服務中心的舊資料庫，我們才得以對證據有點額外的同期理解。戴柏·霍普伍德（Deb Hopwood）也是經驗老道的老派生物學家，負責此案和毛髮有關的部分（包括動物和人類毛髮），她在這方面有豐富的知識和驚人的天分。艾德·賈曼（Ed Jarman）是我們才華洋溢、土生土長的新一代科學家，負責處理ＤＮＡ——結果他必須進行一系列極為複雜的實驗，之後必須面面俱到地向法官和陪審團解釋，而他表現得非常好。艾普·羅布森（April Robson，之後會再提到）被調來當首席鑑識人員，搜尋證物，為團隊成員提供一般的支援。

勞倫斯謀殺案這類懸案的一大挑戰，在於調查或重新調查的紀錄難免會很複雜。由於證物被格外多的人更仔細地處理，所以汙染的風險更高。因此，除了一般團隊成員，我特別指派了一人負責檢查其他科學家的工作品質。這個完全獨立的角色，我選了羅絲．哈蒙德（Ros Hammond）擔任，她以全新的觀點來看他們找到、列為證據的所有東西，判斷其中是否有些可以解讀為某種汙染。除此之外，在哈蒙德親自上法院作證之前，她也能坐在法庭聆聽所有和處理關鍵證物有關的證人所提出的證據，以免有任何事影響她自己得到的結論。這工程浩大，必須由非常傑出的鑑識學家負責。

當時，我們已經幫忙破解了許多倍受關注的懸案。隨著每次成功，人們對我們就愈有信心，相信即使最複雜的案件，也有能力幫忙破案。我們也從每樁案件得到收穫，在決定處理勞倫斯調查案的第一步是回到犯罪現場，設法了解那裡究竟發生了什麼事。

對勞倫斯受到的攻擊，有好幾則描述。其中一名目擊證人的陳述說，他看到一名攻擊者揮舞著鈍器，大概是某種桿子或棍子。警方按這含糊的描述，只在附近的花園找到找到短短一根鷹架桿。搭鷹架的工人會用油漆標示桿子，方便組裝。於是我們開始實驗室調查，檢查那一小截鷹架桿，注意到桿子上的油漆種類，然後在勞倫斯的上衣尋找油漆。雖然我們在勞倫斯衣物上沒找到任何油漆，卻注意到一些紅色纖維。

前面提過，勞倫斯死去那晚很冷，他穿了幾層衣物，包括一件紅色的馬球衫。所以在他穿的其他層衣物找到紅色纖維（和馬球衫的纖維吻合），沒什麼特別意義，只不過他的夾克**外側**也有一些。所以這些纖維應該能轉移到他攻擊者穿的衣物上，組成夾克的纖維和其他外層衣物的纖維也一樣。

接著我們檢查了嫌犯衣物上採取的採證膠帶，不久就找到兩種不同的紅色纖維。有些是由相同的彎曲棉線組成，有些和馬球衫的纖維一樣，是聚酯纖維。我們先是在道伯森衣物的採證膠帶上找到這些纖維，接著也在諾里斯那裡找到。這時，我們開始覺得可能有眉目了。

原始調查時假定攻擊到取得嫌犯衣物的那段期間，大部分（或是全部）的轉移纖維應該已經脫落，我們之前就意識到這個假定可能有誤。所以我在一九九五年參與之後，開始尋找另一個方向的轉移纖維——從勞倫斯轉移到嫌犯身上的纖維。當時一般認為百分之八十的纖維在前四個小時**就會**脫落。或許沒錯，但那是攻擊者一直穿著那些衣物的情況。如果攻擊者直接回家，脫下衣物收進抽屜，那麼一些轉移纖維就可望留存兩星期、兩年，甚至二十年之久。假如攻擊者覺得他穿著攻擊當時的衣著可能被人認出來，就很可能這麼做。

打鬥時纖維轉移的程度，取決於參與者穿什麼衣物、他們之間的接觸情況和程度，以及接觸的時間長短。之前一直認定勞倫斯受到攻擊的時間很短。但我們開始仔細考慮怎樣才能產生他的穿刺傷（多虧警方委託專家研究這一切的醫療動力學），才逐漸明白雙方應該有大量的接觸。

我們發現的紅色纖維令人振奮，於是接著檢查勞倫斯其他衣物的組成，例如他夾克的針織腰頭、袖口和綠長褲。不過這一次我們更了解攻擊動力學，因此除了檢查嫌犯的上衣，也檢查他們的牛仔褲、長褲。

警方取得了各嫌犯的一些物品。以埃科特兄弟來說，警方顯然計畫在勞倫斯遭謀殺的兩週內扣押他們屋中的衣物和其他物品。不過據我們了解，雖然監視人員在指定時間到達，但警察沒到。不過稍後還是從埃科特兄弟那裡取得了幾件牛仔褲和幾雙靴子、鞋子。還有件綠色上衣的右下襬有些割破，顯然是銳器劃過衣褶造成的。不過這些衣物上並沒有血。而且我們雖然在上面找到一根紅纖維，但完全無從判斷這是直接從來源轉移，或間接轉移（例如轉移自其他嫌犯的衣物）。

在道伯森和諾里斯衣物上發現紅色纖維之後，我們發現更多轉移纖維的證據。在諾里斯毛衣上有些綠色棉纖維和勞倫斯的長褲吻合。而且，道伯森的夾克和開襟毛衣上有些綠／藍色的聚酯纖維，很像勞倫斯夾克袖口和腰頭上的纖維。

我們用顯微分光光度計詳細分析紅色纖維的顏色時，注意到道伯森夾克上一根紅色棉纖維的結果有個額外的成分，令人想到血液的結果。我們是拿那段纖維的不同部分做檢驗，一些部分得到這個結果，一些卻沒有。雖然曾經在夾克上尋找血跡未果，但夾克上終究可能有些血。此外，如果衣物上沾了纖維，存放衣物的紙袋縫細也可能有些脫落的纖維？

我們把焦點放在道伯森的夾克和開襟毛衣，以及諾里斯的一件牛仔褲和毛衣（我們在上面發現其他的纖維），並且把紙袋縫細裡的碎屑都刷出來，在顯微鏡下檢查。我們在裝著道伯森夾克的紙袋碎屑中，發現許多細碎的血，之後又找到一塊比較大的薄片狀血，裡面插了兩根織物纖維，和勞倫斯開襟毛衣上的纖維吻合。接著我們鑑定了一些薄片狀血液的ＤＮＡ，結果和勞倫斯的ＤＮＡ圖譜吻合。

如果有一片薄片狀的血，我們知道脫落血片的夾克上很可能有血跡，但之前和鑑識科學服務中心的科學家都遺漏了。然而再度檢查夾克，還是什麼都沒找到，所以決定在放大倍率是平常四十倍的顯微鏡下，再次檢查整件夾克。尤其是道伯森那種灰夾克檢查時遠比聽起來辛苦耗時，因為那種灰色織物其實是黑白纖維混合而成。所以檢查中，眼睛聚焦於一小區再移向下一區時，要持續調整、習慣明暗。

我們的第一個發現，是夾克正面有些坨狀、非常小的古怪深色血斑。起初想不通那是什麼，也想不通我們之前怎麼會遺漏！不過最後，賈曼進行了許多實驗後，終於明白發生什麼事了。

攻擊中顯然有人大吼大叫，我們尋找過許多證物上的唾液，尤其是上半身的衣物。我們做的檢測包括把潮溼的濾紙蓋在衣物上，留置接觸一段時間，取下後用水淋洗。準備葡萄糖和藍色染劑結合的溶液，把濾紙浸泡到其中，衣物上有唾液的地方，唾液中的澱粉酶就會和葡萄糖作用，打破紙和染劑的連結，在濾紙上留下白色痕跡。不過當時潮溼的濾紙也稍微浸溼包裝裡的一些乾血粉微粒（大概是來自薄片狀的血液）而黏到夾克上。難怪血斑看起來那麼怪。

賈曼進行的實驗周詳且十分耗時。不過正是因為我們對自己做的所有事都非常小心仔細，才終於找到對案情至關緊要的線索。

道伯森夾克的頸後內側有個小小的血跡，大約〇．五乘〇．三公釐。血跡的外觀和細小的坨狀血液非常不同，似乎穿透夾克纖維間和纖維內，顏色相對較淡（就像一般的血跡），我們在紙袋裡發現的細碎血塊似乎就是來自這裡。DNA鑑定顯示血跡符合勞倫斯的DNA圖譜，我們終於解開了未解之謎。

其實在那樣的攻擊中，血跡出現在那個位置（夾克頸背內側）並不罕見。攻擊者用刀刺人時，常常把刀舉到頭上。在那位置，刀子移動的方向猛然改變，從向後變成向前，準備發動下一擊，刀刃上微量的溼血可能被甩到攻擊者的衣物上。

我們很早就發現，勞倫斯、道伯森和諾里斯的衣物上有些短截的頭髮，就是剛上完理髮廳會有的那種髮屑。葛林忙著找纖維，而賈曼進行他的血液實驗時，霍普伍德就在檢驗這些頭髮，以及為了找纖維而擴大顯微鏡搜索時找到的毛髮。我們對於兩根一公釐和二公釐的短頭髮特別有興趣，其中比較短的那一根帶了點紅色，在顯微鏡下看起來像血。雖然我們無法確認那是不是血，也知道沒辦法從那裡得到ＤＮＡ圖譜，但我們從比較長（二公釐）的頭髮得到了一個結果。我們把樣本送去美國實驗室檢驗，所以應該說是美國實驗室得到的。我們無法用頭髮檢驗細胞核ＤＮＡ，因為細胞核ＤＮＡ通常需要有髮根才能驗出，而兩截頭髮都沒有髮根。所以美國實驗室跑的檢測是在看粒線體ＤＮＡ，這和我們通常分析的細胞核ＤＮＡ不一樣——只透過母系遺傳。粒線體ＤＮＡ的鑑別度不像細胞核ＤＮＡ那麼高，所以我們得到的統計數據沒那麼強大。但結果顯示，那根頭髮和勞倫斯的頭髮吻合。

我們最終得到的證據包括至少五種纖維、一些血液和一根頭髮。然而，我們必須先確認那些證據不是某種意外汙染的結果，才能宣稱那些證據有價值。

在調查期間畫了一個示意圖，說明每個關聯和彼此之間的關係。比如說，道伯森夾克頸背血跡和夾克紙袋裡的血，把道伯森和勞倫斯連在一起。此外還有道伯森夾克上至少四種不同的織物纖維（來自三項不同的證物），和他開襟毛衣上的其他纖維。毛衣上找到勞倫斯長褲和馬球衫的纖維，牛仔褲上找到勞倫斯的頭髮，把勞倫斯和諾里斯連在一起。隨著我們繪製出示意圖，逐漸發現其實有許多（鑑識科學的）證據將諾里斯、道伯森與勞倫斯連在一起。

示意圖為哈蒙德的工作提供了一個架構，讓她知道汙染可能如何、在何時何處發生，以及可能性高低。例如說，知道勞倫斯的開襟毛衣和道伯森的夾克之間有關聯，哈蒙德就能查看是誰扣押所有相關證物、裝袋、密封、寫上標籤；接著還有誰處理過那些證物；地點在哪裡；當時同個地點可能還有哪些證物。接著哈蒙德會問下面這些問題，然後找出答案——證據有沒有機會在無意間從開襟毛衣轉移到夾克，或是從夾克轉移到開襟毛衣？如果有機會，中間應該經過幾次轉移？發生這些轉移的可能性各有多少？這需要大量的工作，但我們最後需全面了解汙染可不可能是任何證據的另一種解釋。

最後，哈蒙德寫下詳盡的陳述，解釋這些原則，並認為同事報告的重要證據不可能是任何轉移機制造成的。她也受託評論我們處理此案時的「勤奮與迅速」。除了描述科學調查的細節管理，哈蒙德也寫到她檢驗了將近五百管ＤＮＡ萃取樣本、大量的衣物採證膠帶、二百三十包或袋我們找到的碎屑轉至額外的七百段採證膠帶上、鑑識科學服務中心取得的一千七百根纖維（做了超過二千五百次特定的比對），還有找到的四千五百根纖維和更多的比對，檢驗、分析了數以百計的人類與動物毛髮。此外也設計了新的實驗——發展出新的攝影和顯微分光光譜儀相關技術並經過驗證，並向產業調查幾項關鍵衣物證物的生產狀況。

我在庭上作證的一部分內容，是關於在原始調查時是否能發現我們得知的事。以技術層面來看，應該能找到綠色棉纖維，因為鑑識科學服務中心的科學家曾經找過，只是沒找對證物。不過這些年間的變化使我們在整體上更了解犯罪現場，更了解勞倫斯受到攻擊時，雙方的接觸很可能遠比原本以為的更多。這要歸功於新的成像技術展現了攻擊的醫療動力學，顯示應該進行更廣的搜尋。此外，設計檢驗策略、分辨與嚴格追查可能的線索時，也有了更充分的知識和專業。以上再再表示，我們更可能找到細小的微物跡證。其實正是結合這兩個因素，才能發現紅色棉纖維和聚酯纖維，進而找到其他纖維、細碎血塊（以及更多纖維），還有剪成小截的頭髮。所以總的來說，一九九五年不大可能發現那些血液和頭髮證據。即使發現了，血液的DNA分析幾乎一定不夠敏感，而頭髮的DNA分析還不夠先進，無法揭露和勞倫斯的關聯。

我們當然想確保科學證據和我們的解讀無懈可擊。然而，在此案還有另一個原因。我們深切意識到妨礙勞倫斯家為兒子尋求正義的阻礙。所以我們知道，如果無法斬釘截鐵地支持任一項證據能確實排除汙染的可能性，那證據就不能過關，而我們只會讓勞倫斯家人更加灰心。因此我們都竭盡心力、全心投入這個調查。法庭顯然對我們的發現很滿意；二〇一〇年道伯森和諾里斯被捕、被控謀殺勞倫斯，主要就是根據那項證據。

在道伯森因新法廢除一罪不二判的答辯，而以謀殺勞倫斯再度受審之前，上訴庭必須先撤銷他的無罪宣判。接著皇家檢查署同意，由於發現了「重大新事證」，兩人應該重審。

二〇一一年十一月，審判在老貝利的中央刑事法院展開，鑑識證據是審判的重心。

這次，道伯森和諾里斯在謀殺勞倫斯一案都被判有罪，分別處以十五年和十四年的徒刑。

18 檢驗檢方證據

辯方律師委託鑑識學家當顧問時，希望鑑識學家能找出控方科學證據的瑕疵，即使不能完全瓦解辯方的可責性（culpability），至少也令人產生懷疑。不論證據有沒有重大瑕疵，我們都提供同樣重要的服務，檢查、核對原始的鑑識證據和解讀。此外，我們也確保律師充分了解鑑識證據，在法庭上能有效地質詢檢方科學家。以下從各種實際案例中舉出兩個。

一九九四年十月三十日晚上，二十四歲的護理學生茱莉・葛林（Julie Green）在大曼徹斯特當地的一間醫院執夜班。她丈夫是二十七歲的皇家檢查署事務律師華倫・葛林（Warren Green），隔天早上十點醒來時，發現妻子竟然沒睡在身邊。雖然茱莉的外套和提袋在樓下，本人卻不見人影。於是葛林開始找她。他沒花多少時間，就發現車庫與廚房之間的門和車庫外門上鎖了，鑰匙不翼而飛。幸好一位鄰居有外門的備用鑰匙。葛林打開外門，進入車庫，發現妻子倒在泥土地上一灘血泊中身亡。

至少這是葛林描述的事件。檢方宣稱，他用車庫裡找到的一把血淋淋大槌把茱莉活活打死。他重擊她頭部至少十六次，很可能也打了她的臉。然後他把空的羥二氮平容器與十英磅紙鈔的一角放到她屍體旁，布置得像她涉入了毒品買賣。

我受託為辯方調查此案時，檢方已經有了四位科學家提供的證據，我在一九九二年八月曾去鑑識科學服務中心的喬利實驗室造訪過其中一人。不過首先我和坎迪去了葛林家，坎迪將負責化學的部分。

警方徹底搜查之後，發現門廳地板下一條直徑四吋（十公分）的水管開口處塞了一塊磚頭，磚頭後是不翼而飛的鑰匙。我們特別想要檢查地板下，並進一步了解整個屋子的格局，尤其是車庫的格局。

要進入地板下的空間必須拆掉六小塊木條地板，那些地板原本正是因此而鋸短。由於從上方的門廳俯望那個洞並不會看到水管，因此應該是非常理想的藏匿空間。但由於警方顯然懷疑葛林，所以在搜索那片住宅和周邊時，將每個角落都搜遍了。

除了勘察犯罪現場，在喬利與相關人士討論之外，我也瀏覽了檢方報告，研究當時拍攝的照片。由這些資訊發現，茱莉顯然是在車庫裡遇襲，大部分的血都是在那裡發現的。不過浴室的水槽和周圍也有稀釋的血跡，顯示有人試圖在那裡洗掉什麼東西上的血。

負責主要工作的鑑識學家在發現茱莉屍體當天勘察過犯罪現場，為車庫和浴室的血跡取樣。十二天後，鑑識學家回去檢查門廳地板下的空間，也就是找到那串鑰匙的地方。她和喬利實驗室的同事一起仔細檢驗大槌、藥瓶、十英磅紙鈔的一角、鑰匙和鑰匙圈、車庫通往屋旁小巷那扇門內側的門把，以及從屋裡帶回的一些衣物和鞋子，包括洗衣機中拿出的一些潮溼衣物。

車庫裡找到的那把大槌看起來確實是攻擊茱莉的武器。大槌上的血與茱莉的血液吻合，大槌上取得的二十七根頭髮看起來也像她的頭髮；在十九根纖維中，有十四根似乎來自她的開襟毛衣。此外，鑰匙、鑰匙圈和皮掛件上有些血（由此可見，處理這些東西的人手上有血），一雙黑色男鞋上也有。鞋上血液特別有趣的地方是，由此可見在極為殘暴的持續攻擊中，嫌犯曾經非常靠近受害者。特別是有些潑濺的形狀和位置，顯示潑濺來自非常靠近地面的位置。例如一隻鞋子的鞋底有些長長的血痕，兩隻鞋子上都有些潑濺痕跡——水平延伸到鞋面和鞋底之間沿條的縫細。

此外，大部分的血跡是在兩腳的內側——符合血液來源是在兩腳之間的情況。例如鞋子主人兩腳跨站在俯臥的身軀兩側，就會造成那種血跡。而且鞋面有些區域的血跡只限於皮革的小孔中，這可能是試圖清除血跡的結果。如果實情**確實**是這樣，或許能解釋為什麼警方在烘衣櫃找到鞋子時，鞋子顯然是潮溼的。

曾拍攝車庫地板上一些鞋印的照片，並將照片中的鞋印和葛林、其妻子，以及曾到過謀殺現場的警察與救護車人員的眾多鞋底紋路比對。雖然有些鞋印可能是葛林另外兩雙鞋子留下的，卻不屬於染血的那雙鞋。

血型鑑定的結果有初步ＤＮＡ檢測支持，**確實**證實鞋子和鑰匙圈上的血可能來自茱莉，但不是來自她丈夫。謀殺發生當時，這對夫妻的家中正在翻修，而葛林當工作服穿的幾樣衣物上也有一些比較小型的血跡。不過沒有跡象顯示那些血跡或浴室水槽裡的血跡來自受害者。

我勘察現場，盡可能檢查各種證據之後，替辯方律師就此案寫了一份詳盡的報告。我的一些論點或許可以用來為葛林辯護。例如葛林三件衣物（工作服）上雖然有血，但沒有證據顯示血和謀殺有關。而且有些證據顯示，茱莉的凶手可能戴了手套（車庫後門上的血跡上有疑似布料印）。雖然從屋裡取得至少十五隻手套加以檢驗，但手套上並沒有發現血。沒有任何跡象顯示水槽上的血必定來自茱莉，但那些血很可能是最後一次使用水槽時留下的。而茱莉屍體旁那張十英磅紙鈔的其他部分一直沒找到。

不過還有一些非常不利的證據，使得上述這些論點相形失色。比方說，消失的鑰匙找到的位置（塞在門廳下地下空間的一截水管裡），顯示放鑰匙的人對這地方瞭如指掌。更重要的是在烘衣櫃找到那雙染血的潮溼鞋子和葛林有關，我認為這證據比檢方科學家暗示的更有力。

茱莉．葛林遭謀殺的動機可能是錢——顯然保了非常可觀的人身保險。一九九三年三月，葛林依據鑑識證據和其他證據被判謀殺妻子，處以無期徒刑。

幾年後，一位事務律師委託我們調查男人被懷疑謀害妻子的另一案。

一九九四年九月十二日早上，有人在距離卡蘿．沃德爾（Carol Wardell）家幾哩處的一處路肩發現了她的屍體。驗屍發現她是窒息而死，很可能是脖子受到壓迫加上悶住口鼻的結果。估計的死亡時間是前一天的下午或晚上，主要根據的是檢驗她胃裡的內容物，加上丈夫戈登．沃爾德（Gordon Wardell）回憶她曾吃過的食物。卡蘿的死亡時間是關鍵，因此她胃的內容物成為漫長、辛苦調查的焦點，由三位專家檢查——鑑識科學服務中心奧德馬斯頓實驗室的鑑識學家、考文垂（Coventry）一間醫院的腸胃科顧問，以及一位公共分析員（公共分析員這種科學家負責測試、檢查食物和飲用水的安全，確保食物和水以及任何標示符合目前的法規）。

科學家得到的結論是，受害者最後進食的時間，是她死前一到三小時（不會多於八小時），那餐是丈夫描述的午餐及／或晚餐。所以隔天早上五點二十二分，卡蘿已經不在人世。之所以強調這個時間點，是因為卡蘿是當地建築協會的經理，而發現卡蘿屍體那天清晨五點二十二分，有人用密碼進入，竊取了大量的現金和其他貴重物品。

依據卡蘿丈夫的說法，他生前最後一次見到她，是他在九月十一日晚上十點從酒吧回來時，發現她被戴著小丑面具的男人持刀挾持。戈登從後方被攻擊之後，似乎因為鼻子被某種麻醉物質捂住而失去意識。隔天早上（大約八到十小時之後）他甦醒過來時，人被綁著、塞住嘴巴，身上只剩下一件內褲，而卡蘿不見人影。

妻子的屍體尋獲幾天之後，戈登現身在電視上，呼籲知道卡蘿發生了什麼事的任何人和警方聯絡。他顯然難過到無法走路，在電視上亮相時全程坐著輪椅，墨鏡掩蓋了他的情緒。不過把輪椅推到麥克風前的警察沒戴墨鏡，敏銳的觀察者或許猜得出**警察**在想什麼。一年後，鑑識資源公司參與此案時，戈登已經被控謀殺妻子。

有許多科學家參與調查，除了卡蘿胃內容物的詳盡分析，檢方證據主要是根據織物纖維。卡蘿的屍體和衣物、丈夫的毛衣、兩人主床枕頭上、塞住戈登嘴巴的被單布條上以及沃爾德汽車的所有坐椅上，都找到大量看起來類似的藍／黑色纖維；卡蘿汽車的駕駛座上相對找不太到這類纖維。不過說來有趣，這些纖維和戈登與卡蘿檢驗的眾多衣物都不吻合。雖然徹底搜索，但沒找到可能的纖維來源。

更奇妙的是，卡蘿屍體上和她丈夫車上找到的纖維之間的關聯，顯示不論纖維從哪來，她在死亡時間前後都和纖維來源長時間接觸。纖維來源可能是很大的物體，例如包裹她屍體的毯子。而且纖維來源曾經在戈登車裡，並且和戈登本人有接觸。但最後那點證據不能推論戈登開過那輛車。真正顯示戈登可能開了那輛車的是，警察在屋裡一處窗沿找到他的車鑰匙。車鑰匙顯然在戈登說他回家時放下鑰匙的地方，當時他從酒吧回來，發現妻子被戴著小丑面具的男人挾持。所以如果戈登沒自己開車，一定有人從窗沿拿了鑰匙，開著戈登的車去路肩棄屍，然後回到屋子，把鑰匙放回原處。似乎不大可能。

卡蘿的長褲以及內褲有些尿漬，顯然她穿著衣物時清空了膀胱，可能就在她死亡的時候——所以驗屍時發現她的膀胱是空的。然而屋裡或她丈夫車子裡都沒有尿漬的證據。所以事發當時，卡蘿在哪？

此外還有件事有點怪：雖然客廳的家具和地毯被動過，卡蘿的手提袋和公事包的內容物被翻倒在地上，但架子上和火爐周圍的所有擺飾和盆栽仍然整整齊齊。其實，沒有任何跡象顯示屋裡任何地方發生過激烈的掙扎。以卡蘿而言，可能和她身上採樣發現的微量氯仿有關。不過她丈夫即使進家門發現戴著面具的闖入者，用刀挾持妻子時沒有反抗，被綁起、塞住嘴巴時應該多少掙扎了一下，除非他怕到不敢反應，或是還沒機會反應，頭上就挨了一記，被麻醉藥迷昏。即使如此，屋裡發生那些事，東西卻沒移位，還是很奇怪。

卡蘿的腳趾周圍和趾縫間發現一些泥土汙跡，顯然她可能光腳（也許踮著腳尖）走過泥土地。但在路肩屍體旁找到的那隻拖鞋內底並沒有明顯的塵土，而另一隻拖鞋在建築協會的辦公室找到的。路肩現場也沒有掙扎的跡象，顯示卡蘿被丟在那裡時已經死了。其實卡蘿衣物的位置顯示她曾被抓住手臂或從後方摟住拖行，然後才讓她的頭和上半身往後倒到地上。

發生在建築協會的搶劫，是這故事另一個有趣的地方。五點二十二分，協會遭人闖入時，持有卡蘿・沃爾德的使用者代碼和鑰匙的人解除了防盜警報。兩台監視器被噴上銀色噴漆，畫面當時傳送到無人監控的螢幕，而且並未錄影。辦公室內保險箱裡的現金和貴重物品被拿走，卡蘿辦公室的桌椅搬動過，拖鞋大概就被遺留在現場。

鑑識資源公司的鑑識化學家同事指出，前門旁的監視器似乎被人從很近的距離噴上銀噴漆，可能是有人站在椅子上噴的。所以應該有些噴漆沾到那人雙手、臉上和衣物上，椅子上也可能有沾了銀漆的鞋印。然而戈登的衣物、鞋子或眼鏡上都沒有銀漆。不過在我讀到的檔案中，沒有任何內容顯示警方曾經尋找那類的證據，而我在寫給辯方事務律師的報告中指出這是值得探索的方向

調查員在車庫找到的一些塑膠束帶和用來綁沃爾德手腕的屬於同一款，序號也接近。更有趣的是，車庫裡發現一些床單布，外觀和用來塞嘴巴的床單布一樣。

塞口物打結的方法似乎很特別，是在沃爾德頭上圍兩圈之後，把第二層打進結裡。檢方鑑識學家認為，這樣的結比較可能是自己打的，而不是別人。我們請十四名志願者把別人綁住、塞住嘴巴時，沒有人把第一層布打進結裡。所以檢方宣稱，沃爾德是自己

綁上塞口物。不過並沒有進行類似的實驗，讓志願者**自己綁上**塞口物。史托克戴爾做了獨立的調查，針對兩種可能進行實驗（之後為此出庭作證），發現志願者不論是替自己**或是**別人綁上塞口物時，都沒人把第一層布打進結裡。

早上沃爾德大概是大聲嚷嚷，吸引了路人的注意。警方接獲報案到達屋子時，發現沃爾德被綁在垃圾袋架的正方柱型金屬條上，倒在客廳地板。他的膝蓋因金屬條而彎曲，手肘在腿外側的金屬條下，雙手用兩條相連的束帶在腳脛上方捆綁在一起，兩手手腕各綁一條，很像我們在車庫找到那種。

大約和沃爾德相同身高、體格的警察隨後示範，有可能把自己嘴巴塞住、綁成被告被人發現時的樣子。警察也示範，即使綁在垃圾袋架上，也能搖晃身體在地板上移動，用一隻腳打開客廳的門，大聲呼喊，只是口齒不大清晰。這一切都讓人懷疑沃爾德為什麼那麼久之後才呼救。

鑑識科學服務中心伯明罕實驗室負責檢驗塞口物，我造訪那裡時，同意鑑識學家的發現——被單布條、塞口物和塑膠束帶可能都來自車庫。闖入者進屋時沒帶著需要的材料，沒就近使用客廳的電話線或對講機線捆綁，而是在車庫找適合的東西；鑑識學家認為這些情況很不尋常，我也同意。我不同意的是他的結論——沃爾德一定是自己綁上塞口物，而且這些事件的實情都不像沃爾德的描述；檢方聲稱的正是這樣。他們僅僅根據我們受託檢查的證據，就得到這些結論。不過還有其他證據相抗衡，而那些證據似乎顯示沃爾德涉入妻子的死。比方說，警方取得多位鄰居的陳述，他們說看到晚上屋裡的燈亮亮暗暗。他們提到的一間房間是浴室，或許解釋了為什麼沃爾德聲稱自己躺了幾個小時的地板上沒有尿液。

或許對沃爾德最不利的證據是，他終於不用坐輪椅，改用拐杖之後，警方取得了一些監視影像。影像一開始，沃爾德一拐一拐地進了一家購物中心，幾乎無法走路，接著卻把拐杖夾到腋下，頗愉快地邁步走，一一欣賞商店櫥窗。最後他從另一頭出來，又再度用拐杖了。綜合其他證據，我想監視器影像很難不讓陪審團動搖。一九九五年十二月，在牛津皇家法庭（Oxford Crown Court）的審判之後，沃爾德被控謀殺妻子的罪名成立，判處無期徒刑。

19 挽救平衡

鑑識資源公司除了為辯方律師提供服務，也提供私人服務，範圍十分廣泛，包括懷疑出軌、個人及／或公司間的爭執，以及一些刑事案件，被告或是無法得到法律扶助，或法律扶助的資源有限而需要額外的幫助。此外，有時有些人來找我們，是因為他們認為警方無法完善地處理某樁案件，他們想確認還有沒有其他能做的。所以我們後來才參與了史蒂芬．勞倫斯等案件。

我前面提過，許多工作需要回去鑑識科學服務中心實驗室處理，我有許多前同事還在那裡工作，幾乎都在為檢方服務。看過他們的成果之後，我會做所有適當的檢測，寫下報告，必要時出庭為辯方作證。我在一九九〇年代開始注意到標準有點下滑，但這完全不是科學家本身的錯，而且有些科學家也常憂心。

總部委託評估警方得到的科學支援，在一九八七年發表了塔齊羅斯報告（Touche Ross Report）。報告其中的建議是，鑑識科學服務中心應該成為一個機構，而鑑識服務的預算應該轉移給警方。目的是希望有助於限制鑑識服務的需求；從前的系統因為總部提供無償服務，所以其實讓警方高興給多少工作就給多少，而鑑識服務的需求持續上升終至於失控。在新系統下，由於警方必須直接付出代價，因此可望鼓勵警方更深入思考他們的要求。此外，這也表示警方可以自由使用鑑識科學服務中心之外的其他服務提供者，因此開啟了鑑識服務的市場，引入競爭，有助於壓低費用。

然而鑑識科學服務中心一九九一年成為總部的執行機構時，先前為其他顧客提供鑑識類服務的公司，開始接收鑑識科學服務中心以往負責的一些常規檢測。那一端的市場確實開始出現一些競爭，但比較複雜、調查端的市場並沒有。

ＬＧＣ這間公司是個好例子。ＬＧＣ的全名是政府科學家實驗室（Laboratory of the Government Chemist），成立於一八四二年，提供和菸草進出口相關、非常專精的鑑識類服務。當年人們進口菸草，和大黃、糖蜜之類的東西混合，然後再度出口。雖然他們進口時必須付關稅，但海關收稅是根據重量，因此出口物魚目混珠，退回關稅，他們便得到淨收益。ＬＧＣ的科學家揭露了這樣的做法，因此幫助政府限制、最後扼止這做法。

後來ＬＧＣ的角色擴張了，在一九九〇年代提供各式的鑑識類檢測服務，包括為勞動部處理可疑檔案、為軍隊做毒品篩檢，以及為海關做原料藥檢驗。所以ＬＧＣ的科學家不難轉換到警方工作，對鑑識科學服務中心造成競爭壓力。不過當時ＬＧＣ或任何其他以類似方式進入警方市場的分析公司，都無法處理鑑識工作中比較複雜的調查層面。要使用各式的檢測查出一案中，任何可能的證據並善加利用，同時把費用維持在合理的程度，比想像中複雜多了。因此，在競爭方面，鑑識服務的供應還有個大洞。

總部的職權是讓鑑識科學服務中心更有效率、更精簡，使競爭力提升，並防止對實驗室、科學家和開銷的需求無限增加。考慮到這些目標，實施了一個發展計畫，由新任的鑑識科學服務中心主任珍奈特・湯普森（Janet Thompson）監督。計畫實施後，關閉了三間鑑識科學服務中心的實驗室；一九九六年，大都會警局鑑識科學實驗室也併入鑑識科學服務中心。第一間關閉的是奧德馬斯頓的實驗室（也是當時關閉的唯一一間），那是成立鑑識資源公司之前工作的地方。問題是，一九九六年奧德馬斯頓關門大吉時，那裡的所有工作都轉移到其他實驗室，大大增加了其他實驗室已經很繁重的工作量。

在此同時，也鼓勵科學家減少每樁案件中的工作量，做更切中要點的工作。雖然以財務的角度來看或許有理，但是連科學家自己也開始擔心可能錯失重要的線索、犯下錯誤，他們很清楚一旦發生問題，責任得由自己承擔。一九七〇、八〇年代幾樁廣受關注的誤判案件，是鑑識證據導致誤判，由後續發展可見這樣的擔憂其來有自。例如一九七三年卡車司機約翰・普里斯（John Preece）、一九七五年的伯明罕六人，與一九七六年的史提芬・克斯科（Stefan Kiszko）遭誤判謀殺。

一九七五年十月，克斯科因謀殺和性侵害罪遭到起訴被捕時，我已經在哈洛蓋特鑑識科學服務中心實驗室工作了一年。受害者是十一歲的女孩萊斯莉・墨西德（Lesley Molseed），有人在西約克郡的里彭登（Ripponden）附近一片高沼地發現她的屍體。我老闆奧特里奇是那樁案子的報告員，負責主導、報告成果，檢驗工作則由實驗室的數人進行。我也參與其中。但由於我資歷尚淺，工作內容僅限於檢測一些克斯科本人的精液樣本。

克斯科被捕之後，他向警方自白。當時他的事務律師並不在場，這份口供事後也撤回了。此外，有三個女孩指認克斯科是發現墨西德屍體前幾天向她們曝露下體的男人。所以一九七六年，克斯科被判謀殺罪名成立，處以無期徒刑時，大家應該都覺得這樁慘案到此為止。結果恰恰相反。

過了十五年，在克斯科不服判決上訴之後，奧特里奇和西約克郡的兩名警察被捕，被控隱瞞可能證明克斯科清白的證據。一九九一年提起上訴時，那三名女孩（當時已成年）承認她們說了謊。更重要的是，後來發現原始審判沒呈上一個可能很關鍵的證據，而墨西德的衣物上一些精斑至少確實找到一些精子。這可能特別重要，因為克斯科曾因荷爾蒙問題接受治療，他的精液中是否還有精子還有待釐清。

一九九二年，克斯科為了他沒犯的罪服刑十六年之後，終於經上訴而獲釋。一年後，克斯科因為心臟病發而過世。克斯科的母親一直為了證明他的清白而不屈不撓地奮鬥，幾個月後，母親也去世了。

奧特里奇除了監督科學調查，也在導致克斯科定罪的審判中出庭提出證據。後來奧特里奇解釋道，他在原始調查時曾經要求再取得克斯科精液樣本來確認精子的問題，但警方似乎不願意配合，他一直沒拿到樣本。所以恐怕無法確認任何結果。不論如何，現在都很難解釋當時為什麼那麼重要的證據不曾出現。不過我想這幾乎能確定是誤解，因為奧特里奇是正直的人，也是非常謹慎的科學家，處理任何工作一向公正。而當奧特里奇在一九九四年被捕，實在令人鼻酸、難過。

我想奧特里奇受牽連，是因為他寫出那樣的鑑識證據報告「幫助」警方，而警方之中至少有些人顯然深信克斯科有罪。但奧特里奇挺身反抗警方時，毫不馬虎。其實他正以此聞名。我想奧特里奇的立場應該多少有些微妙，而且和克斯科有時能產生少量精子的疑慮有關（我想醫療人員對此也有疑慮，他們應該是最清楚的人）。雖然當時人們不了解確認偏誤（confirmation bias），但奧特里奇根本沒理由企圖左右司法——基本上這就是奧特里奇受到的指控。

另一個可能的因素是，奧特里奇的證據報告寫得非常簡要，這在四十年前是很典型的做法，但今日可能導致誤解。我一向認為，確保大家了解實驗室中做的所有事、得到的所有結果、為什麼有某些結論，這些非常重要而且安全多了。其實，我在鑑識科學服務中心以報告詳盡出名，我的報告被稱為「安吉拉論文」，招來歷任主管的一些批評。

奧特里奇很倒楣，因為案子開庭的時候，參與原審判的警方和律師所有文件都遺失或燒掉了。由於只有奧特里奇的筆記，所以他便成為審判的焦點，要不是因為審判在一九九五年一名警察過世後中止，真不知結果會如何。

我確定還有些人還覺得克斯科有罪，有很長一段時間這樁案子看來永遠都不會偵破。然後在二〇〇六年，羅納德．卡斯崔（Ronald Castree）成為完全無關的另一案的嫌犯，採取了例行DNA檢驗的拭子。

由於鑑識界的古怪「循環」，鑑識資源公司受託來為有利於卡斯崔的科學證據提供建議，其中包括一些靈敏度很高的DNA檢驗，這些檢驗在原始調查時還未問市。當時我在另一間公司工作，事後才知道鑑識資源公司參與了此案。但我現在知道，他們花了很多時間確認DNA結果可不可能是某種無意間汙染造成的，但沒有任何發現。一年後，卡斯崔被判謀殺墨西德，處以無期徒刑。

克斯科案種種方面都令人難過。奧特里奇的生涯因此蒙上陰霾，也非常可惜。糟的是，如果辯方有自己的鑑識學家，在克斯科審判時能提出恰當的問題、澄清所有誤解，並且揭露檢方立證中的瑕疵，結果應該非常不同。然而，司法不公之後發生了悲劇的死亡，有人不光彩地結束了生涯。

克斯科案後奧特里奇的經歷，只是鑑識學家擔心事情出錯會遭到責怪的一例。預算被砍，科學家承受拿更少錢做更多事的壓力時，這樣的顧慮更深了。不幸的是，這種情況至今仍然存在，只是呈現的形式稍有不同。

一九九〇年代中期，鑑識科學服務中心的一些成果愈來愈容易受到批評。這未必是因為這些成果的品質本身，而是因為其中存在的一些漏洞，以及證據被遺漏或誤讀的可能性。當你要大家加緊腳步工作，他們沒時間思考自己在做什麼；或是要他們無視於情境或脈絡，在報告中總結他們的發現；或是讓人沒閒暇建立和同事討論工作的文化，這就是必然的結果。

所以和我討論的科學家愈來愈不安也見怪不怪了。我也能理解為什麼有些我從前的同事開始問我，為什麼我自己不參與某些調查並雇用他們幫忙。我想那也合理，因為當時我已經獨立工作了。但那表示必須成立一間新公司，處理浮現的問題。雖然這個主意很有趣，但我們判斷那樣很可能太困難，而且所費不貲。

雖然我絕對贊同鑑識科學服務中心應該更精簡，但也擔心他們的實驗室關閉計畫會造成什麼影響。特別令人擔憂的是，這會讓一些大型警局在亟需協助時（例如在犯罪現場），缺乏當地支援。此外，鑑識科學服務中心內部也有一定的自滿與傲慢風氣，因此造成隨著他們專橫規定條件的趨勢。所以當警方有個火急的案子，急著得到一些結果時，他們只會得知交付結果的時間，可能長達三個月或更久。甚至有一段時間，即使重要案件也要八個月才能完成ＤＮＡ檢驗。延宕的主要原因是，顯然會有一股浪潮隨著ＤＮＡ而來，卻沒有充足的規劃和資源讓中心準備應對，浪潮來臨時，勢必難以招架。

我十分同情那些科學家，他們負責的案件量根本超出負荷。但我親自管理實驗室之後，發現總是有辦法減少積壓的案件——例如組織特別小組排定工作輕重緩急，讓工作更聚焦。鑑識科學服務中心的問題是，他們有時會處理法庭已經審理過的案件。這種事的發生是因為，那案件加入積壓的大量案件已經幾個月，沒人積極確認案件的狀態。也可能是因為警方沒告訴參與的科學家說他們等煩了，已經找別人完成工作，或只是懶得用上鑑識科學。

我成立鑑識資源公司以後，很快就意識到我的性格十分適合為辯方工作。我不但覺得這樣有趣，和辯方合作也比較有變化，因為如果你在檢查其他人做了什麼，而不是親自做所有的事，就能經手更多事情。所以我也不再考慮專攻主流的警方工作了。反正我們的小實驗室容不下、也做不了所有相關的檢測種類。

然後，有一天，三間警局的代表找上門來，跟我說：「我們一直在讀妳替辯方寫的報告，有時那是我們第一次確切了解自己的犯罪現場。這樣怎麼行！妳何不來幫我們處理犯罪現場呢？」我解釋道，我們沒有處理所需檢測的實驗室設備，而他們想到的解決辦法是只要我們勘察犯罪現場，然後繼續用鑑識科學服務中心實驗室處理後續的實驗室工作。乍看之下這樣或許合理，但我知道，如果按照他們提議，會無法控制過程，結果造成今日我一直在抱怨的那種不連貫狀況。

最後打破平衡的是警方和鑑識科學服務中心聯合研究，調查一些起訴意外不成功的原因。他們的結論是，一大常見因素是辯方有鑑識資源公司參與。雖然這對我們的生意顯然很好，但從司法的角度，卻令人憂心。成立鑑識資源公司，完全是為了建立從前並不存在的平衡，而不是換成辯方占優勢。此外令人擔憂的是，檢方立證愈來愈容易找到瑕疵。雖然這些瑕疵時常微不足道，有時卻大到完全讓案件失控——要是早點處理，就能避免這些問題。

然而，尤其在鑑識科學服務中心的奧德馬斯頓實驗室關閉，切普斯托和亨丁頓的實驗室面臨關閉危機之後，事情顯然愈來愈糟。最後，在我們諮詢了許多警局之後，在一九九六年決定看看能否做點什麼來挽救這個平衡了。

從前史托克戴爾在總部最後那段時間——從奧德馬斯頓的中央研究實驗室調到倫敦工作——每天和一個奇妙的男人湯姆．帕默（Tom Palmer）一起搭火車通勤。帕默住在紐伯利那條路上，是原子能管理局的財務主任，他成了很好的朋友。但我對他特別有興趣，還有另一個原因——他的ＰＧＭ血型比較罕見。他以前常開玩笑說，每次我的血型檢測需要控制樣本，就出現在他家門前跟他討血液樣本，害他的孩子都有心理陰影了。

幸運的是，我和史托克戴爾開始討論是否成立另一間公司為警方提供鑑識服務時，帕默已經年屆退休。帕默不是科學家，卻擁有我和史托克戴爾都缺乏的財務知識和專業。我們很幸運說服他加入我們的新事業。

我們做的第一件事，是草擬策略，寫下對應的商業計畫。我們的目標一如計畫中概述，是提供廣泛的服務，以處理任何需要；減少開銷、縮短處理時間，才能有足夠的競爭力，讓警方得到比較好的服務；改善品質，才不容易被人挑出鑑識證據的漏洞，像我們在鑑識資源公司愈來愈容易找到別人的漏洞；拓展創新，涵納更多來自現今廣大科學社群的想法和技術。

為了壓低成本，我們覺得找個夥伴合作是不錯的主意。最簡單的選擇，是我們當時已經密切合作的公司——細胞標記（Cellmark）。細胞標記公司在一九八七年（就是我成立鑑識資源公司的隔年）就設置了一間ＤＮＡ指紋分析實驗室，訓練了不少鑑識科學服務中心的科學家進行ＤＮＡ檢測。有他們當合作夥伴，我們就能省去自己設置、經營ＤＮＡ設施的昂貴花費。細胞標記公司加入之後，我們開始尋找一間更偏向一般科學且擁有大量設備的大型公司，而且有興趣成為我們的第二個合作夥伴。

否則這一次，即使向友善的銀行經理借了等同我鑑識科學服務中心前一年薪水的金額，也無法支付設置成本。我發現爭取資金是整個計畫中最令人害怕的事。其實，成立新公司關係到的所有事，都遠比成立鑑識資源公司更複雜（鑑識資源公司之後會繼續營運）。最後，和許多有潛力的投資者談過以後，包括克羅斯兄弟（Close Brothers）商業銀行集團，我們必須在一間投資公司和帕默的老東家——原子能管理局之間做出選擇。我們選擇了原子能管理局。原子能管理局當時大約有四萬名科學家在世界各地的四十個國家工作，擅於培育新創公司，擁有一些傑出的化學家以及各種先進的設備——那些設備是我們和其他鑑識公司都無法以鑑識為由購入，而且永遠不能奢望能負擔得起。

最後，我們得到了我們要找的科學組織同盟，而鑑識聯盟（Forensic Alliance）終於成真——至少是書面上。我們花了點時間想出公司名稱。但這名字取得不錯，之後也獲得許多其他鑑識盟友，包括警方。

我們必須考慮、處理許多潛在的顧慮，例如鑑識資源公司的實務經理不是科學家，因此必須親自監督那裡一切的科學層面；同時間還要成立、經營新公司。所以原子能管理局提供了位在卡勒姆（Culham）的設施中的場地時，我們鬆了一口氣；那裡距離鑑識資源公司位於薩徹姆的辦公室只要半小時車程。

一九九六年九月，一切幾乎還在計畫階段，我們邀請了十間警局的科學支援經理

（scientific support manager，SSM）前往我們和細胞標記公司與原子能管理局一同舉辦的活動。除了告訴他們未來的服務內容，也展示我們在卡勒姆科學中心（Culham Science Centre）建築群中的實驗室和辦公室。成立一間新公司，所費不貲。所以真的必須讓警方對我們有信心，而我們有把握他們未來會提供工作。

我們的新事業有幸得到一些寶貴的支持。前鑑識科學服務中心實驗室主管彼得・科布（Peter Cobb）和崔弗・羅斯威爾（Trevor Rothwell），細胞標記公司的吉爾・雷西奇（Gill Rysiecki）和原子能管理局的大衛・馬森（David Marson）都在會議中發表談話。我們甚至得到鑑識科學服務中心主任佩雷拉的支持，多年前我考慮離開鑑識科學服務中心時曾見過她，她也為這次活動的簡介資料撰寫了前言。特別令人振奮的是，我們過去十年一直是鑑識科學服務中心的眼中釘，但他們顯然認同、重視我們做的事。其實科布以前都說，鑑識資源公司是「確保鑑識科學服務中心品質的最後一道保障」。我們從警方得到的回饋也很好。他們保證一旦我們開始運作，很樂意使用我們的服務，聽到這些令人安心很多。

四個月後，我們做了另一次發表，這次是辦在漢普郡布蘭希爾（Bramshill）的警察學院，與會者是多位警察局長。我通常對這工作充滿熱情，對我們想做的事信心滿滿，所以本來該由我去布蘭希爾發表演講（首次會議的講者也是我）。不過，經過多方思考之後，決定應該讓史托克戴爾去演講，我只負責回答問題。自從我來到我在奧德馬斯頓的第一個犯罪現場，遇到厭女的嘲諷以來，這方面的態度已經有些改善。不過我們知道聽眾會是頑固的高階警官，他們其實不希望（比他們）年輕的女人告訴他們怎樣對他們比較好。這顯然是個正確的決定，結果那場會議看來非常順利。

設立ＤＮＡ小組的前置時間遠比標準鑑識實驗室更長，所以細胞標記公司未來將和我們一起工作的三位科學家，率先在一九九七年二月搬進卡勒姆，設置設備並確認做法。四個月後，我們受邀參加細胞標記公司十週年的慶祝活動。不論我多想避開常務董事，在那個活動中顯然不可能完全避開。常務董事終於堵到我，問我一直害怕的問題：財務進展如何，我用還算樂觀的口吻對他說：「一切都很好。事情都非常順利。」然後迅速改變話題。雖然一切都很順利，但我們的兩個投資者其實都還沒「手到擒來」，在得到確實的承諾之前，細胞標記公司投入的鉅額成本其實還沒著落。

我很少在半夜冒著冷汗醒來。但那段時間，我有時夜裡失眠，即使我確定我們的信心並非不切實際，而且不論如何，事情都會像我們確信的那樣發展。最後事情很順利。

一九九七年十一月，我們終於簽下協議，搬到卡勒姆科學中心一樓角落的一些房間。在那前不久，我們開始招募員工。除了在《新科學人》（*New Scientist*）刊登廣告，也從最近關閉的鑑識科學服務中心奧德馬斯頓實驗室和其他地方，吸收一些科學家，最後組成涵蓋生物、化學、毒理學和毒品領域的傑出團隊。我們一開始大概招募了十五名科學家吧，其中三人派至哈威爾（Harwell）的原子能管理局，最早上工的人在一九九八年一月開始工作。

雖然我們撰寫了厲害的營運計畫，但說到我們能賺多少錢，一切都還是猜測。所以我們領薪水的科學家坐在前面空盪盪房間裡（頗為壯觀，像圖書館一樣），翻閱型錄，寫下需要的種種昂貴實驗器材和消耗品時，令人焦慮的日子還多著呢。

所有東西都訂購、付款之後，那批科學家親自量測了實驗室，在地上標記出水槽、一些非常時髦的黑邊白色工作檯和其他擺設的位置。然後他們開始採取、分析樣本（比方說玻璃和植物樣本），作為他們自己對照樣本和資料庫的基礎；在設備送來時，進行各種無止境的校正、測試。那時候不像現在，所有程序不需要資格認證，但仍然必須做同樣的那些事，這可花時間了。不過最後，一九九八年四月，科學家終於準備好開始處理進來的第一樁案子。過程在二十一章會有著墨。

20 麗奈特·懷特案

一九八八年二月十四日晚上，二十歲的麗奈特·懷特（Lynette White）被人發現陳屍在位於威爾斯加地夫（Cardiff）一間賭場樓上公寓的臥室裡。她被刺超過五十刀，喉嚨和手腕被割，攻擊顯然殘暴無比。十一個月後，南威爾斯警察局（South Wales Police）逮捕了五名黑人和混血男性，以謀殺懷特起訴。其中一人是懷特的男友史蒂芬·米勒（Stephen Miller），之後米勒坦承殺害了她。

沒有科學證據證明五名嫌犯犯下了這樁案件。但兩位年輕女子琳恩·維爾戴（Leanne Vilday）和安琪拉·薩拉（Angela Psaila）的陳述支持米勒的自白。懷特陳屍的公寓其實是維爾戴租來的，但她沒住在那裡。懷特被殺的前幾天疑似和米勒起了爭執後，維爾戴讓懷特住在那裡。另一名目擊者薩拉是維爾戴的朋友，她聲稱攻擊發生當時她在場。

五名被告的一審始於一九八九年十月，結束於四個月後法官去世時。一九九〇年十一月，二審之後，其中三名被告東尼・帕里斯（Tony Paris）、尤瑟夫・阿布杜拉希（Yusef Abdullahi）和米勒的謀殺罪名成立，判處無期徒刑。兩年後，上訴庭撤銷了當時人稱「加地夫三人幫」的判決。推翻判決的依據是，由於米勒的自白是警方大肆威嚇、恐嚇的結果，判決並不可靠。不過當時此案的所有相關人士都心懷不滿——懷特的家人因判決撤銷而不滿，加地夫三人幫和家人與支持者因為一開始被起訴而不滿，更不用說遭到定罪了。十一年後鑑識聯盟公司參與此案時，調查懷特之死仍然引起了不小的爭議。

警方一開始委託我們複查原始的科學檢驗，而那些檢驗主要是鑑識科學服務中心切普斯托實驗室科學家處理。我們的工作其實屬於兩名退休警察威廉・哈金（William Hacking）和約翰・桑利（John Thornley）原始調查的一般性複查。我和參與的科學家談過，親自檢視許多關鍵證物之後，在一九九九年十月提交了一份初步報告，在報告中建議了進一步調查的一些方向。六個月後，我的完整報告包括以下內容：「即使在這麼後期的階段，有了極為依賴脈絡的不同焦點，並且使用現在才有的新技術，卻仍可能有些重要的問題尚待解決。」不久之後，我們受託重新調查此案。

主導原始科學工作的科學家在報告中寫道，由懷特屍體陰道中段取得的一個拭子有少量的精液，懷特的內褲上也有其他的痕跡。不過科學家認為，那些精液不大可能是在懷特死前至少六小時內留下的。懷特下半身衣物沒被拉下或脫掉，顯示攻擊並沒有任何直接的性動機（懷特生前以賣淫為業）。報告也指出，懷特被刺第一刀，是在床邊的地上或非常靠近的地方。接著，懷特的喉嚨被劃開，被拖到臥室窗下，也就是發現屍體的地方。

除此之外，公寓裡看不出完整的事件順序。我們的任務是查明懷特被殺那晚發生了什麼事，看看是否有證據指出是誰殺了她，以及確認現場發現的「外來血液」（也就是不可能來自懷特自己的血，而當時這是血型鑑定的結果）是否還留著。

我讀過原始鑑識報告之後，主要的印象是科學調查費了好大的努力。原始調查時，從公寓和多位嫌犯取得數以百計的證物。不幸的是，扣押大部分的嫌犯衣物時，上面的證據恐怕都已經不在了。雖然遭到誤判的一人夾克上發現的血有點蹊蹺，但血跡太小，無法做血型鑑定。

血液除了可能來自懷特，她的牛仔褲、一隻襪子和屍體旁的牆上也有些外來血液。持刀重複攻擊的案件中，外來血液總是很有趣，這一案也不例外。就像在控告卡洛圖一案提到，如果攻擊者因為刀柄沾血而手滑，攻擊時手滑到刀刃，攻擊者自己的血就會汙染現場。

血型鑑定檢測顯示，懷特牛仔褲的兩隻褲腳和右腳襪子上的血，與薩拉的血型相同，但不可能來自原本那五名嫌犯。警方認為，這樣的結果顯示薩拉聲稱她在攻擊時在場、在被迫參與時受了傷的說法有些可信度。然而那些血理論上也可能來自人口中其他三千八百分之一同樣血型組合的人。當時認為這樣的數據在血型鑑定已經夠「吻合」，不過現在ＤＮＡ鑑定技術讓我們習慣了血液樣本和特定人士之間，有著出現頻率低於十億分之一的關聯，因此看在我們眼裡沒什麼。

雖然一九八八年ＤＮＡ分析仍在萌芽階段，但在奧德馬斯頓的鑑識科學服務中心研究室，已經設計了一種新技術區別男性與女性的ＤＮＡ。我讀原始報告時，驚見懷特牛仔褲和襪子上的外來血液有Ｙ染色體存在。所以那些血一定來自男性——男性的性染色以ＸＹ表示，而女性則是ＸＸ。表示除非薩拉的血混到了男性的血，否則那些不可能是薩拉的血。當時這應該是個關鍵的發現，卻遭到忽略，或許是因為不符合預期，或因為科學家不大信任新技術的結果。不論是哪種解釋，未解開的線索總有原因，就此忽略從來不是好主意。

警方除了涉及錯誤拘捕那些人、導致他們遭誤判，也因為無法找到正確的（一名或多名）凶手而飽受抨擊。但他們**確實**設法破案，而且每次有新的ＤＮＡ技術，就繼續調查那些外來血液——不過我想這多少是因為警方希望找到證據，證明他們當初沒抓錯嫌犯。說來有趣，此案正反映了早期的ＤＮＡ鑑定史，而原始調查當時的ＤＮＡ鑑定需要頗大量的血。其實，伯明罕鑑識科學服務中心進行的多位點探針檢驗（multi-locus probe，MLP），以及細胞標記公司之後進行的單位點探針檢驗（single-locus probe，SLP）都不成功，這應該多少是因為檢驗需要更多的血液才能完成。

一九九二年，一名嫌犯的事務律師委託鑑識科學服務中心奧德馬斯頓實驗室，進行一種新的DNA檢驗，稱為「聚合酶連鎖反應」（polymerase chain reaction，PCR）。讓萃取出的DNA倍增之後，就能從遠比以前少的血液樣本中得到結果（檢驗白血球抗原〔HLA〕血型系統）。不過檢驗並不成功。一九九六年，第二次用到PCR（主要是屍體旁壁紙採到的血），那次是採用短縱列重複序列鑑定（STR）程序，是我們至今仍在使用的檢驗。這次檢驗又不成功。一九九七年，對懷特牛仔褲做的相同檢驗也沒得到任何有用的結果。用短縱列重複序列鑑定檢驗懷特的右腳襪子和臥室與門廳的壁紙時，唯一成功的結果顯示，襪子上是她的血。

我們看報告時，注意到原始調查受到一些阻礙。例如無法審慎思考公寓中觀察到的血跡形態，弄懂那些血跡的真正含義。我們開始把焦點放在血跡形態時，情況顯而易見，給了我們一個有用的架構作為自己調查的基礎。而外來血液是我們的第一批目標。

外來血液的DNA圖譜顯然有助於辨識那是誰的血。幸運的話，或許能在國家DNA資料庫（National DNA Database）找到符合的資料；雖然資料庫一九九五年才建立，也就是謀殺案發生後一段時間，但理論上還是可能有相關的ＤＮＡ。此外，外來血液的分布或許有助於查明是否真的和謀殺有關，或純粹是意外留下的。例如是從前某個時候在房間裡的人留下的。

原始調查中，每次進行了新的ＤＮＡ檢驗，就從懷特牛仔褲和襪子上非常有限的外來血液剪下更多樣本，但每次都是徒勞無功。所以，在我們開始處理此案之前，他們決定如果犯罪現場的血液樣本還要做更多檢驗，就需要符合嚴格的準則。當地人組織了一個公民小組，擔任調查小組的顧問，並且有兩位ＤＮＡ專家支援——一位是鑑識科學服務中心的科學家彼得·吉爾（Peter Gill），另一位是德國教授伯恩德·布林克曼（Bernd Brinkmann）或他的助理史蒂夫·蘭德（Steve Rand），他們為進一步的檢驗草擬了策略。由於必須與公民小組和兩位ＤＮＡ專家商量、徵得他們同意，才能用剩下的少量疑似外來血液做任何檢驗（尤其是懷特牛仔褲和襪子上的血），因此這成了冗長緩慢的過程。不過他們都能知道最新發展，能給予意見，顯然是好事。

原始調查的另一大問題是，警方把重點放在指紋，其他一切幾乎不予理會。發現懷特屍體之後，顯然有許多人在公寓進進出出。但警方仍然很有機會找到溼血或染了溼血的手指留下的印子，這樣的印子當然會非常重要。所以其實能理解警方為什麼熱衷尋找指紋。問題是，他們在所有東西上都噴上了茚三酮（ninhydrin），這種化學物質可以讓潛在指紋（不容易看見的指紋）顯形，但也會讓DNA降解，使DNA無法用於鑑定。

不過警方熱衷於指紋的好處是，他們從攻擊發生的臥室和外面的走道拆下了一道道壁紙。所以，我勘察犯罪現場，量測各種數據之後，就在實驗室將一道道壁紙貼到適當尺寸的木板上。然後布置木板，重建出特別有興趣的局部房間，設法更詳細地推測那裡發生什麼事情時，能夠在重建的現場走動、詳細觀察血跡形態，這樣幫助非常大。

我為了重建到公寓測量時，公寓正在重新粉刷，這顯然是懷特死後第二次粉刷了。不過能親眼看到房間還是非常有幫助，讓人了解那些房間的空間相較之下有多狹小，以及哪些東西是否可能在房間裡。依據警方至今的想法，懷特被刺死的過程中，薩拉和五名原始被告都在臥室。當然了，狹小的空間擠進愈多人，他們愈可能留下曾經在場的跡象。因此，如果**確實**曾經發生那樣的事，當然至少應該找到一些證據顯示他們曾在場。

我們從原始報告得知，懷特遭謀殺當時，公寓沒電，顯然是因為沒繳電費而被斷電。所以臥室裡唯一的光源來自外面的街燈，公寓的狹窄走道應該幾乎漆黑一片。從公寓前門通往正對大街的門，途中會經過公共樓梯間，樓梯燈泡也壞了，還沒更換，所以那裡應該也很黑。有了這些線索，我們開始思考殺死懷特的一名或多名凶手怎麼從臥室來到外面的人行道，這時公寓走廊牆上的血跡形態開始說得通了。

由各種報告以及警方提供的大量犯罪現場照片，不難看出臥室曾有不少血，而且由一些不同的要素組成。最嚴重的血跡是在床尾周圍和附近的牆上、地上。其中有些是典型的動脈噴濺，顯示攻擊是在這裡開始的，這也是懷特的頸部及／或手腕受傷的地方。那區域的其他血跡是汙跡和塗抹，顯示曾經有人靠著那裡的牆壁扭打，或是攻擊者在攻擊時靠著牆。

發現懷特屍體處一旁的牆上有些血點和潑濺的血跡，顯然是染有溼血的東西拋甩出血液，例如凶刀及／或攻擊者的手（如果我們懷疑得沒錯，攻擊者當時正在流血）。如果懷特從房間一角攻擊開始的地方，被拖到窗戶下發現屍體處，或許能解釋她牛仔褲腳和右腳襪子的外來血液，尤其如果凶手用受傷的手拖她腳踝，更可能留下這些痕跡。

一出臥室，面前就有一堵牆，所以必須左轉進走廊。雖然在文字紀錄中，沒有這區域公寓的血跡紀錄，不過有幾張照片，此外當然還有在實驗室重建現場的壁紙。特別引人注意的是，臥室門對面的牆上有個很明顯的痕跡，是由一個接觸痕和下方壓出的幾片血液潑濺組成。這顯示有人從臥室出來時，手掌撞上牆，然後意識到他們必須左轉進入走廊。走廊牆上其他手肘到肩膀高度的塗抹痕跡，可能是同一個人在黑暗中摸索時留下的，之後下了樓梯，跌跌撞撞地摸索通往街道的前門門閂。

我們對於可能情況有了可信的解釋之後，就能專心從外來血液取得ＤＮＡ圖譜，確認外來血液的分布有多廣。這麼一來，就能確認外來血液可不可能和攻擊有直接關係。

不過經過歷來的檢驗，剩下的外來血液太少，我們得再找一些，所以得盡量取得當初從現場收集來的的證物。

其中一些證物已經歸還警方，存放在警方的證物室。其他的（包括從他們查過的所有東西取得的所有樣本）都由鑑識科學服務中心存放在位於伯明罕的檔案室。所以，在辛苦完成調查各個階段的那三、四年間，我們時常得要求檔案室去找證物，有時他們找不到，就得再次確認。幸好證物最後通常都會出現，這要歸功於警方堅持不懈，加上我們敦促警方既然案件紀錄說樣本還在，那就一**定**存在於某處。最後，我們取回原始調查時扣押的大量證物後，開始一一檢查。

即使某個東西已經由非常勝任、經驗豐富的科學家檢查過，每次還是得從頭來過，因為是誰都可能犯錯，而你用的方法可能和他們的稍稍不同。也可能使用不同類的技術，或從前沒有的現代技術。或者你可能注意某個東西，之後又在別的東西上看到，本身可能造成預料之外的關聯。此外，這樣有助於了解你在當時照片中看到的一些細節，也有助於讓你以適當的方式理解一些線索的可能意義（或排除一些可能性）。

我們檢視的一些東西（例如懷特的牛仔褲和襪子）已經檢查過無數次了，但顯然非常關鍵，因此必須看看還能擠出什麼線索。當然有些挑戰必須克服。比方說，牛仔褲褲腳現在被剪得破破爛爛，每個洞都是多年前剪下血液樣本來檢驗的地方。

在經過公民小組和他們的DNA專家顧問，以及來自細胞標記公司的DNA同事麥特．葛林賀（Matt Greenhalgh）與安迪．麥當諾（Andy McDonald）同意之後，我們著手改進我們的DNA鑑定技術。為了避免還沒準備好就用光之前的外來血液，我們很確定使用的血是來自懷特本人。雖然技術進步了，但牛仔褲上的靛染會抑制DNA反應（就像壁紙上的茚三酮一樣），仍然很棘手。

在檢視的證物中，有一串外面（建築後方）找到的染血鑰匙圈，看來是懷特公寓的鑰匙；在臥室地板上靠近她頭旁的兩疊紙箱；窗沿上一盒保險套，加上沒鋪床單的床墊上有個沒用過的保險套；一些菸屁股；原始調查沒檢驗的一、兩根血跡拭子；懷特屍體旁地板上一些看似無關緊要的垃圾，其中包括一些餅乾包裝，一小片香菸包裡的玻璃紙套。任何鑑識學家都會告訴你，有時無法預測哪些無關緊要的證物居然很重要。這次，我們的第一個突破來自玻璃紙。

玻璃紙非常靠近懷特的屍體，因此我們很確信那片玻璃紙上的大量塗抹血跡驗出來應該是她的。不過玻璃紙上另一小滴圓圓的血跡可能更有意思，因為那顯然是從空中落到玻璃紙上，由沾著溼血的東西投射出去的血液微滴。

而投射血液微滴的表面，可能是懷特的身體或是凶手受傷的手。我們檢驗時，得到一個幾乎完整的男性DNA圖譜。不久之後，在兩疊紙箱上找到同樣的血液。那時，開始覺得可能找到眉目了。但還需要更多證據，才能將「玻璃紙男」和懷特的凶手直接連在一起。

我們從原先的血型鑑定檢驗得知，臥室窗戶下的牆上有些外來血液。於是我們再看了看犯罪現場拍攝的照片。這次我們要找的，是從某人手上甩落在物體上的血點或血液潑濺（像玻璃紙上的血點）。這種情況有點像「曾經擁有，但不復存在」。最後才找出一區可能有用的踢腳板。

警方回公寓鋸下一截踢腳板讓我們檢驗時，也把樓梯底通往街道的前門帶來。我們特別有興趣的是，門上任何原始調查曾經採樣、鑑定，但沒得到任何有用結果的輕微血液塗抹殘跡。雖然謀殺案發生後，門和踢腳板都上了兩次漆，我仍然認為值得調查。於是我請了我直覺敏銳又一絲不苟的同事艾普．羅布森，刮掉踢腳板上的油漆，用解剖刀和顯微鏡小心翼翼、一次刮一點。艾普是那種看著一樣東西，能注意到其他事的人，而且她不會忘記當初自己是在哪看到的。這種技巧與生俱來，教不得，在尋找事物間的關聯但不確定有哪種關聯時非常重要。

我能了解艾普為什麼覺得我瘋了，而且不大贊同刮掉油漆的主意。這過程會很艱辛。此外，刮太深就可能錯失可能存在於層層油漆下的血，刮得不夠深可能完全找不到，其間只有毫釐之差。但是可不能隨便把任何事歸類於「太困難」。艾普的表現好極了，她設法在踢腳板上找到一些血，不但沒被檢查指紋的茚三酮噴到，居然還被油漆保護著。還有一些血是在踢腳板後側，那裡顯然有個空隙。

我們從這些血中得到的ＤＮＡ圖譜和「玻璃紙男」吻合。於是艾普繼續刮除前門油漆。這次，她刮除時沒看到任何血，因為大部分的血都在原始調查時採集用來檢測了。但她確實得到陽性的血液化學反應。然後發現有反應處採到的樣本中，混合了同一名男性（玻璃紙男）和懷特自己的ＤＮＡ——凶手在黑暗中急著離開公寓，摸索門閂時，他手上應該就是這樣。

我們檢驗臥室門外牆上的拭子，以及樓梯頂之前沒人檢查處的拭子，又得到了「玻璃紙男」的ＤＮＡ圖譜。接下來，我們將注意力轉到懷特的上衣，這次難度稍微比較高。懷特的衣物染滿她自己的血，這是意料中的事。所以找到攻擊者血液的機會，感覺像大海撈針。

發現懷特屍體時，她一隻手臂從她穿的夾克袖子中脫出，夾克後背蓋在她身前。乍看之下很奇怪，不過我們讓歷經艱辛的艾普穿上類似的衣物，躺在地板上讓我拉扯她的衣物，得到和懷特一樣的姿勢，懷特應該是如何被抓住或搬動就很明顯了。因此，這時終於得以辨別她衣物上的一些關鍵區域。我們檢驗這些區域採取的血液樣本時，再次得到和「玻璃紙男」吻合的圖譜——當然也混合了一些懷特自己的血。

真是不可思議。懷特的毛衣和夾克上、牛仔褲的兩條褲管、襪子、紙箱、香菸包的玻璃紙套、發現懷特屍體處旁邊的牆上、臥室和通往街道的前門之間的離開路線上，以及前門上都有同個男人的DNA。不論這男人是誰，似乎必然直接涉入懷特的謀殺案。

警方仍然覺得懷特的凶手是加地夫三人幫中的一人。所以我們取得五名原始嫌犯的DNA圖譜，包括替代樣本（來自他們衣物上的樣本；他們的衣物上沾有體液，而我們很確定是他們的體液）。不過他們之中並沒有「玻璃紙男」。所以「玻璃紙男」是誰？

我們搜尋了國家DNA資料庫，警方在當地也做了大規模的篩檢，但沒找到任何吻合的結果。於是我們決定用資料庫做現在所謂的親緣搜尋（familial search），換句話說，就是尋找嫌疑人的「近似失誤」（near misses），希望引導我們找到他親人。首先，我們選了他DNA圖譜中最罕見的組成，這個對偶基因型（一種形式的基因）稱為FGA27，人口中的出現頻率大約是百分之一。然後申請在資料庫中進行限定搜尋，對象只限男性、只在加地夫地區，我想應該還有某種年齡限制。

搜尋結果出來時，名單上有六百人，多到警方無法調查。我們必須設法過濾——南威爾斯警察局一名一絲不苟的警察，保羅．威廉斯（Paul Williams）警員幫了大忙。威廉斯一一查看那六百人的圖譜，看看哪些人至少有七個對偶基因型（總共二十個）符合我們在找的男人，最後設法將仍然吻合的圖譜縮減到七十個。然後檢視這七十個圖譜中每個吻合的對偶基因型，以及人口中的出現頻率。當我們把圖譜中所有符合的頻率乘在一起時，發現有個圖譜接近「玻璃紙男」圖譜的程度遠超過其他圖譜。

我們辨認出的圖譜屬於十四歲的男孩，由於犯下一些（相較之下）輕罪，因此進入DNA資料庫。懷特謀殺案當時，他還沒出生。不過警方調查了他的家庭，請我們先檢驗他母親的樣本。母親是女性，不可能是「玻璃紙男」，但我認為他們只想確認FGA27基因不是遺傳自母親。我們確認不是之後，他們跟男孩的父親採了樣。雖然父親的DNA圖譜非常接近「玻璃紙男」，但也不吻合。父親的兄弟也不吻合。不過就在我們似乎得擴大搜尋範圍的時候，警方發現父親有另一名兄弟，顯然多年離群而居。

實驗室的同事急著從第二名兄弟採取的樣本得到圖譜時，我必須去伯明罕參加會議。實在令人焦急，尤其是我當時的手機在伯明罕附近的收訊非常差。在火車上接到實驗室打來的電話，只聽到他說：「我們得到一些初步結果，看起來……」說到這，電話就斷了，讓我一顆心懸在那裡。我到達目的地時，終於收到消息。那時警方已經逮捕十四歲男孩的叔叔傑弗瑞．卡夫（Jeffrey Gafoor），將他帶去醫院。

幸好由於警方很確定他們找對了家庭，因此在跟卡夫採樣檢驗之後，知道要監視他。所以他們看到他造訪了幾間藥房，便在他回家後不久之後敲了他的前門。雖然警方去得太遲，來不及阻止他服下剛買的一些乙醯胺酚（paracetamol）退燒止痛藥丸，但他們**至少**及時趕到，將他送醫，沒讓他送命。

或許因為卡夫認為他**真的**快死了，所以向警方做了半自白。我們迅速檢驗他的血型，確認血型符合現場與懷特牛仔褲、襪子找到的血液鑑定結果。二〇〇三年七月，此案開庭審理，卡夫面對所有的證據時選擇認罪，因謀殺懷特而被判無期徒刑。

一般而言，案件應該到此為止。但卡夫認罪之後，警方開始調查參與原始調查而使加地夫三人幫遭誤判的那些警察。二〇〇八年，參與原審判的薩拉、維爾戴和其他證人被判偽證罪，入獄服刑。一年後，三名現任警察、十名退休警察和兩名文職人員也面對和調查有關的起訴。二〇一一年，控告「孟徹（Mouncher）與其餘人士」一案開庭審理時，我再度涉足其中。

我知道那些警察仍然堅稱逮捕加地夫三人幫沒有錯。但我直到站上證人席，才知道他們宣稱雖然現場找到卡夫的血液，但其實有對他比較有利的解釋。他們顯然認為卡夫曾經和懷特有某種互動，之後起了爭執、發生一點扭打；然後卡夫離開公寓，而加地夫三人幫進公寓刺殺了懷特。雖然我不能說絕對不是這種情形，但沒證據顯示攻擊當時有其他任何人在場。那公寓滿小的，如果照他們說的至少有五、六人在場，有點說不通。因為在場的人愈多，參與愈主動的角色，愈可能留下參與的痕跡。

完成工作很久之後才要回答問題，總是比較困難。不論你多仔細檢查自己所有的案件紀錄，都不可能記得你做過、看過的所有細節，以及所有檢驗結果。像這樣的龐大案件裡，光是案件紀錄就能裝滿不少文件夾。最後你得帶一大堆資料進法庭，然後在你尋找特定答案時惹惱所有人。我記得我在法庭作證時被問到某個問題，在數以千計的檔案中尋找相關檔案時遇到一些困難。那問題應該是問我有沒有檢驗懷特衣物上一個刺出的洞周圍的血液，大概是為了確認是否主要是外來血液。當然了，辯方律師馬上就拿我不能立刻找出相關檔案來做文章，說這可能顯示某種程度的偏誤或無能。不過我盡量不跟他計較。幸好我在查看其他問題的相關事項時，找到我需要的資料，才得以挽救平衡。

最後，審判因一些關鍵檔案遺失而撤銷。幾星期後，那些檔案重新浮現，成為二〇一五年另一起調查的焦點。在此同時，先前因審判撤銷而被判無罪的警察中，有八人在高等法院發起了民事訴訟，控告南威爾斯警察局惡意起訴。所以我還得再寫一份陳述，但由於此案被法官駁回，所以那次我不用作證了。

然而事情還沒完，二〇一七年，全面檢討控告原始警方調查員一案撤銷的原因之後，發表了孟徹調查報告（Mouncher Investigation Report）。報告的結論是，雖然警方調查員和檢察官工作的許多層面都做得很差，但他們的「惡意」並未造成影響，原因純粹是人為疏失。

二十九年後，隨著懷特在加地夫公寓遭謀殺而起的案件終於結束了。但這樁案件在三個關鍵領域寫下了歷史。法律上，這是第一次在他人因謀殺案定罪並獲釋之後找到真凶，加以定罪。在警政上，從此被捕的人所有偵訊都必須錄音。鑑識科學方面，這是第一次靠著對國家ＤＮＡ資料庫的親緣研究，辨識出犯下謀殺案的人，並且加以定罪（前一年曾用類似的方法辨識出一名凶手，但凶手當時已經死亡）。

我希望辨識出真凶、加以定罪，至少能讓懷特家人和加地夫三人幫中的倖存者覺得正義終於得到伸張。

21「說說妳要怎麼破案」

我們在鑑識聯盟公司的第一樁案子和毒理學有關，我記得我很慶幸我們終於「開始運作」了。之後斷斷續續有些案子，但一般來說生意清淡。因此在許多方面，那都是一段令人擔心的時期，尤其那麼多人都仰賴我們養家、付房貸。雖然我們預期要補貼一陣子的開銷，但顯然不能一直那樣下去。科學家愈來愈緊張，我要他們放輕鬆、享受僅有的寧靜時光，不久他們就會開始抱怨太忙了——只希望我的話聽起來比我自己的感覺有信心。

不幸的是，雖然將近兩年前參與首次會議的所有科學支援經理的反應都令人振奮，但說到真正要給我們工作，所有警方的說法都差不多：「我們期待使用你們的服務，但目前我們還有某某問題要處理。」問題通常在於預算或先前和其他服務提供者的協議。但我認為他們擔心的是，萬一任何事出了錯，他們可能受到批評；但如果繼續使用鑑識科學服務中心的服務，誰也不會有任何意見。

我們真正需要的是吸引到第一個轄區，那樣就能提供一些穩定的案源。一九九八年十月，這終於成真了，那時有位遠見過人的科學支援經理對多賽特警局提出警告，打破了小心翼翼的循環。那位經理是個了不起的男人——泰瑞・馬斯登（Terry Marsden）。四月到十月的那段期間度日如年。不過不久之後就湧入大量工作，使得我們不得不雇用更多員工，購入更多設備。

成立的公司開始成長時，都會遇到求取平衡的問題。一月月過去，我、帕默和史托克戴爾似乎花上愈來愈多時間，確保有夠多適當種類的科學家，以及受託調查的各式案件所需要的設備。起起伏伏對小公司影響頗大，但最後隨著鑑識聯盟公司擴張，起伏的影響逐漸減輕之後，那方面的情況也輕鬆了點。

一九九〇年代末，我們負責多賽特警局不少的案件，以及一些其他警局的案件。我記得有樁案件完美體現了鑑識調查所有不同部分結合在一起的情況。那是伯恩茅斯（Bournemouth）一間情趣用品店老闆的殘酷謀殺案。負責調查這樁案子的是葛林和雷・詹金斯（Ray Jenkins）。葛林是生物學家，之後成為鑑識聯盟公司卡勒姆懸案小組的一顆巨星；詹金斯則是傑出的「老派」鑑識化學家，要他處理所有和化學有關的事情幾乎都沒問題。

發現亞當・蕭（Adam Shaw）的屍體時，他的店裡處處都是血跡。現場找到一些染血的鞋印，可惜鞋印資料庫裡找不到吻合的資料，無法辨識鞋底紋路，或找出鞋印來自哪些鞋子。我們**倒是**設法查出有人進了商店，鎖上門，刺了受害者幾刀，尋找現金，洗掉自己身上的血，然後從一小扇木板釘起的窗戶逃進花園。除了鞋印，沒什麼可能辨識出凶手的鑑識證據。**僅有**的證據包括假定攻擊者逃走的窗戶周圍有些紫色的聚酯纖維。乍看之下似乎沒什麼可查，但是從商店附近一段街道的監視影像中，發現那些纖維其實至關緊要。

警方檢視了監視錄影機，在攻擊者應該出現那時段捕捉到的人來人往畫面，發現一個男人在夾克裡面穿了件紫色的絨毛衣走過街上。他鞋面上的品牌名稱顯而易見；這資訊或許不怎麼有用，不過那牌的鞋子必須透過特定的郵購型錄才能買到。

我們從店裡染血的鞋印，得知了凶手的鞋子尺寸。於是警方找出當地定購該尺寸那款鞋子的一些人，然後輕輕鬆鬆去敲這些人的門，直到開門的那個男人和監視錄影中的男人十分相似。

雖然警方搜索房屋與周邊時沒找到紫色的絨毛衣物，但他們取走了男人的其他許多衣物。葛林檢查一件皮夾克，在右袖口發現一些血跡，其中的ＤＮＡ和蕭的ＤＮＡ吻合；而那些血液來自和蕭無關的其他人的機率是一千二百萬分之一。接著葛林也發現一些紫色的聚酯纖維，和犯罪現場木板釘起的窗戶周圍找到的纖維吻合。

一九九九年十一月，這樁案件開庭審理時，證據當前，十九歲的泰瑞・吉布斯（Terry Gibbs）選擇認罪，因謀殺蕭而被判無期徒刑。

我們在這一案和其他案件的成績幫鑑識聯盟公司打響了名號，讓大家知道我們是提供高品質鑑識服務的獨立機構。不過公司迅速成長的真正原因，是數度受託調查一些相關警方無法解決的複雜懸案，因此讓我們想到一個主意。打從懸案被視為一種案件類型開始，我對懸案就特別有興趣，而我們向警方提出的提案很難拒絕。我們算是告訴警方，如果不成功，他們沒什麼損失，因為不會有人知道我們在調查那些懸案。另一方面，如果我們設法解決任何案件，功勞都歸他們。對警方更有吸引力的是，這麼做是為了強調我們**辦得到**，因此收費非常實惠。

一位科學支援經理很早就對鑑識聯盟公司做的事表現出興趣，這位資深調查員來自默西賽德警局，名叫戴夫・史密斯（Dave Smith）。他給我們第一個懸案時，包括我在內，大概沒人料到會多成功。我和史密斯會談時，我想他給了我們一杯咖啡，然後隨即開始考驗我們，說：「我不會跟妳說任何和案件有關的事。我只會讓妳看現場的一段影像。然後妳說說妳要怎麼破案。」

所有謀殺案顯然都令人難受。幸好我很早就發現，你會全神貫注在你做的事情中，而且必須盡可能迅速、勤快地完成，所以沒什麼時間老想著「人類相殘」、這一切有什麼意義或存在之類的問題。不過，有時看到別人發生了令人驚駭的事，確實讓人措手不及，就像艾麗絲・雷（Alice Rye）的殘酷謀殺案。

雷被殺時七十五歲左右。一九九六年十二月，在她位於默西賽德的家中發現她的屍體時，她雙手被綁在身後，兩眼各插了一把廚刀，嘴巴塞住，除了受到折磨、性侵害，胸前也被刺。當時我們沒參與這樁案子，警方經過詳盡調查，沒找到任何嫌犯。然後過了大約十八個月後，一位警方線民凱文・莫里森（Kevin Morrison）給了默西賽德警局的警察一些未公開的細節，說雷的凶手是他朋友。

按莫里森的說法，雷遭人殺害當天，他朋友要他顧一袋東西，朋友說是搶來的。莫里森打開袋子，發現顯然屬於雷的幾件物品，接著他朋友承認殺了雷，因為她不肯交出她的提款卡密碼。莫里森朋友似乎還說，他之所以刺了受害者的眼睛，是因為警方做心理剖繪時，「要找的會是個瘋子」。

莫里森把他的故事告訴警方時，似乎沒料到他可能成為調查中的「嫌疑人」。或者即使他**的確想**過這個可能性，也覺得如果警方會發現任何證據把他和這個刑案連在一起，早就該找到了。這個假設或許有道理，可惜莫里森在找警方談話之前，沒丟掉他藏在上鎖車庫裡的女用內褲。

搜索車庫時，警方發現多件內褲，包括他們覺得可能來自半裸受害者身上的一件老式內褲。不過位於喬利鑑識科學服務中心實驗室檢驗這些內褲時，雖然找到莫里森的DNA，但沒什麼能建立和雷的明顯連結——只有幾根織物纖維可能來自雷的毛衣。因此，沒有證據能推翻莫里森的說法——那是他替女兒在跳蚤市場買的，結果他自己穿了。

鑑識科學服務中心的科學家知道，如果雷穿過那些內褲，內褲上很可能會有她的微量DNA，因此把內褲剪成二十二小片，接著一一檢驗。我們已經開始學到懸案的一件事——絕不對從前的檢測做出任何假定，即使那些檢測是出於經驗豐富、厲害的鑑識學家之手。因此，團隊在優秀的哈蒙德帶領下（本書會再說到她的故事），小心地只選二、三件內褲，剪下褲襠的部分重新分析。

我們改良了萃取技術，使我們能在那點纖維裡「搾出」任何具化學意義的東西後，設法得到了兩組完整的DNA圖譜。其中一個圖譜和莫里森的吻合，另一個幾乎能確定是來自雷，只有六千九百萬分之一的機會是來自其與她無關的人。

我們也找到其他證據，包括一些莫里森的纖維和油漆關聯。此外，在莫里森拖車附近找到一把埋在土裡的刀，也能證實那把刀是莫里森所有，只是他宣稱那把刀是來自在他朋友給他的那袋東西。一九九九年七月，此案審理時，法官稱為「惡毒謀殺」雷的罪名成立，處以至少十八年徒刑。十八年是犯人有資格假釋的最短刑期。

默西賽德警局最初對我們半信半疑，這下子鞏固了信心，於是給我們更多未解的懸案來處理。其中一案是一九八三年十月辛西亞・博爾蕭（Cynthia Bolshaw）的謀殺案，媒體稱她為「浴缸美人」。博爾蕭住在威拉爾（Wirral）自治區的一個小城，在當地顯然人緣很好。按博爾蕭的日記所寫，她在世界各地也有許多男性友人，警方在她死後偵訊了其中一些人。

初步調查之後，認為博爾蕭在她床上遭到絞勒，死後才移到浴缸。但在床上發現的一件睡衣上除了有一個精斑之外，沒什麼可用的證據，而睡衣上的精斑剪下了一塊樣本，由當時處理此案的鑑識學家做了血型鑑定。一九八〇年代中期，DNA鑑定尚未問市，只有血型鑑定可用，而鑑定結果並沒有辨識出博爾蕭的凶手。我們在一九九九年開始參與此案，但十八個月前，鑑識科學服務中心受託重新檢查此案，並沒有發現更多證據。

我們接到此案時，沒什麼能繼續調查的，因此決定更仔細檢查睡衣。問題是，先前的檢驗顯然用完所有可能有關的精液了。所以我們必須想出別的辦法來處理。

檢驗精液時，首先是把一大張潮溼濾紙壓在物品上，吸收物品上精斑中所有水溶性成分，這些成分之後會和噴在濾紙上的化學藥劑發生反應。這麼做的時候，雖然肉眼看不見，但時常有微量的精液向外擴散到布料中，擴大精斑的原始範圍。因此我們決定一點一點剪下睡衣那個洞的周圍。然後我們「搾取」剪下的細條布料，盡可能多得到一點殘存的精液。這做法雖然值得一試，但我想我們根本不敢奢望得到完整的ＤＮＡ圖譜。

博爾蕭遭謀殺之後的多年間，ＤＮＡ鑑定讓鑑識科學增添了全新的領域。然而，ＤＮＡ資料庫當時才建立四年，圖譜資料為數不多，而那些資料都不符合我們從睡衣得到的圖譜。所以警方在媒體上公布那些常見的要求，提醒大家這樁案件，呼籲對於誰可能涉案有任何線索、任何概念的人站出來。

我不知道他們收到多少回應，但只要有個好線索，就能指點正確的方向。而那次，提供好線索的是個名叫芭芭拉・塔夫特（Barbara Taft）的女人。博爾蕭遭謀殺後的十六年間，芭芭拉和她丈夫約翰・塔夫特（John Taft）離婚了。塔夫特當年被警方偵訊時，曾要她替他保守一個祕密，雖然兩人離異，她仍繼續替他保密。這時她告訴警方，塔夫特聲稱博爾蕭遭謀殺那天和她在家，其實不然。她說他那整天表現都很奇怪，她夜裡醒來，望向窗外，發現他在花園裡燒東西。

警方在博爾蕭遭謀殺當時偵訊塔夫特，他聲稱從來沒見過博爾蕭。但塔夫特得知前妻的陳述，加上他血液樣本的ＤＮＡ符合我們設法從博爾蕭睡衣上精斑搾出的ＤＮＡ圖譜時，因而改變了說詞。塔夫特在一間玻璃公司上班，曾經去博爾蕭家為公司報價，之後他和博爾蕭顯然成了情人。他要求妻子替他做不在場證明，因為博爾蕭死去那天，他其實在博爾蕭家，而且曾和她性交，不過他堅持他離開時，博爾蕭還活著。

除了DNA圖譜，還有其他對他不利、與其DNA連結較弱的證據，包括在塔夫特住處、工作處附近的一間電話亭找到一隻長襪，裡面有博爾蕭的一些珠寶。一九九九年十一月，塔夫特因謀殺博爾蕭一案被判有罪，處以無期徒刑。

我們非常幸運，在鑑識資源和鑑識聯盟公司都有些傑出的科學家擁有特定的技術，讓我們能處理各式各樣的案件。其中一人是位非常有趣的科學家鮑柏・梅耶斯（Bob Mayes），他之前曾經領導過英國皇家空軍的毒理學小組。其實，梅耶斯知道一個南美直升機飛行員的研究，後來默西賽德警局委託調查另一樁懸案，他的這項知識成了破案關鍵。

一九九八年十月，一名四十三歲的事務律師雪柔・路易斯（Cheryl Lewis）跟男友在埃及路克索（Luxor）度假時，死於一間旅館客房裡。雖然路易斯身上發現少量的氰化物，但要解讀這證據的意義並不容易，因為氰化物在血液中不安定，只要血液樣本沒有妥善保存，其中的氰化物就可能消失。某些罕見的情況下，腐敗過程中也可能產生氰化物。在此案中，驗屍之後判斷死因是強力的不明刺激物造成胃出血。

路易斯顯然立了一份遺囑，將她男友——四十八歲的工業化學家約翰・艾倫（John Allan）——訂為唯一的受益人。據她家人的說法，她這麼做很不尋常。所以我想，路易斯過世幾個月後艾倫的新女友珍妮佛・修斯（Jennifer Hughes）因胃痛而緊急送醫之前，他們已經開始懷疑艾倫了。幸虧修斯活了下來。雖然檢驗結果沒有定論，但艾倫立刻被捕。

一開始就參與此案的警察仍然強烈懷疑艾倫，顯然是由於他頑固的決心，最後才說服史密斯委託我們看看這樁案子。

我們的調查是由另一位傑出的毒理學家艾力克斯・亞倫（Alex Allan）主導，他對於任何可以毒害東西擁有百科全書般的知識，毫無例外。我們檢驗路易斯的血液和她未被檢驗過的其他各種身體樣本，發現硫氰酸鹽（thiocyanate）的濃度高到無法忽略。硫氰酸鹽是氰化物的分解產物，也可能是吸菸造成的。其實我們也在樣本中找到尼古丁和尼古丁的代謝物「conicotine」。路易斯顯然菸癮很大，因此辯方不理會這些發現，指出更重要的是她體內有大量的氯奎寧（chloroquine）。

辯方因此主張，路易斯真正的死因是氯奎寧過量，這是她服用瘧疾藥物中的有效成分。而梅耶斯所知的南美直升機飛行員研究，成了判斷那項主張是否成立的關鍵。該研究的焦點是飛行員服用瘧疾藥物之後，死於直升機墜機。結果顯示，所有人血中都有高濃度的氯奎寧，氯奎寧在他們死後從肝臟中釋出，是死亡造成的結果，而不是死因。

艾倫審判當時的媒體報導時常指出，「尼羅河之死」是艾倫把氰化物加入路易斯那晚喝的琴通寧調酒裡的結果。但我們認為比較可能的狀況其實天差地遠。

艾倫被捕時，警方在路易斯的公司車中找到四塊氰化鈉磚，路易斯死後，是艾倫在開那輛車。我們檢驗氰化鈉磚時，發現其中一塊似乎被刮掉一點。如果少掉的那塊多被挖掉一點，就足以做成幾粒和抗瘧疾藥丸同樣形狀、大小的「藥丸」，艾倫可能當作抗瘧疾藥丸給路易斯吃。這無疑能解釋原始驗屍時，發現她胃黏膜一些小區域有明顯變薄的現象。或許也是她躺在旅館床上性命垂危的時候，艾倫不肯替她做口對口人工呼吸的原因。如果艾倫知道快要害死她的是氰化物，他一定不想冒著自己中毒的風險直接和她接觸。

病理學家艾迪・塔普（Eddie Tapp）博士說，路易斯胃黏膜變薄的情形，是由於和腐蝕性的物質接觸。在潮溼環境下，氰化鈉會形成氫氧化鈉——也就是水管疏通劑！亞倫也在脾臟的深層組織中發現氰化物，他的結論是，有強烈證據顯示是氰化物導致路易斯死亡。另一個可能是，氰化物是來自埃及使用的防腐處理液和產生氰化物的植物，不過亞倫排除了這些可能性。

二〇〇〇年三月，艾倫因毒殺路易斯被定罪，判處無期徒刑。艾倫被捕，很可能及時救了修斯一命；修斯因胃痛送醫之後幾星期，準備和他去埃及度假。

到了二〇〇〇年，我們已經為默西賽德警局做了許多工作，因此決定在沃靈頓（Warrington）附近柴郡（Cheshire）的里斯利（Risley）就近設立另一間實驗室。設立實驗室時，我們得到不少幫助，其中有兩位才華洋溢的鑑識生物學家，潔瑞．戴維森（Gerry Davidson）和安迪．戴維森（Andy Davidson）。潔瑞參與過我複查的一樁案件，我對她在案中的表現印象深刻，之後去了格拉斯哥的史特拉斯克萊德警局實驗室把她挖角過來。潔瑞替我們工作時，她丈夫安迪也來了。

史密斯找我們調查的另一樁懸案正是由潔瑞主導。此案是酒吧店主的謀殺案，也是史密斯由警局退休之前最後一樁大案件。

一九九八年，南利物浦發現了菲利普．李（Philip Lee）的屍體，報紙稱他受到「惡名昭彰的同志狩獵」，一年後，洛伊．喬詹森．克里斯騰森（Roy Jorgensen Kristensen）在完全無關的案件中，因搶劫罪被捕。克里斯騰森接受警方偵訊時，「私下」承認殺死了李。他不肯在錄音中重述他的自白，而證據不足以起訴他。不過他似乎對李的那輛奧斯丁Maestro後車廂裡的內容物瞭如指掌，李的車子被人發現拋棄在距離犯罪現場一段距離的地方，因此警方慎重看待。

李死後兩年，警方設法在一場汽車拍賣會中追蹤到克里斯騰森的那輛雷諾Megane。潔瑞的調查重點，是兩輛車之間纖維二度轉移的一些潛在證據。原始調查中，警方從李的車上採集了採證膠帶，檢視採證膠帶時，發現少量醒目的橘紅色聚酯纖維，看起來很像克里斯騰森那輛雷諾的採證膠帶上的纖維。顯微分光光譜儀分析能提供詳盡的纖維顏色特徵，我們查看染整工業的資料庫時，發現這些特徵符合一種染料，這是由一家藥廠供應給汽車產業使用。

最後，有更多詳盡的檢測確認了兩輛車找到的纖維來自同一批次。我們取得雷諾的品質保證檔案之後，設法靠著染色批次的變化，證明了那些纖維非常可能來自克里斯騰森汽車的坐椅。因此某個人很可能進過那兩輛車。

雖然我們似乎快找出證據顯示克里斯騰森涉入李的謀殺案，但我們還沒解開史密斯最後那個大案子，他就退休了，共在默西賽德警局服務三十四年。幸好此案**真正結案**時，他已經接下鑑識聯盟公司的一個新職位，擔任事業開發經理。二〇〇四年一月，法庭採納證據之後，克里斯騰森對於謀殺李的罪名認罪，判處二十二年徒刑，與他已經在服的無期徒刑合併執行。

鑑識科學在一些懸案犯下之後，已經有長足的發展——尤其是ＤＮＡ鑑定技術。不過從不同角度——運用我們經驗增長而累積的知識——來看這些案件，加上堅韌的決心，也是幫忙破案的另一個因素。我們證實了自己的能耐，不久之後，我樂觀的預言就成真了，我們招募新員工，成立新實驗室、拓展鑑識聯盟公司，同時努力消化不斷湧入的工作。

22 下一階段

科學就是用完全系統化的方式，回答和我們自己與周遭物質世界有關的問題。那麼一來，我們才能解決問題、擴展眼界，更了解行為的動機、從何而來，以及接下來可能發生什麼事。鑑識科學和其他應用科學不同的是，鑑識科學幾乎不斷提醒我們，人類做得出不大光彩、有時純粹邪惡的事。看到他人犯罪活動的直接結果恐怕有點令人沮喪，幸虧我的那種感覺來得快、去得快。通常必須去做一些急迫、有時特別有趣且感到值得的事，這樣有助於這種感覺迅速消散。

我們除了參與和鑑識生物學、化學、毒理學和藥物有關的案件，也在鑑識聯盟公司位於里斯利的設施中成立了一小個槍械小組。這個小組是專門建造且裝備精良，內有槍械檢查工坊、衣物等物品的檢查室、一塵不染的ＤＮＡ實驗室，還有一間戒備森嚴的軍械庫，附設高科技隔音室，可以在那裡安全地擊發槍械。槍械小組的主管是來自北愛爾蘭的槍械專家兼化學家菲利普・博伊斯（Philip Boyce），他的妻子瑪姬（Maggie）是經驗非常豐富的鑑識生物學家，也加入了我們。而槍械小組一年最多可以接下八百樁案件。二〇〇三年九月，槍械小組正式開張，為我們的服務增添了全新的領域。

我們總是嘗試改善服務品質與提供狀況，設法控制實驗室的環境。原本是由警方負責運送證物進出實驗室，但有時運送的狀況並不理想。所以我們有個主意——提供免費的證物收送件服務，這想法後來大受歡迎。

我也繼續發表演講、為報紙寫文章和投書；我在我的生涯中幾乎一直都這麼做。大部分的內容都是鑑識科學的運用與濫用，以及我們都需要小心確保大家正確理解、恰當運用鑑識科學。有分歧的時候，雖然鑑識科學非常有助於化解紛爭，但也可能誤導、造成混淆，導致司法不公。因此所有這些業外活動的目的，通常無關廣告，主要是表達我強烈關切、認為大家必須意識到的事——顯然只有在我受邀上台的時候！

我和同事一向擔心，有隨便哪種科學背景的任何人都能在法院中站起來，聲稱自己是鑑識學家。問題通常發生在辯方科學家身上，他們或許有厲害的科學資格，但時常根本不知道怎麼操作顯微鏡檢驗證物，或無法體認到一些發現（例如在某人毛衣內側胸前找到六根紅色尼龍纖維）在一樁案件的特定狀況下可能有什麼意義。缺乏了解，難免影響他們對證據效力和弱點的結論。雖然換作其他情況，可能只引來挖苦的微笑，但在刑事法庭導致的後果可能非常嚴重。

我為了處理這個問題，在一九九〇年代間和一些善意的組織合作（後來也包括鑑識科學服務中心），設法為鑑識科學引入一些從業人員認證系統。（這我和鑑識科學服務中心主任湯普森有完全的共識！）二〇〇〇年，鑑識人員登記委員會（Council for the Registration of Forensic Practitioners，CRFP）成立，我是創始者之一，之後成為第一位當選的委員會成員。於是我們首次有了一個認證系統，根據的是一名科學家一系列工作成果的獨立同儕評鑑，而不只是他們客戶的說法之類。可惜CRFP太龐雜、所費不貲，無法在相對小型的專業中生存，因此幾年之後就廢止。不過那時有些事已經改變了。比方說，我們有了一個鑑識科學監管局（Forensic Science Regulator，雖然尚沒有法律權力強制執行該局的建議），而且警方大部分鑑識服務的外部供應者，都必須達到國際標準組織ISO 17025的標準。

ISO 17025設下能力、檢驗與校正的要求，並且認為足以涵蓋CRFP系統主要的層面。但由於此標準的重點放在系統和實驗室的程序，而不是個人，因此不大能填補不足。而且ISO 17025當然沒處理那個嚴重的問題——並未要求辯方專家的成果得到認證，這問題至今仍然存在。所以自封的「專家」繼續誇大其資格，擾亂鑑識科學，可能對司法公正造成實際的威脅。他們通常無法找出科學證據真正的弱點，因此雖然法庭可能因為有他們的參與，假定他們能提供鑑識科學和鑑識學家亟需的安全網，但其實根本辦不到。

二〇〇一年，我獲選為鑑識科學學會（Forensic Science Society）主席。另一位候選人是鑑識科學服務中心的高階成員，他發起助選活動，走訪所有鑑識科學服務中心實驗室，散播這類的話：「投給蓋洛普就是反對鑑識科學服務中心」，我聽說時忍不住微笑，尤其是宣布結果時，鑑識科學服務中心許多科學家顯然都投給了我！

我擔任學會主席的任期，有三個主要目標。首先是加強學會的管理，使之現代化；第二是開始建立一些基礎，將學會轉變成鑑識科學的專業機構；第三個目標是發展當時嶄新的大學評鑑計畫，力求改善大學的鑑識科學教學內容。

我特別在意第三個目標。一些課程（尤其是大學部課程）的情況犧牲了基礎科學，教授內容糟糕的實作鑑識科學。其實，我們在鑑識聯盟公司面試新員工時，已經看到令人失望的後果。這計畫是由前任主席——史特拉斯克萊德大學鑑識科學中心（Centre for Forensic Science）的布萊恩·卡迪（Brian Caddy）教授創立；我在二〇一六年成為鑑識科學中心的策略主任，那裡是英國歷史最悠久、至今仍然數一數二的鑑識科學學術中心。我知道卡迪也非常認同資格認證。但我也知道，我不可能完成所有我想做的事。也許人生就是如此。

鑑識科學涵蓋的科學領域非常廣泛，我們不會雇用所有領域的專業人士，而是和各種專家合作，在需要時尋求協助。比方說，我們案件遇到任何和昆蟲有關的事，都由倫敦自然史博物館（Natural History Museum）優秀的人士處理——先是肯．史密斯（Ken Smith），之後是馬丁．哈爾（Martin Hall），有時也會請教劍橋大學的札卡利亞．厄辛斯里歐格魯（Zakaria Erzinçlioglu，綽號札克博士）。不過最後，我們決定該有自己的昆蟲學家了。我們請來約翰．曼樂夫（John Manlove），那是英國第一次有昆蟲學家在主流鑑識實驗室工作。

我們很快就了解，昆蟲學和其他領域的專業息息相關，因此最後發展出一個全新領域的鑑識科學，稱之為「鑑識生態學」（forensic ecology），但其他人通常稱之為「那個學」。這下子我們有了人類學家和考古學家、土壤專家（也能分析貴寶石）和孢粉學家（研究花粉粒的專家）以及昆蟲家，就能為埋藏的屍體與戶外微物跡證有關的案件提供全面支援。雖然鑑識生態學並不是很大的領域，但牽涉到鑑識生態學的案件多得驚人。鑑識生態學也成為拓展調查廣度的另一種辦法。

運用鑑識昆蟲學的一個例子是我們為泰晤士谷警局調查的一案——一具屍體俯臥在滿水的溝渠中。曼樂夫檢查屍體時，發現死者上衣胸前的釦子上有一些蠅類的卵和蛹。蠅類不會在水下產卵，所以他判定那個男人有段時間是仰躺著，之後才被翻過來放進溝渠裡。換句話說，看起來凶手（可能是一至多人）事後回到現場，移動了屍體。曼樂夫的報告對警方調查非常有幫助，逮捕凶手後，凶手承認他們的作為，結果和他推測的一模一樣。

隨著科技持續進步，生活形態隨之改變，調查員也開始意識到手機和個人電腦上儲存的所有資訊多麼重要。因此，二〇〇一年鑑識聯盟公司和當地的沃貢（Vogon）電腦分析公司成為合作夥伴。這樣的合作證實非常寶貴，讓我們發掘電子產品中，能和傳統證據，如指紋和DNA鑑定結合的各種新資訊。我們甚至能查詢安裝在設備（例如洗衣機）上的電子裝置，查明最後使用時間、選擇的模式。

然後，二〇〇二年，原子能管理局突然宣布他們有意併購鑑識聯盟公司。這消息有點驚人。但我想，他們看出我們已經度過了財務危機，希望進一步控制我們的公司。史托克戴爾早幾年退休了，所以是由我和帕默提出合理的要求。如果原子能管理局能買下這間公司，我們至少也該有機會提出自己的價碼，畢竟之前我們借了超過三百萬英磅成立這個事業。所以我懷疑他們之所以同意，是因為他們相信我們絕對無法在規定的短短兩個月內籌到需要的錢。突然間，找金主的比賽開始了。

我和帕默首先想到的是克羅斯兄弟投資公司（Close Brothers Growth Capital，CBGC），也就是從前成立鑑識聯盟公司時熱情歡迎我們的公司。不過當年他們無法支持，是因為我們希望得到創業資金，但一如其名，他們只支持成長。這時就不同了。

多虧了才智過人的比爾・克羅森（Bill Crossan）和蓋瑞特・庫蘭（Garrett Curran），我們多少在當初同意的時限內湊齊了錢。其實，後來發現ＣＢＧＣ是絕佳的生意夥伴，接下來三年中，我們讓事業走上令人興奮的新方向。

二〇〇四年，鑑識科學服務中心伯明罕實驗室的幾位科學家，聽說了鑑識聯盟公司在專業方面的進展而找上我們，希望加入。我們喜獲人才，加上樂觀覺得可以招徠足夠的工作，於是為他們在史塔福德郡的坦沃斯（Tamworth）成立了實驗室。這麼一來，除了其他種種好處，我們也有待命單位可以支援西密德蘭（West Midlands）警局，那是該郡第二大的警局。現在說來好簡單。但當時我和帕默焦慮得很，因為不難想像如果無法招徠足夠的新工作，平衡額外開銷，會發生什麼事。

我們和ＣＢＧＣ合作之後，終於得以在里茲的皇家軍械庫博物館（Royal Armouries）成立專屬的槍械實驗室。新單位在二〇〇五年揭幕，包括一個全長的靶場，一間槍械工坊、一個彈道比對實驗室，以及其他負責從槍械與彈道材料上取得ＤＮＡ與指紋的實驗室。槍械實驗室讓我們在同一地點完成所有和槍械相關的事情，也表示我們的客戶可以輕鬆利用軍械博物館的專家，和他們二萬五千件槍械與彈藥的收藏，以及等量的銳器武器收藏。

新實驗室開張之後，我們關閉了里斯利的槍械小組，把那裡改成了毒品實驗室，結果很受北英格蘭的客戶歡迎。里茲的小組至今仍在營運，是全國警方調查複雜案件的一大優勢。比方說，如果那裡的科學家想找出使用的槍械或彈藥是哪一種，或想試射某種罕見的彈藥，只需要從實驗室越過走廊，和皇家軍械庫博物館的傑出人員合作就好。

約莫在里茲的實驗室要開張時，我們也和英國最大的鑑識病理學家團體——鑑識病理學服務中心（Forensic Pathology Services，ＦＰＳ）聯合，開始替他們提供所有的行政服務。當時我們做的一件事是幫忙測試新的總部資訊科技系統（Home Office IT），這系統是設計用來專業地提交他們的服務。另一件事是為他們建立一間內部的組織病理學實驗室（為主流鑑識實驗室首開先例），並且為他們的樣本設置新的控溫檔案室。這樣的檔案室很重要，可以確保樣本保存在最理想的環境。所以如果發生任何事，也許多年後對某人死時的狀況浮現新的疑問，樣本仍然可以拿來做毒品或ＤＮＡ等的檢測。

23 是真相還是掩蓋真相？

我們在懸案方面十分成功，加上我們順利交付「例行」工作，因此被託付的調查愈來愈敏感。這些年來，處理過許多知名的案件，其中有些案件的科學調查完全由我們包辦。另一些案件只委託檢視特定的部分。黛安娜王妃死後一段時間，我們參與的一個調查就是這種情形。

黛安娜王妃和她的同行者多迪・法耶茲（Dodi al-Fayed）與司機亨利・保羅（Henri Paul），在一九九七年八月三十一日，死於巴黎的一場車禍。王妃的保鑣崔佛・李瓊斯（Trevor Rees-Jones）也身受重傷。二〇〇四年，也就是事發的七年後，大都會警局局長約翰・史蒂文斯（John Stevens）爵士受王室驗屍官（Coroner of the Queen's Household）和薩里郡（County of Surrey）所託，調查車禍相關的一些事項。驗屍官特別想知道的是，是否有證據證明多迪的父親穆罕默德・法耶茲（Mohamed Al-Fayed）與其律師團指控的英國政府高層謀殺陰謀。

接下來的龐大調查被稱為「佩吉特行動」（Operation Paget）。除了偵訊超過三百名證人，執行了五百次行動，此行動也取得超過六百件物證供檢驗分析，而且是有史來最全面的意外現場重建。

我們受託幫忙澄清三個面向：（一）黛安娜王妃死亡時是否有孕在身？（二）認為來自保羅的血液樣本中，酒精濃度超出英國合法駕駛的酒精濃度上限一倍，這個樣本是否確實屬於他？（三）黛安娜王妃與同行者乘坐那輛賓士的車禍，是否能合理排除媒體攝影師詹姆斯·安德森（James Andanson）那輛淡色飛雅特牽涉其中？安德森的妻子宣稱，事發當晚她丈夫和她在二百七十四公里外。三年後，安德森自殺了。雖然安德森死後，他的辦公室遭到「可疑」闖入，但只有幾樣器材遭竊。

黛安娜王妃疑似有孕的鑑識調查，是由大衛·考恩（David Cowan）教授主導，他當時是倫敦國王學院（King's College）鑑識科學與藥物監控學系（Department of Forensic Science and Drug Monitoring）主任。工作分為兩大部分。第一是確認由黛安娜王妃採取的血液樣本，是否含有任何懷孕荷爾蒙——人類絨毛膜促性腺激素（human Chorionic Gonadotropin，hCG）；第二部分是尋找是否有證據證明她可能在服用避孕藥。

黛安娜王妃在車禍後接受輸血，使得懷孕檢驗更棘手。因此最適合檢驗的樣本，是車裡她坐位下擱腳處地毯取得的一些血液。考恩的團隊表現傑出，發展出適用於凝固血液的懷孕檢測；我們在先前無關聯的研究中，從孕婦身上採取一系列樣本，當作較久的血液樣本控制組。也萃取黛安娜王妃胃部內容物的樣本，檢驗避孕藥的殘留物。

最後，以上所有檢測的結果都是陰性。這表示黛安娜王妃過世時非常可能沒有懷孕，而且沒有在服用避孕藥。依據史蒂文斯爵士的說法，這結果符合她家人、朋友的證詞——看不出她懷孕的跡象。

至於應該來自保羅的血液樣本，我們用ＤＮＡ檢測確認那確實是他的血。所以並未像謠傳的，是用別人的樣本調包。因此保羅血液中的酒精濃度必定和報告中相同。

最後，我們拿相撞汽車轉移到賓士車上的淺色漆抹痕和保險桿材質做檢驗。結果顯示，該輛汽車可能是一輛飛雅特的Uno，但沒有任何證據顯示就是安德森的那輛。一個問題是，現場在保留撞車相關證據方面做得不是很好——不論是另一輛車，或是隧道壁。

調查也檢視了一些其他的說法，包括主張法耶茲和黛安娜王妃訂婚的說法。史蒂文斯爵士（這是當時的頭銜）看過所有結果之後，在二〇〇六年十二月和他的團隊提出了一份報告。他們的結論是，雖然高層被指控犯下惡行或掩蓋真相，但沒有證據支持這種指控。

我們處理過的另一個敏感案件，和前武檢人員與伊拉克的一個聯合國特別委員會（UN Special Commission）有關。

大衛·凱利（David Kelly）原本是為英國國防部工作，二〇〇三年BBC發布一份有爭議的伊克拉報告，指稱他為消息來源，從此被推進聚光燈下。報告的焦點是挑戰英國政府的主張——伊拉克有大規模毀滅性武器，能在四十五分鐘之內部署完畢。二〇〇三年三月英美聯軍入侵伊拉克，據稱出自凱利博士的評論成了頭條新聞後，一個外交事務專責委員會（Foreign Affairs Select Committee）審訊了他。兩天後，他被人發現陳屍於牛津郡家附近的一處樹林裡。由於當時事態敏感，凱利之死恐怕免不了令人懷疑高層有不法活動與陰謀，就像黛安娜王妃當時那樣。

我們受託調查此案時得到的資訊是，凱利博士在二〇〇三年七月十七日下午離開家中去散步。他一直患有憂鬱症。所以那晚他妻子報告他失蹤，非常情有可原。

隔天早上，在蕁麻和懸鉤子的下層灌木中發現了凱利博士的屍體，犯罪現場調查員在屍體上方和周圍區域架設了一個帳篷，以免天候影響。屍體旁發現一把刀，以及一瓶水、一包強力止痛劑，止痛劑中含有右旋普帕西芬（dextropropoxyphene）和乙醯胺酚的傳統配方。

泰晤士谷警局委託我們參與調查。葛林勘察犯罪現場，然後檢查那裡取得的衣物和其他多項證物上的血跡形態和破損等等。而亞倫得到總部的病理學家尼克·杭特（Nick Hunt）博士由屍體取得的樣本後，負責提供毒理學分析。

杭特在現場檢查屍體時，注意到屍體的左手和手腕染滿了血。後續驗屍時，杭特發現沒有證據顯示凱利博士死前受到持續、激烈的攻擊，或曾經被人用其他方式拖行或移動到發現屍體的地方。他發現左腕下側有些深深的割痕，割痕切斷了幾條血管，包括尺動脈。杭特解釋道，這是自殘的典型模式。

病理學報告的結論是，手腕上的傷是凱利博士的主要死因，此外他也服下大量止痛劑，一些不曾診斷出的潛在心臟疾病也有些影響。

葛林在一些關鍵證物上的血跡狀態和分布狀況得到的結果，支持了病理學報告的結論。那樣的血跡形態是典型的動脈血跡，顯示凱利博士受傷處就是他屍體尋獲的地方。

警方交由我們在實驗室檢驗的證物中，有些從凱利博士屍體和手機取得的拭子、一些指甲屑和毛髮，及現場找到的手表、水瓶和刀子。此外凱利博士書房裡的一台相機和一些攪碎的紙張，由檔案證據有限公司（Document Evidence Ltd.）進行重建。

亞倫在屍體採取的樣本中發現濃度較高的右旋普帕西芬，在胃內容物中找到一些未溶解的藥丸，水瓶口周圍則有微量的乙醯胺酚。這一切都符合凱利博士吞進一些藥丸、用水瓶裡的水嚥下的情形。

從現場取得的衣物和其他證物上的血跡狀態與分布，也能推斷出其他一些事。例如凱利博士手腕上大約十一道割傷，很可能是染血的刀造成。凱利博士在過程中脫下手表。血從他受傷的手腕噴到衣物和周圍的表面上。此外，凱利博士受傷之後，跪到他自己的一灘血中，喝了水瓶裡的水。

現場發現的強力止痛劑右旋丙氧酚（Co-proxamol）的泡殼包裝上沒有血跡。不過一個包裝上有可能來自凱利博士的DNA，顯示他受傷前動過包裝。

經過一系列的詳盡檢驗和調查，結論是有強力的證據顯示，現場所有的血都來自凱利博士，只有他喝過水瓶裡的水。此外，雖然不能絕對排除凱利博士死於他人之手的說法，但證據並不支持。

有鑑於此案的敏感性，發現屍體後，英國首相東尼・布萊爾（Tony Blair）立刻委託調查這樁死亡案件。二〇〇四年一月發布的報告中，赫頓（Hutton）勳爵判斷凱利博士割腕自殺。為了不讓家人受到更多折磨，赫頓勳爵要求將病理學和毒理物學報告在七十年內設為機密。但由於死亡事件仍然疑雲重重，那些報告最後仍在二〇一〇年公開。結果即使是這些報告也無法減輕大眾的懷疑，因此檢察總長多明尼克・格里夫（Dominic Grieve）接受請願，重啟調查。

檢查所有證據（包括確認我們的毒理學分析與結論）之後，格里夫判定，有壓倒性的強力證據證實凱利博士結束了自己的生命。他的報告也指出，赫頓勳爵調查實際的作用是死因調查，而沒有證據顯示凱利博士是遭謀殺，或有任何陰謀或掩蓋事實的情事。

我們身為鑑識科學家，體認到事情看起來不合理時，能挑戰當局和他們仰賴的專家的重要性。但也體認到，考慮全局、不只著眼於個別面向有多重要，否則最後可能會誤導人，產生不必要的疑慮。對科學家而言，上述這兩案看起來都很牢靠。然而，陰謀論者的疑慮之難平息，實在惡名昭彰，我能理解科學證據可能無法消滅懷疑。

24 瑞秋・尼可案

有時候，缺乏證據這情況本身也是個線索。鑑識科學其實通常依賴的是狗吠聲——發現跡象，然後設法想出為什麼。然而，偶爾重要的是為什麼預期狗該吠的時候，狗卻沒吠叫。而尼可之死的調查案似乎就是這種情形。

一九九二年七月十五日，二十三歲的瑞秋・尼可（Rachel Nickell）和她的稚子與他們的狗在倫敦溫布頓公地（Wimbledon Common）散步，受到似乎是性動機的攻擊，遭遇至少四十九次個別的刺傷後死去。

她下半身衣物被拉下，裸露的各部位用採證膠帶採樣。大都會警局鑑識科學實驗室的科學家用這些樣本進行DNA鑑定，希望能找到一些尼可的先生或二歲兒子之外的男性DNA。科學家絕擁有適當的資格與經驗，絕對能勝任。但有時候就是會有遺漏——人生就是這樣。不過這案件的問題是，他們不只沒找到任何男性DNA，是任何DNA都沒找到。顯然他們沒有停下來想想為什麼。如果想過，就該意識到有問題——採證膠帶上應該布滿尼可自己的皮膚細胞與DNA才對。

大都會警局偵訊過幾名可能的男性嫌犯之後，把注意力轉向一名當地人，柯林．史塔格（Colin Stagg）。他們深信史塔格有罪，但沒有證據顯示他涉案，因此組織了一個所謂「美人計」的行動。有幾個月的時間，一名臥底的女警佯裝對史塔格有意思，目標是讓他承認謀殺了尼可。史塔格從來沒「承認」謀殺，卻仍在一九九三年八月被捕。一年後，史塔格在中央刑事法院受審，法官排除了誘補證據，而檢方撤銷告訴，史塔格宣告無罪。

二〇〇二年，鑑識聯盟公司參與尼可謀殺案的懸案調查（代號是埃澤爾行動〔Operation Edzell〕），我讓葛林負責這份工作，由幾名同事協助。這案子的化學部分是邁克．戈恩（Mike Gorn）負責、克萊兒．羅瑞（Clare Lowrie）負責毛髮和織物纖維、DNA分析則由麥當諾處理，艾普．羅布森則被指派為首席鑑識人員。

我們設定檢驗優先順序，是依據我們認為怎樣最有助於找出凶手。尼可的衣物在攻擊中被弄亂了，因此可能可以在衣物上找到攻擊者的一些DNA。所以我們做的第一件事，是檢驗從她和二歲兒子艾利克斯身上取得的衣物。接下來，檢驗了屍體的樣本（指甲屑和指甲縫遺留物）和尼可屍體私處取得的採證膠帶。精液向來是DNA的好來源。不過鑑識科學服務中心的科學家沒在尼可身上找到任何精液，所以我們預期要找出更小的微物跡證。第三階段我們會檢視從溫布頓公地犯罪現場和一干嫌疑人取得的各種證物。之後，加上了第四階段，更仔細地檢視鑑識科學服務中心從關鍵證物上採取的碎屑。

我們要找的，是任何能將此案和先前類似案件連起來的線索。不過我們的調查沒聚焦在任何人身上。當時英國一罪不二罰的相關法令還沒變更，而史塔格已經獲判無罪，因此不能再以謀殺尼可受審。然而，警方仍然懷疑他，雖然我們沒把重點放在他身上，但也沒有自動排除他。

葛林為了協助調查的第一階段：尋找可能來自攻擊者的「外來ＤＮＡ」，在實驗室中設置重建實驗。目標是設法找出尼可的攻擊者掀起她上半身衣物、脫下她下半身衣物時，最可能碰到衣物上哪些特定區域。另一位科學家穿上和尼可類似的衣物（套在現場調查服外）。然後葛林扮演攻擊者，雙手撒上黑色粉末，推拉那些衣物，直到衣物變得像尼可屍體發現時的狀況。殘留黑色粉末的地方，就是接觸最頻繁的地方，是我們應該集中注意、檢驗的區域。

過程中，我們發現一些有趣的事，有些認為如果原始策略一無所獲，可能值得回頭來看。然後在開始進行第二階段時，我們發現了此案的「切入點」。

鑑識科學服務中心科學家檢驗尼可屍體的採證膠帶時，採用的ＤＮＡ鑑定檢驗法是微量ＤＮＡ鑑定（Low Copy Number，ＬＣＮ）。微量ＤＮＡ鑑定是標準ＤＮＡ鑑定

（短縱列重複序列）的變化版本，做法是倍增（擴增）少量ＤＮＡ中重要的一小部分，直到足以分析的量。標準檢驗需要二十八回合的擴增循環，微量ＤＮＡ鑑定則是三十四回合。

要得到恰當分量的ＤＮＡ檢驗，需要很小心——如果量太少，就不會得到任何結果；太多則可能掩蓋（抑制）反應。我想原始調查的情況大概是，科學家認為尼可身上只有非常微量的**男性**ＤＮＡ（甚至沒有），所以用了最敏感的技術。由於沒檢測到任何可能來自攻擊者含有ＤＮＡ體液，所以這樣的預期很合理。問題是，他們沒停下來想想，為什麼他們不只沒找到任何男性ＤＮＡ（其實不那麼意外），甚至也沒找到任何尼可的ＤＮＡ。

我們採用了不同的方式。通常都是從標準檢驗（二十八回合循環反應）開始，以便得到萃取液中含有哪些ＤＮＡ的基線。然後只在覺得恰當的時候，才進一步做微量ＤＮＡ鑑定。我們也一向會為ＤＮＡ萃取液準備稀釋劑，因為如果反應受到任何因素抑制（例如ＤＮＡ的濃度或一些背景化學汙染物的濃度過高），就會得到警示。

檢驗鑑識科學服務中心採證膠帶的萃取液時，用二十八回合循環反應的標準方式得到混合的圖譜。主要的組成看起來來自尼可本人，但一些次要組成來自一名男性。接著用三十二回合循環反應的微量ＤＮＡ鑑定檢驗同樣的萃取液（和鑑識科學服務中心的檢驗相同），結果反應顯然有過度擴增的情況，導致ＤＮＡ過量，無法得到任何結果。

我們對微量的男性ＤＮＡ十分好奇，於是回頭找了原始的私處（陰道和肛門）採證膠帶，重新取樣，製作萃取液。接著按之前的方式檢驗這些萃取液。在做ＤＮＡ鑑定時，總是檢驗重複的樣本，如果兩個樣本得到同樣的結果，才能確認結果準確。這只是ＤＮＡ鑑定需要的另一種制衡做法，這種做法在此例中有助於區分真正的結果，和過程中導入的人工產物及／或樣本特性造成的結果。我們在肛門的採證膠帶得到尼可的完整圖譜，此外雖然有其他結果，但重複檢驗並未證實。不過陰道的採證膠帶即使在二十八回合環循反應也得到尼可的主要結果，以及男性ＤＮＡ的次要結果，可惜不足以分辨可能來自誰。

我們一向不大喜歡微量ＤＮＡ鑑定。這種技術代價高昂，而且曾受到一些很糟的輿論批評。比方說，在奧瑪哈（Omagh）爆炸案，大法官威爾（Weir）就推斷微量ＤＮＡ鑑定「不可靠」，而檢驗結果沒有定論。調查瑪德琳．麥肯恩（Madeleine McCann）於葡萄牙一間旅館的失蹤案時，微量ＤＮＡ鑑定顯示她父母在她失蹤後數星期租的汽車後車廂裡，有些麥肯恩的ＤＮＡ（但結果並不可靠）。因此我們判斷，這是採用不同方式的理想機會。我們要做的是把萃取液弄乾淨、濃縮，盡量除去無關的物質，例如鹽類和雜質，因為這些物質可能抑制ＤＮＡ反應；並且微調設備的運作環境，讓過程最佳化。

所以用不著借助微量ＤＮＡ鑑定所需的額外擴增循環，徒增麻煩，但仍得到一樣好（甚至更好）的結果。

工作主要由我們在細胞標記公司的同事負責，而葛林確保他們儘快完成，因為此案特別需要持續有進展。最後，花了將近兩年的時間才完成。不過以結果而論很值得，而這種技術——稱為「3100增強技術」（3100 Enhancement）——很快就變成我們ＤＮＡ服務的標準內容。

麥當諾接著用我們從私處採證膠帶上取得的萃取液做其他ＤＮＡ檢驗，盡可能得到更多資訊。這些檢驗中有兩種：Powerplex Y和Y-Filer，非常適合處理男／女性的混合ＤＮＡ，處理時只針對男性的組成（Ｙ染色體上的標記），在此案中就會忽略來自尼可本人的任何ＤＮＡ。第三種檢驗，稱為Identifiler，檢視的ＤＮＡ區域比短縱列重複序列檢驗更多，因此比較有鑑別力。全部完成之後，我們有許多資訊可以在國家ＤＮＡ資料庫進行搜尋。

葛林在調查滿早期的時候就注意到，尼可凶手的作案手法和一個名叫羅勃特·奈帕（Robert Napper）的男人有許多相似之處。一九九五年起，奈帕就因謀殺另一名年輕女性和她四歲的女兒而拘禁在布羅德莫醫院。我們調查尼可謀殺案，把樣本萃取出的ＤＮＡ輸入國家ＤＮＡ資料庫，結果比對吻合的對象正是他。

DNA的結果以完全正確的方式表達，非常重要，因為統計數據很容易曲解，造成誤導。麥當諾是這麼描述此案的統計數據：「如果DNA來自和奈帕無關的人，取得已確認的短縱列重複序列組成的機率大約是一百四十萬分之一……以我之見，這些短縱列重複序列鑑定檢驗的結果，替陰道採證膠帶（WL/4B）取得的DNA中的次要組成來自奈帕（而不是與他無關的其他男性）的主張，提供了『**極強力的科學支持**』。」

這結果很理想。不過為求確認（而且一旦找到一個線索，時常就開始找到其他線索），我們開始尋找更多的關聯。尋找關聯的一個地方，是奈帕的一些所有物，幾年前警方將那些東西歸還給他之後就存放在布羅德莫，不曾動過。警方的調查員對一個漆成紅色的工具箱特別有興趣，那工具箱顯然令奈帕非常焦慮。我們發現尼可兒子的一些頭髮梳取物中有細小的紅漆碎片之後，也對工具箱燃起了興趣。戈恩比對油漆碎片和工具箱上的漆，結果吻合。此外，碎片一側的一層金屬顯示為鐵——正是工具箱的材質。

我們一如往常，仍然想著犯罪現場，思考那裡是否有任何東西可能提供和奈帕的關聯。我們考慮到一件事。尼可遭人攻擊的地方附近，有條騎馬道的泥巴裡有幾個鞋印。當時鞋印製作了翻模，其中一個是一隻鞋子的鞋根印，款式和奈帕一雙鞋的鞋根很像，但尺寸稍小。

在鑑識科學，如果一個痕跡（或其他任何東西）和懷疑的來源不同，即使只是一處有差異，除非有很好的理由，否則通常不能建立關聯。此案中，要找出是否**真有**「非常好的理由」，只能回到現場，然後就像哥哥傑若米說的——「做實驗」。所以不久之後，戈恩和葛林來到溫布頓公地，確認穿著類似的一雙鞋踩在同一區泥濘的地上會發生什麼事。他們發現，穿鞋的人抬腳踩下另一步時，會產生局部真空，將泥濘的泥土吸到鞋邊。他們接著為鞋印做了石膏模，和鞋子比對，發現泥巴裡留下的鞋印稍稍小於那尺寸的鞋子通常留下的鞋印。

這再次證明實驗有多重要。因為那個實驗證實了原始犯罪現場製作的翻模保存住的那個稍小鞋印，非常可能來自奈帕的鞋子。

奈帕面對壓倒性的證據（包括ＤＮＡ、紅漆和鞋印），在開庭審判時認罪。二〇〇八年十二月，奈帕減輕刑責，被判過失殺害尼可，無限期拘禁於布羅德莫醫院。

不過此案餘波未了。原始鑑識調查遺漏了證據，而且是鑑識科學服務中心的過失，表示他們可能弄錯其他案件的結果。因此警方發動了一個大規模行動，稱為「立方行動」（Operation Cube），目標是找出其他許多使用微量ＤＮＡ鑑定但未得到結果的案件。之後鑑識科學服務中心改正技術瑕疵，重新分析這些案件的結果。因此，一些人原本逃過重大刑案的刑事告訴，那時突然遭到起訴，而其他人也許因而證實無罪。

結案後，開始檢討時，鑑識科學服務中心聲稱犯錯的原因和年代與技術有關。換句話說，如果我們和他們一樣在一九九二年調查，應該得到和他們一樣的結果；如果他們像我們一樣是在二〇〇四年調查，其結果就會和我們一樣。但事實並非如此，至少在二〇〇四年不是。我給大都會警局的報告中做了完整的交待，解釋這問題其實有三個原因；他們也同意我的看法。首先，鑑識科學服務中心科學家急著使用他們最敏感的技術。使用那種技術，是因為他們知道檢驗尼可屍體取得的那種採證膠帶時，可能只有微量的男性ＤＮＡ。然而，他們沒考慮到也同時擴增了**她的**ＤＮＡ，而那些ＤＮＡ會掩蓋其他結果。第二個原因是，他們運用那種技術時，缺乏基本的預防措施。第三個原因是，他們並沒有停下腳步，納悶為什麼狗沒吠叫。也就是說，為什麼在樣本中沒找到任何尼可的ＤＮＡ。

或許我們的優勢是，我們當時處理了大量的懸案，因此逐漸建立、發展出自己的一套處理辦法。或許思考案件的方式，比鑑識科學服務中心的科學家全面，何況自從鑑識科學服務中心不再壟斷鑑識服務的市場，必須和我們這樣的公司競爭，他們的壓力更大了。他們在許多案件確實得到很好的結果，但無法確定他們一定能看出蛛絲馬跡。能看出蛛絲馬跡很重要，因為助於破案的關鍵突破常常來自小處。有時候，你只會看到某種跡象——就像眼角餘光瞥見幾乎無法察覺的動作一閃而過。尼可謀殺案的鑑識科學服務中心原始調查過程中，一閃而過的動作雖然存在，但他們的檢驗法沒感測到。但我們就是得追查這樣的東西，即使需要發展出新技術也一樣。我們以及在細胞標記公司的夥伴正擅長這種事，這也是我們成功的原因。

其實，我們為調查尼可謀殺案發展出的ＤＮＡ增強技術，之後也幫忙破解了其他幾樁案件，所以結果不錯。除了讓尼可的凶手定罪，其他許多案件也因為有這種技術支持而得以破案。這也是一大警鐘，提醒你不能光是做了檢驗就了事。你還得思考每個檢驗的結果在特定的脈絡下可能有什麼意義。因為詳細的脈絡除了對各項調查至關緊要，在每樁案件中也稍有不同。

25 事物的核心

過去四十五年中，我能保持客觀的原因是我喜歡人。這樣的性情讓我在求學階段幾乎沒有任何專業生涯可言，我關注的主要是朋友，而不是課業。但那之後，這種性情無數次發揮了功用。

每份工作絕對都要選擇恰當的人；這在各行各業大概都適用。我想，這些年來，我已經把這道理發揮得淋漓盡致，讓一些人轉換一系列的工作，直到找到最適合他們的職務。而我非常幸運，在成立、參與的所有公司中，能聘請一些優秀的科學家和行政人員，他們絕大多數都才華洋溢。

當然了，不是每個人都絕對適合。比方說，有個很親切的女人曾擔任行政職，一天到晚在講她龐大的家族和有趣的男友。她邀了幾個同事去她的婚禮，一天卻宣布取消婚禮，因為男友慘遭謀殺。幸好（以令人心碎的角度來看）最後真相大白，她男友、婚禮和謀殺案都是過度活躍的想像力編造出來的。她跟同事說的幾乎所有私事也一樣。這可憐的女人顯然有問題。但她讓員工心神不寧，有些人因為她遇到可怕的事而替她擔足了心。所以最後我們不得不請她離開。如果她從經驗中學到什麼，或許是和鑑識學家打交道絕對要直來直往——畢竟鑑識學家整個職業生涯中都在揭露真相！

優秀的科學家要成為優秀的鑑識科學家，需要非常專精的訓練。但如果在法院作證的人無法用夠淺白的語彙表達成果，或在激烈的交叉詰問中撐不住，那麼即使傑出的鑑識成果也失去意義。如何在訴訟律師提問時了解他們真正的意思，是我們在鑑識聯盟公司「專家證人訓練課程」探討的問題。訓練材料中，有一份文件叫〈法庭與如何出庭作證〉，包括下面列出的「律師解碼」。

- **謝了**（說得簡潔）＝「我得了一分。」
- **感謝**＝你可能沒說他希望你說的話，得分是「一平」。
- **我稍後再來討論這一點**＝「我的思緒中斷了，但我確定我有了點眉目。」
- **不知道能不能請教一下**＝在新戰線發動新攻勢。小心了！他什麼事都做得出來。
- **對**（尾音拉得很長，時常邊說邊轉向陪審團）＝他讓你上鉤，你正往他希望的方向去。
- **我了解你的立場，但我希望把重點放在你證據的這個部分**＝「這是你的證據中唯一有一點點希望的部分，給我小心一點，別離題。」

- **我只是小小的訴訟律師**（很可能是**或許你能用淺顯易懂的話來解釋**的前奏）＝「我除了律師資格，還有雙學位，一個是分析化學，我在你的技術論點中看到一個基本錯誤，現在要揭發了。」
- **你也許不覺得這是問題，但你能不能評論一下**＝「我知道這根本不是你的專業領域，但有你一句話，我的人生就會輕鬆很多。」
- **或許你知道（某某某），他／她今天就坐在我後面**＝「我有世界級的專家當你證據的顧問，所以你最好直接同意我說的所有事。」

訓練他們之後，通常會考驗有潛力的報告人，看看他們是否準備好上法庭了。首先會給他們一樁案子研究、寫報告。接著讓他們完全按照在法庭的情況作證、回答問題。盡可能讓情境逼真，確保面試者的心智和頭腦夠強韌，可以處理這種情境下的壓力。因此我們會調來同事（有時包括律師）扮演法官和訴訟律師，提出報告人在法庭作證時可能被問到的那類問題。大部分的人都表現傑出，通過測試。有些還需要一點訓練。非常偶爾才會發現某個人不適合這工作的那個層面。

我記憶深刻的一次面試是個有點謙遜的年輕女子克萊兒・賈曼（Clare Jarman），

她似乎直覺知道哪些地方很重要，如何清楚、簡明地表達。其實，她回答各個問題的方式，完全正是我當時憑藉多年經驗會回答的方式。克萊兒和她丈夫艾德都是鑑識聯盟公司在二〇〇〇年的第一批新員工，兩人都成為格外優秀的鑑識學家。克萊兒現在在鑑識資源公司工作，那裡還有另一位極具天賦的生物學家卡洛琳・克勞福（Caroline Crawford），是鑑識聯盟公司招募的第二批員工。我們絕對有哪裡做對了！這很可能要歸功於我們擁有優異的資深生物學家，包括葛林和哈蒙德（之前在他們參與的特定案件提及），以及珍奈特・曼奈斯（Janet Manners），她的血型鑑定專業很厲害，我們在奧德馬斯頓十分仰賴。

當然了，鑑識科學是團隊事業，我們有許多其他了不起的科學家，族繁不及備載。許多科學家對我，以及我設法達成的事情影響深遠，每當我想起他們，我就忍不住想到當初幫助我們成立鑑識聯盟公司的人。其中許多人離開安穩的工作加入我們，希望我們真的能達成野心勃勃的目標。他們在規劃和創立的頭幾個月，商業之輪開始轉動之前想必很緊張，我一向感謝他們的勇氣、信任與辛勤工作。

看得出公司會成功時，許多方面都令人鬆一口氣。否則我恐怕會覺得我浪費大家一年的生命，例如海蒂・赫斯特（Heidi Halstead），她原來在鑑鑑識資源公司做一個研究計畫，後來在識鑑識聯盟公司的概念成真的過程中，我說服她留下來，結果她成為非常出色的鑑識毒理學家。

我在本書中寫到各種案件時，已經提到一些人了。此外還有些人，例如羅傑·羅布森（Roger Robson），原本是我在鑑識科學服務中心威瑟比實驗室的助理，後來發展成表現優異的織物纖維專家，因此我們提議給他鑑識聯盟公司的工作。如果他沒提起其妻子艾普是鑑識人員，不只擅長化學**也**擅長生物，而且問我們是否也有工作可以給她，我們可能錯過後來極為傑出的鑑識人員與訓練員。

安·法蘭克（Ann Franc）是我在鑑識科學服務中心合作過的另一名傑出科學家。法蘭克是奧德馬斯頓的毒品科學家，她的大麻知識豐富，為她贏得「大麻女王」的稱號。知道大麻的產量非常重要，有助於區別是個人使用或是打算販賣。而法蘭克斯似乎看看大麻、聞聞嗅嗅，就能告訴你結果——不過她的估計顯然一向有穩當的分析作後盾。正是因為她的技術和某種不屈不撓的意志，所以替鑑識聯盟公司找人負責毒品時，她是很明顯的人選。法蘭克有凱西·弗魯（Cathy Frew）以及凱希·克拉克（Kathy Clarke）協助；弗魯擅長處理複雜的案件，克拉克的毒品情報知識十分淵博。其實，克拉克最後接手我們的品質部門，在確保達成、維持至關緊要的ＩＯＳ標準扮演非常關鍵的角色。

我先前已經提過亞倫驚人的毒品和毒物知識，藥理學部門和亞倫合作的其他中堅分子包括艾倫・希斯考特（Allan Hiscutt），我也是在鑑識科學服務中心認識他的。此外還有丹妮斯・史丹沃斯（Denise Stanworth），她辨識出咖哩加了印度烏頭這種植物，拿來毒害一個女人的前男友和他的新未婚妻；前男友身亡，未婚妻活了下來。還有寶琳・拉克斯（Pauline Lax），她辨識出海洛因是伊普斯威治（Ipswich）地區一名連環殺手受害者的死因；嚴格說來這可不簡單，因為有些屍體是泡在水裡。

我們也有厲害的化學家。如果不能以量取勝，就要確保品質。潘・哈默（Pam Hamer）是英國最傑出的鑑識化學家，她大概是這裡最好的鑑識顯微鏡學家，而且鼓舞了許多的年輕科學家。她參與的一樁案件裡，一個男人的長褲外側沒證據顯示他被踩過，這結果不出所料。不過，哈默在長褲內側找到男人腿部表皮碎屑形成的鞋印痕跡；接觸的力道將皮屑嵌入布料中。誰會想到要檢查長褲內側？我們在另一樁案子用同樣的方式辨別出一件白色上衣內側的皮屑痕跡，用指紋強化劑茚三酮顯影（上衣外側的鞋印被血掩蓋了）。

不過哈默和詹金斯（前面提過他）是我那時代的人。他們兩都做得了他們那行的任何事，包括痕跡（來自鞋子、工具、輪胎等等），以及化學微物跡證，例如破門而入造成的玻璃碎片和塗料。詹金斯也非常擅常調查縱火案，這些案件有另一位化學家羅傑・貝雷特（Roger Berrett）支援。貝雷特人高馬大，個性一如外表，原本是大都會警局鑑識科學實驗室的毒理學主管，之後調到那裡的縱火單位，最後才來和我們工作。貝雷特熱衷重建現場，老是在自家後院放火燒各種東西，而且他對人體自燃的概念特別有興趣，這話題時不時就會冒出來，而貝雷特不相信那種事！

我們當然不只依賴科學家。我們也有一些絕佳的行政人員，例如勞倫．威廉斯（Lorraine Williams）這樣的人。威廉斯已經在至少四間公司為我提供多年的支持，不遺餘力。我的呈現看起來很專業，而且與人有約都能在正確的時間出現在正確的地點，這些都是威廉斯的功勞。約翰．巴蘭德（John Barrand）負責我們所有的設施，他幾乎能在一夜之間設立一間實驗室。而人力資源部主管約翰．卡麥隆（John Cameron）幫忙確認我們在正確的時間地點有正確的人。

只要曾經成立公司、招募其他人，就知道這些事很耗費工夫和精力。和所有經營與行政層面很不同的是，必須確保所有人工作時都發揮最佳的能力、意識到自己是公司旅程中不可或缺的一員。顯然需要有個領導者為公司定調，讓一切正常運作，但重要的其實是團隊。我和帕默懷著這樣的認知，大約從一九九九年開始，每年在實驗室附近一間鄉間大飯店舉辦年度晚會。

晚會背後的概念是希望鑑識聯盟公司所有人都能和同事相聚，分享工作成果的集體成就感和自豪，而且娛樂一下。我和帕默從前會在開場前講點話，介紹不同的部門在說什麼，強調一些要點和我們一年中處理過的有趣或古怪案子。然後會總結財務表現和拓展設施與設備方面的其他成就，或我們的收送件車隊。不過隨著鑑識聯盟公司繼續成長、擴張，最後我覺得大家很可能已經受夠了幾乎都在聽我們說話，該讓他們自己參與了。於是我們開始舉辦年度滑稽劇，結果棒極了。

當時公司已經夠大了，每個部門都能上演自己的短劇。他們想演什麼就演什麼，只要既能傳達訊息，又有娛樂效果就行了。他們表現非常亮眼。不過一開始我明白他們會非常怕出醜，因此決定七人的執行團隊應該立下榜樣，先讓自己出醜。

我們把想法付諸實踐的第一年，警方和總部發展出一個新的採購系統，因此我們剛度過了一段艱難的時期。他們的做法是中止所有供應者之間的工作轉移。這做法真正的用意是保護鑑識科學服務中心，當時他們正持續失去案源（尤其是被我們搶走）。雖然可以理解追求穩定的渴望，但干預市場只會讓問題積壓到未來再發生。這也表示，短期內我們平順的成長軌跡驟然中斷了。所以我寫下的短劇是在演一名病患在手術示範室裡動手術。

病患（代表我們公司）病情嚴重，進行的手術可能救他一命，而我之外的所有執行團隊正在積極處理。手術中發生一些十分古怪的活動，包括聲聲尖叫、人們時不時躲進櫥櫃裡。不過最後一切順利解決，病患也痊癒了。在這過程中，我打扮成英國女王站在場外當旁白（這樣的劇情顯然需要解釋），手裡抓著兩隻充氣柯基犬，代表我們經歷的多災多難之年。

隔年，我改寫了《灰姑娘》，主角是我們公司，主要競爭者則是三個醜姊姊（這裡用上一點藝術家的特權）。你一定知道這個故事，但我設法把故事「鑑識化」，不斷引用我們的工作，例如灰姑娘的衣服「下襬黏上小型拭子，綴上上千個微量離心管（一種實驗試管）」。

所有人都全心投入短劇的情境中。除了非常好玩，他們的創意和我們發掘的才華（演員和編劇才華）更令我驚豔不已。記憶猶新的一齣短劇是毒品部門改編一九七〇年代的熱門歌曲「ＹＭＣＡ」，唱出ＭＤＭＡ（搖頭丸）的妙曲。化學家製作了美妙的廣播節目。檔案部門演出一齣絕妙的短劇，改編自真實案件，劇中人聲稱自己擁有面額一百萬元的鈔票。還有幾位駭客當場駭入觀眾成員的手機（當然在事前徵得他們同意）。我們的一名毒理學家戴著鮮紅色的假髮，之後把假髮送給營運主管，他有一頭遠遠不那麼亮麗的紅髮，對這整件事非常有風度。有些部門沒在晚會當晚演出短劇，而是事先拍攝影片。比方說，一個坦沃斯實驗室的團隊展示他們拍攝的影片，趣味十足，內容是說發現他們生物部門主管陳屍在實驗室的一條走廊之後，他們解開了（虛構的！）謀殺案。

所有人的表現都好極了，我覺得應當認可、獎勵，因此決定我們也該針對不同的成就頒發獎項，例如鑑識科學的最創新用法，或最有趣的檢驗結果。問題是幾乎所有人都很厲害，所以很難選出幾個人來表揚。所以我們選出在某些方面過人一等的人。

各個實驗室的所有人都愛齊聚一堂大吃一頓、談天說地，晚會確實很愉快。然而，頒發獎項的那年，是辦晚會的最後一年（至少是那種形式的晚會），二〇一〇年，我開始交出鑑識學的掌控權，在大約一年後（二〇一〇年）離開了公司。

當然我們也舉辦專業活動。許多犯罪都發生在戶外，而戶外環境因為許多原因而可能很棘手。比方說曝露於無法預料的天候中，或是在不容易有光和電力的地方。或證據可能包括植物、土壤與其他戶外的微物跡證。因此，二〇〇二年我們開始投入鑑識昆蟲學和孢粉學之後，我們為警方、資深犯罪現場調查員和鑑識學家舉辦了第一場為期二日的一系列戶外犯罪現場工作坊，結果大受歡迎。

哈默負責籌劃工作坊，他們的目標是推廣證據意識和採集技術。因此，除了第一天的理論課程，包括一對一採證膠帶（不同採證膠帶代表的是一件證物表面的不同部分），以及考古學與人類學、植物和土壤、昆蟲學和病理學的價值，第二天也有一些戶外的實作。比方說用受過特別訓練的狗搜索；挖掘埋藏的屍體（豬屍）；在局部埋起的屍體上做織物纖維測繪（textile-fibre mapping，這次是借用警方訓練用的人體模型）；

從屍體和周圍採集昆蟲（也是豬屍）；以及檢驗表面骨骼。為了讓活動圓滿結束，我們無限供應冰淇淋——哈默想出這個妙計，確保所有人都會待到最後。

二〇〇三年，我們在卡勒姆科學中心的實驗室舉辦驗屍官協會（Coroners' Officers Association）年度研討會，主題是「但那是證據嗎」。這場研討會有英國各地百名代表參加，由高階警官、鑑識病理學家和鑑識聯盟公司的毒理學、昆蟲學與DNA鑑定專家做一系列的簡報。

同年，我們和鑑識科學學會聯合舉辦為期一週的交流工作坊。活動由比爾．威斯登布林克（Bill Westenbrink）籌劃，他是我們從加拿大招募的優秀毒理學家，也聘請了他高竿的鑑識生物學妻子蓋兒（Gail）；我們似乎很擅長這種「買一送一」的安排。威斯登布林克和其他英國、美國和德國鑑識專家負責的議程焦點，是酒駕、車禍現場重建和查驗、量化損害的各種方式。各小組展示中的一個面向是，攝取的酒精愈多時，設法沿著一條白色直線走，會發生什麼事。另一個是吃大餐是否會影響酒精吸收速率；還有一個是使用漱口液是否影響呼氣酒精量測儀的結果。其實這些面向涵蓋了大家的所有解釋和藉口，以及警察對酒精的所有疑問。

二〇〇四年，我們籌劃了單日研討會，屬於皇家病理學院（Royal College of Pathologists）一個正式認證課程中數個不同主題的類似研討會，主題是血跡形態分析。

我們邀來的訓練員是世界級的專家，包括巴特・艾普斯坦（Bart Epstein）、泰瑞・拉博（Terry Labor）以及堅毅不撓、耳背嚴重又極有才華的美國學者安妮塔・汪達（Anita Wonder）。研討會的目標是讓參與的八十九位犯罪現場調查員和司法界成員，更加了解血跡形態分析的證據效力以及解讀方式。艾普斯坦、拉博和汪達也協助我們訓練員工，訓練活動在卡勒姆實驗室附近的倉庫舉辦，我們在那裡設置了各種犯罪現場的情境。

而且我們在合作警方交付的毒品案和DNA樣本中注意到趨勢，早早就開始製作簡報。簡報的重點是交付的樣本數量與種類，以及我們達成的分析成功率。分析數據之後，就能比較所有因素，然後舉例來說，參考在犯罪現場採樣的方式以及交給實驗室前的儲存方式，分辨出最好的做法，加以採用。

警察局長協會（Association of Chief Police Officers，ACPO）是今日英國警察局長理事會（National Police Chiefs' Council）的前身，每年也會舉辦一場研討會。二〇〇四年，我們在他們相關的展場租了一些攤位，布置一個戶外犯罪現場，在一張公園長椅旁的地上擺了一具幾可亂真的「屍體」。現場四處散落著一把槍和其他各種物品，有些和案件有關，有些只是為了魚目混珠。我們把這設計成犯罪現場調查員的競賽，其他所有人也能參加，參加者要填問卷，最佳答案有獎。這是為了讓他們分辨出應該收集做鑑識檢驗的物品，解釋他們為什麼選擇那些物品，並且提出能證實誰是犯人的方法。我們的攤位引起不少興趣。其實替其他攤位當模特兒的一個男人完全入了迷，他在午餐休息時間過來，撿起槍，坐到公園長椅上。他想必在那裡坐了至少半個小時，一動也不動，只是拿著槍凝視屍體。這景象很好笑，而且為我們的犯罪現場增添了全新的層次。

那場活動大獲成功，於是我們開始定期舉辦，每次都有不同的犯罪現場。隔年是房屋的一部分，有扇窗戶敞開，可以看到窗戶裡一張桌上擺了些毒品用具，角落旁地板上躺了具屍體，看得到屍體的一隻腳。之後那年的主題和當代藝術家崔西．艾敏（Tracey Emin）之作《我的床》（*My Bed*）相似得驚人，只不過床上坐的是一個死去的女人，她身穿睡衣，一旁有吃了一半的餐食、一杯葡萄酒和其他幾件物品，包括一些顯然用過的保險套。

我們懷抱嚴肅的意圖，希望喚起大家的注意，讓警察思考他們可能參與的犯罪現場脈絡下，哪些證物和鑑識調查有關。結果一位局長為了床上屍體的事寫了封義憤填膺的信，我收到信時嚇了一跳。信中的癥結是，鼓勵人們盯著半裸的女性人體模形，既恐怖又有損女性尊嚴。我在回應中解釋道，這絕對不是無謂的演練。我說，其實這是非常認真的競賽，希望確認警察是否真的了解怎樣將犯罪現場利用到淋漓盡致。之後我收到局長親切的回應，她說她其實沒親眼看到陳列，很抱歉她誤會了。或許我是女人也有幫助。幸好其他人似乎都明白我們在做什麼，也覺得演練很有用。

我們成立鑑識聯盟公司時，我有時徹夜難眠，納悶著有沒有辦法付薪水給一開始雇用的那幾位科學家。但即使那時，我也相信我們對公司的願景會成真。多虧了一些傑出人士幫忙實現願景，而且這些人不只來自鑑識聯盟公司，更來自我合作的所有公司。我在本章和書中其他章節提過其中一些人。只希望所有人我都能說到。因為他們真的是一切的核心。

26 不容小覷

我想其實打從大約二〇〇一年，鑑識聯盟公司就達到收支平衡了。原本就料到會發生這種事，只是發生的時間比想像的晚了點，但至少當時我很確定我們會成功。

帕默說過要退休，但二〇〇五年，我已經把這位無價的生意夥伴拉回來工作。而且在那**之前**，他剛從原子能管理局的工作退休，我就和史托克戴爾說服他加入我們成立鑑識聯盟公司。所以他第三度說要退休時，我知道他是認真的，而我或許也該考慮做點不同的事了。當時鑑識聯盟公司在英國各地的四間實驗室雇用了大約兩百三十人。雖然我總在想要做更大的事、把事情做得更好，但開始明白到，我不能永遠這麼做下去，而且顯然不能單槍匹馬。

我們在將其他人的技術整合到鑑識科學時，一向非常有想像力，並且會在能負擔的程度內盡可能多研究、開發。但我知道，想要進一步擴展充實鑑識聯盟公司，最理想且最符合效益的方式，就是加入一家大型科技公司，這樣的公司已在進行許多其他工作，有更多樣的設備可供我們使用。

雖然我沒主動找公司來收購，但是LGC大張旗鼓打算跨足鑑識科學界時，我就開始思考了。LCG非常擅長分析這一塊，能同時進行許多檢驗（而且非常符合成本效益），品質水準驚人。然而他們並沒有從事調查鑑識科學的經歷，更沒有像鑑識聯盟公司那樣的輝煌紀錄。所以LGC和我們接洽時，我和帕默都認為絕對值得考慮。我想他們之所以有興趣，多少是因為史蒂文斯勳爵最近加入了他們的董事會，擔任非常務董事。史蒂文斯剛從大都會警局的局長一職退休，由於我們一直在幫忙解決大都會警局的一些懸案，所以他知道我們在鑑識市場造成了怎樣的浪潮。

一九九一年，在鑑識服務產生了「市場」時，LGC曾是當時貿易以及產業部（Department of Trade and Industry）下的機構。五年後，LGC成為私人機構，二〇〇五年併購鑑識聯盟公司之後，成為一股不容小覷的力量。

我們是LGC當時最高價的併購項目，而我是他們最大部門的頭頭，因此進了董事會。我得到這職位一方面是因為鑑識學成為大宗，我想一方面也是這麼一來，他們就能盯著我！很遺憾必須拋棄鑑識聯盟的名號，不過相較於可以得到那麼強大的分析能力和專業，還有他們位在倫敦特丁頓（Teddington）總部的實驗場地，這代價不算高。

我和原子能管理局打交道的經驗告訴我，只要選擇稍稍不同的儀器，或將現有的儀器微調，能力就有天大的差異。比方說，改變在鑑識聯盟公司使用的電子顯微鏡種類，就能讓油漆和玻璃樣本這類東西的鑑別力改善大約十倍。ＬＧＣ的特丁頓實驗室進行一系列的鑑識測試，包括毒理學、毒品、ＤＮＡ和數位犯罪，在實驗室走動，感覺像身處科學界的糖果屋。我記得當時在想，鑑識聯盟公司員工的技術和經驗能與ＬＧＣ的儀器與科學專業結合，實在太好了。

我想到不能自己當老闆，**倒是**很緊張。不過後來發現ＬＧＣ是非常值得效力的公司。除了一向給予毫不動搖的支持，他們也放任我一些比較與眾不同的做法。比方說，公司合併後不久，有一次在一篇新文章裡很直白地寫到，我對警方發展出的新鑑識採購系統的看法。新系統令我擔心（而且在文章裡大肆批評）的是，他們把鑑識科學拆成一系列的簡單檢驗。從成本的角度來看，這樣能讓警局比較容易委託工作，把不同部分交給不同的供應者——「我有你標準清單上的六件這個、兩件那個」，所以任何人對整體的鑑識證據都沒有全面的看法，或了解其意義、能夠恰當地呈現。而且也比較沒機會發展出我們那些別緻而經濟的的策略，證物和案件之間也比較難找到證據關聯。

或許不出所料，負責新系統的一位人士（正巧是我們效力的一間大警局裡一位重要的小鑑識員）打電話來，抱怨我在文章裡寫的事；他顯然不是很高興。我和他們在電話上談過之後，擔心會影響生意，於是立刻向ＬＧＣ的執行長提議我要辭職。但他一笑置之。

我知道一開始我的同事不那麼輕鬆（從前鑑識聯盟和現在ＬＧＣ的同事都一樣），尤其是他們來自不同的文化。我們在鑑識聯盟建立了新的一套做事方式，和從前鑑識科學服務中心的做法相當不同；而ＬＧＣ曾屬於公部門，這當時對ＬＧＣ仍然保有不小的影響。所以雙方只想不受打擾，按他們從前的方法做事。不過在一個組織裡，當然只容許一種文化、一種做事方式，因此大家都很清楚必須妥協。

文化要融合，基本上有兩種方式：快速、劇烈的全面衝擊，或是讓人們找到自己的位置，不過是在十分堅定的引導下。最後我選了第二種辦法，但花了很長一段時間。雖然確實避免了我最擔心的事——關鍵成員因為不開心而離開，但我至今還不確定那是不是最好的辦法。事情顯然從來不會一帆風順。但最後我們設法因為大型規模經濟、更廣泛的服務（需要時可以引入額外的專業）、能做更多超乎從前小公司想像的大規模研究而獲益，這一切都非常值得。

鑑識聯盟擁有四間實驗室（位於卡勒姆〔牛津〕、坦沃斯、里茲和里斯利〔沃靈頓〕）之後，我們又和ＬＧＣ有了六間，包括特丁頓公司總部的一部分建築，以及朗科恩（Runcorn）的卜內門化學公司（ＩＣＩ）舊址。員工數也增加了，從原來的二百三十人左右，變成大約四百五十人。這些人能處理主流鑑識學的所有領域。

細胞標記公司是我們的老朋友，也是忠實的支持者，要和他們分道揚鑣很不容易。我想，聯盟的人都暗自希望能加入細胞標記，當時細胞標記屬於一間美國公司——蘭華生物科技公司（Orchid Biosciences）。但我們完全無法接受美國公司為聯盟提出的價碼，更重要的是，他們的態度強硬不友善。

真正定奪的契機是我和帕默受邀和他們晚餐時發生的事。那晚看起來會很盛大。他們派了一輛車接送，把我們送到法國大廚雷蒙．布朗克（Raymond Blanc）位於大漢彌頓（Great Milton）的四季莊園酒店（Les Quatre Saisons）餐廳，他們在那裡訂了一間包廂。不過我們很快就發現，他們打算威嚇我們，要我們屈服。所以那晚早早就結束，我和帕默遺憾地決定我們絕不會成為蘭華細胞標記的一員。不過事情總會以奇妙的方式得到最好的結果，最後ＬＧＣ給我們的條件遠遠優於細胞標記（或蘭華）。

併入ＬＧＣ之後，最先要做的其中一件事是確保我們有夠多樣的ＤＮＡ檢驗，可以處理複雜案件中一些比較困難的樣本。在那之前，ＬＧＣ的ＤＮＡ團隊都把重點放在比較常規的ＤＮＡ檢驗，例如鑑定對照樣本（通常使用口腔拭子），以及比較簡單的犯罪現場汙漬。他們的技術是快速處理大量樣本。不過這下子，我們需要可以處理非常少量的ＤＮＡ、降解ＤＮＡ和混合ＤＮＡ之類的檢驗。

這些顯然會花點時間。但不久之後，ＬＧＣ的ＤＮＡ團隊發展出ＤＮＡ SenCe

（Sensitive Capillary Electrophoresis，敏感毛細電泳）。SenCe就像細胞標記公司的增強技術，讓我們可以從微量的材料得到結果，同時避免鑑識科學服務中心微量DNA鑑定的一些程序陷阱（正是這個程序的使用方式，導致他們遺漏了尼可謀殺案的據證）。他們也為了搜尋國家DNA資料庫開發了一個工具，如果目標不在資庫裡，就能在裡面搜尋目標家人，透過家人辨識出目標。之所以說這是鑑識科學服務中心發展出的親緣搜尋工具改良版，一個原因是他們的方法能依據我們所搜尋來源的DNA圖譜之間的相近程度，把潛在相關的人分級。早幾年若有那樣的東西，應該會讓我們在找懷特的凶手之類時輕鬆很多。

加入LGC後不久，我恰好提到我們實在很需要快速的DNA篩檢技術，可以在犯罪現場迅速、簡便地使用以獲得初步結果。而LGC的科學太廣大精深了，居然覺得這樣或許可行。他們的一位科學家保羅．德本罕（Paul Debenham）是個不可思議的人物，幾年前他在細胞標記公司工作時曾遇過他。德本罕曾經為醫療診斷業研發出名為「HyBeacon」的技術，他認為只要稍微調整，就可能符合需求。由於警方保證會有興趣，LGC接下來幾年間在這計畫投入許多時間與努力，最後做出了一個厲害的工具組。雖然不像一般DNA鑑定那麼有鑑別力，卻能在短時間內得到結果，可以帶到犯罪現場，而且操作起來簡單得不可思議。這在世上其他地方顯然大獲成功（尤其是美國），在我現在合作的一些開發中國家也有很大的應用潛力。不過，這和其他快速ＤＮＡ技術一樣，在英國無法引起迴響，實在可惜，而且錯失了良機。

我們在ＬＧＣ研究過的其他技術，包括將放射性同位素應用在鑑識學，判斷商品和人可能來自世上什麼地方，以及分析毛髮ＤＮＡ的新儀器。我們也研究怎樣處理紙鈔上毒品的分析層面最理想；紙鈔如果和吸毒或毒品買賣有關，鈔面上殘留毒品的情況和殘留量都會大幅增加。

不過事情並非一帆風順，其他地方發生的一些事對新公司的成長造成連鎖反應。一九八〇年代後期，ＤＮＡ鑑定首度引入鑑識科學後，完全革新了鑑識生物學。在一九九〇年代一切大變之前，大部分的檢驗經費和複雜的儀器都歸鑑識化學。所以生物學就像鑑識科學的灰姑娘。影響那改變最主要的因素是政府在一九九五年設立了國家ＤＮＡ資料庫。

國家ＤＮＡ資料庫由鑑識科學服務中心建立、運作，服務中心當時將所有資料放進資料庫。國家ＤＮＡ資料庫改變了鑑識科學和犯罪調查的整體面貌。其他公司開始做ＤＮＡ鑑定之後，只要能通過特定的技術檢定，就允許加入他們自己的資料。二〇〇〇年代初，政府明白到資料庫可以多強大後，開始投入大量經費，是為「ＤＮＡ擴張計畫」（DNA Expansion Plan）。警方開始從所有他們因可公訴（可監禁）犯罪逮捕的人身上取得ＤＮＡ樣本。政府向所有警局提供對應的資金，因此資料庫成長得非常迅速。二〇〇五年十月一個星期的概況是，當時有三百一十萬人的ＤＮＡ圖譜，以及來自犯罪現場的二十四萬六千筆ＤＮＡ圖譜。那星期裡，這些資料「中」了（吻合了）六筆謀殺案，十九筆性侵害，一千零八十筆和財產與毒品犯罪有關的所謂大宗輕刑案。過去六個月中，資料庫辨識出至少二萬三千六百八十四個犯罪現場和個人之間的關聯。

不幸的是，資料庫的設立方式不利於從中移除樣本。所以法律終於趕上科技之後，決定任何人只要沒定罪，就必須從資料庫中移除ＤＮＡ圖譜，結果造成後勤和財務上的惡夢。同時，二〇〇五年，政府決定花在資料庫上的錢已經夠多了，因此撤回額外的經費。ＤＮＡ擴張計畫中止，不過這也是遲早的事，因為犯罪人口有限，資料庫所需的大小也有限。

這和鑑識採購系統發展出新「型錄風格」是同時的事，我們其實受到雙重打擊。第一個影響是，警方不再能把工作轉給我們，所以我們的自然成長軌跡無法再繼續。第二個影響是，我們和鑑識服務的其他供應者一樣培養了能力，並逐漸依賴政府的ＤＮＡ擴展資金，但這時政府卻撤回了經費。

所以市場上有股不確定的氣氛，使得我們在ＬＧＣ鑑識早期的日子有點焦慮。我想，任何產業領域都一樣——不斷受到各種力量衝擊，有好有壞，只能設法處理。現在回想起來，我們的旅程似乎格外平順，然而當時的感覺當然不是那樣——從當時的一些照片可以看出我的壓力頗大。不過最後，雖然新採購系統在前期帶來了種種問題，但事情漸漸塵埃落定，我們也再次開始成長。不久之後，我們就讓鑑識科學服務中心棋逢敵手了。

我想，我無可避免地花了許多時間在事業的經營面，但也處理了許多迷人的案件，有些始於鑑識聯盟公司時期並在ＬＧＣ鑑識繼續處理——本書其他章節提過的一些案子。在那之中有幾樁近代犯罪史上非常知名又複雜的案件，我們從中學到一些非常珍貴的教訓。

在那時期，參與了一樁非常有趣的案件，是個由大英國協戰爭公墓委員會（Commonwealth War Graves Commission）發起的計畫。發生於一九一六年七月十九日第一次世界大戰的弗洛梅勒戰役（Battle of Fromelles）日，在那場戰役中，英國六十一步兵師和澳大利亞第五師的士兵發動了攻擊，最後慘敗。為了讓德軍從索姆河（Somme）攻勢中撤退，導致數百名同盟國士兵葬身在德軍戰線後方。這計畫是為了辨識、找回戰役中捐軀的英國與澳大利亞士兵遺骸。

幾年辛苦的研究、調查之後，二〇〇六年在弗洛梅勒附近的鐵刀木林（Pheasant Wood）找出一些墓坑。三年後，二〇〇九年五月，我們的ＤＮＡ專家團隊和牛津考古學系的考古學家合作，挖掘墓坑，從士兵的殘骸採取ＤＮＡ樣本。九月初，挖出了二百五十名士兵。ＤＮＡ科學家組成的專家團隊接著設法萃取一些可用的樣本，我們比對可能親戚的細節，希望能辨識出一些士兵。二〇一〇年一月和二月，許多士兵重葬到弗洛梅勒的新墓園。

我比較喜歡在小型公司工作，因為可以造成更大、更直接的影響，事情也比成立的大公司更快完成。所以ＬＧＣ鑑識併購我們之後，我原來只打算在那裡待兩年。那時，我天真的以為一切都會結合得很順暢，像一座機器一樣運轉（頂多只是潤滑得不大好），但兩間公司固有的文化和做法不同；因為整合不易，加上ＬＧＣ稍微軟硬兼施地鼓勵了我（這是情有可原），最後我待了五年。

話說回來，我很享受和ＬＧＣ合作，尤其是因為ＬＧＣ讓我們做的事。其中一樣是併購更多機構，培養鑑識服務所需的實力和多樣性。除了併購兩間德國的ＤＮＡ公司，也在英國做了些小型的併購，買下兩間數位鑑識公司，藉此拓展在那領域的能力。我們在朗科恩設置新的自動控制系統，改善處理對照樣本中ＤＮＡ的能力，讓我們每年最多能分析二十萬個樣本。另外也聘請了兩名動物ＤＮＡ專家——羅伯·奧格登（Rob Ogden）和羅斯·尤文（Ross Ewing）。和人類的情形一樣，ＤＮＡ很快就成為分辨、比對動物微物跡證的主要方式（例如在竊取和虐待動物的案件），而且能作為人類和地點的另一種證據連結。

調查最複雜的案件（時常是懸案）一向是我的個人興趣，其中有些的進展相當不錯。比如說，二〇〇八年在懷特一案提出關鍵證據，導致卡夫定罪，洗清加地夫三人幫的罪嫌。普萊迪（Preddie）兄弟因過失殺害泰勒而入獄，原本被控犯罪的四名少年顯然是清白的；奈帕因謀殺尼可而定罪，史塔格因此無罪開釋。不過我們總是設法從警方觀點了解事情，希望用我們的服務支持警方時更有想像力。為了達成這個目的，我在那些年間聘請兩位退休警察當警方顧問，兩人在那職位都發揮了很大的功效。當西約克郡的前犯罪調查局局長葛里格和我們聯繫，說他準備離開警局，樂於和我們談談時，我對於他要談的事很有興趣。

葛里格從一九七四年起開始在西約克郡警局擔任警員——我正是同年在鑑識科學服務中心開始鑑識學家的生涯。其實我們都去了約克郡開膛手的兩個現場，只是當時我們不知道。葛里格在二〇〇八年以督察長的職位退休之前，成立了劃時代的西約克郡警局重案組和主要調查團隊，並因對警政貢獻傑出而獲頒女王警察獎章（Queen's Police Medal，QPM）。葛里格自警界退休之後，到LGC加入了我們。我們開始和他合作後，很快發現他對調查的看法和鑑識學家一模一樣，利用鑑識科學的方式非常理想。他的「識人」能力也準確無誤，在商場和執法上都非常方便。他覺得有趣的事也和我一樣。所以他幫上很大的忙，而且ＬＧＣ所有人都很喜歡他，我終於在二〇一〇年離開公司，他顯然是一同創立新事業的好人選。

27 達米羅拉・泰勒案

二〇〇〇年十一月，達米羅拉・泰勒（Damilola Taylor）和家人從奈及利亞來到英國不過三個月，十歲的泰勒就被人發現在倫敦東南部一區公寓的樓梯間流血致死。泰勒的左大腿動脈被銳利的玻璃割開了。

許多專家對於各種可能發生的狀況表達意見後，大都會警局得到的結論是：小男孩受到攻擊，然後跌倒在破瓶子上。接下來的調查就是所謂的希爾行動（Operation Seale），參與的警察超過一百二十人，最後逮捕四名嫌犯，以謀殺罪起訴。

辯方的立場是泰勒根本沒遭到攻擊，只是跌倒在破瓶子上。而確實沒有鑑識證據證明嫌犯有罪。所以二〇〇二年一月，四名少年在中央刑事法院受審時，檢方大力仰賴一個稱為布倫萊證人（Witness Bromley）女孩的證詞，她聲稱目睹了一場攻擊。但後來揭露女孩說謊，此案撤銷，法官指示兩名被告的罪名不成立，另外兩人由陪審團宣告「無罪」。

一年後，警方宣布以新的鑑識技術複查所有的證據。其實，即便技術不斷發展、改進，真正革新且有差異的卻是方法而不是技術。

除了受審的四人之外，也曾有過其他嫌犯。所以我們受託調查此案時最早做的其中一件事是檢查所有嫌犯的衣物，以防有任何遺漏。畢竟沒人不會犯錯，就算訓練精良的科學家有時也有疏漏。

我選了哈蒙德來主導重新調查，當時她真的開始在比較複雜的案件中展露頭角了。哈蒙德有艾普・羅布森和其他檢驗人員支援，此外還有提爾南・科伊爾（Tiernan Coyle），當時的一位織物纖維專家。我們幾乎馬上就在丹尼・普萊迪（Danny Preddie）的一隻運動鞋上發現一個九公釐的血跡，他和兄弟瑞奇（Ricky）在嫌疑人的名單上名列前茅。以鑑識學來看，九公釐是很大的血跡。更有趣的是，還發現血跡裡嵌著一根織物纖維。檢驗證明，那根纖維符合泰勒死亡當時毛衣上的纖維。纖維嵌在運動鞋上的血跡裡，表示一定是在血還沒凝固的時候轉移上去的。

此外，瑞奇・普萊迪毛衣袖口的羅紋上也有微量的血，只是襯著深色的毛衣背景，那些血跡小到肉眼看不見，不過我們用酚酞試劑檢測法找到了。我們還發現其他的織物纖維關聯，不過最後沒辦法用上，因為仔細研究之後，發現由於普萊迪兄弟和泰勒的衣物是用同一輛警車運送，因此理論上可能有轉移的情形。即使汙染的風險再低，還是可能發生，因此那項證據並不可靠。

不過運動鞋上血跡中的織物纖維和毛衣袖口的血**倒是**可用的證據。我們拿這兩個血液樣本做DNA鑑定時，發現都符合泰勒的DNA。

二〇〇五年，十九歲的哈珊．吉哈德（Hassan Jihad）和普萊迪家兩兄弟（當時事發時他們未成年，因此不能透露姓名）被控過失致死與傷害罪。

辯方的立場和一審相同，一名創傷專家作證，認為泰勒沒受到攻擊，只是跌倒在玻璃碎片上，而玻璃割到他腿上的動脈。最後，陪審團宣判吉哈德無罪，至於兩兄弟，陪審團則無法得到定論。幾天後，皇家檢查署宣布他們有意重審普萊迪兄弟，他們這時顯然因為多起搶劫而成為警方的常客。二〇〇六年八月，兄弟兩人過失致死的罪名成立，被判在少年監護所服刑八年。這個審判很奇妙，鑑識科學服務中心科學家最後擔任檢辯雙方的顧問，委婉來說，這很不尋常。

法官當時解釋，男孩們完全沒計畫殺害泰勒，也沒有帶武器到現場——破瓶子早就在那裡了。此案不幸的是，雖然警方懷疑普萊迪兄弟，攻擊後僅僅五日就扣押了他們的衣物，但一直遺漏關鍵證物。其他四人因而受審，泰勒家人必須承受許多不必要的心痛。

大都會警局再一次因制度上的種族歧視，沒從史蒂芬．勞倫斯案學到教訓，而受到批評。不過他們在泰勒死後做得非常好，其實不該受到批評。這次，他們被指控因為受害者是黑人而覺得事不關己，或辦事馬虎，所以太晚找到凶手。事實並非如此。令大家失望的，其實是鑑識科學。

總部顯然非常擔憂遺漏證據，太擔心鑑識科學服務中心的成效，因此委託獨立調查。主導調查的是艾倫・羅利（Alan Rawley）大律師，由卡迪教授協助。前面提過，卡迪曾任史特拉斯克萊德大學鑑識科學中心主任。他曾經參與過其他政府調查，包括讓伯明罕爆炸案那六人定罪的爆炸證據；麥奎爾七人案（Maguire Seven）有關的鑑識爆炸實驗室受汙染事件；奧瑪哈爆炸案後西恩・霍伊（Sean Hoey）審判期間微量ＤＮＡ鑑定技術受到批評後的後續調查。他是協助羅利的理想人選。

我在聽證會之前和羅利見面，確認我理解調查的職權範圍（尤其是鑑識科學服務中心有法律代理），並向羅利保證，我們渴望盡量幫忙、發揮助益。我們不會吹噓自己在此案的「成功」。鑑識調查犯錯的時候，唯一重要的是找出為什麼出錯，然後確保有對應的防範措施，以免同樣的事再度發生。

不幸的是，後續的聽證會有如一場噩夢。大桌旁除了坐著羅利和卡迪，還有一位代表鑑識科學服務中心的資深大律師，協助他的是一位初級大律師，以及一位作為顧問的鑑識科學服務中心高級主管。我很快就發現，鑑識科學服務中心的人並不打算發揮助益。

鑑識科學服務中心遺漏的最主要證據，是兩件衣物上的血，包括丹尼・普萊迪運動鞋上的九公釐血跡。此外，血中嵌了一根織物纖維，因此確認了血液在此案中的重要性。

我們在調查中沒遇到原始調查的科學家，但我身為鑑識學家，對他們非常感同身受，深信不該由他們承擔所有責難；這種情況下，通常會走到那一步。沒有任何鑑識學家是獨自作業；他們是團隊的一分子。而且不難看出，疏失很可能和訓練或檢查有關，或是管理實驗室經手工作的方式，也可能綜合上述的因素。所以務必在同樣的因素危及其他案件之前找出原因。

結果程序完全由鑑識科學服務中心的大律師主導，我們的一位檢驗人員解釋如何處理某些事的時候，他對她特別凶惡。我束手無拖，何況正是大律師建議我把她該說的話原原本本告訴她。所以萬一我**真的**打了岔，我也不過證實了他的論點。

我做了預防措施，帶著公司內部的律師一起陪同，但她不習慣這種事，因此沒開口。雖然哈蒙德和艾普非常高竿，但她們都不曾面對過這樣的壓力。結果不出所料，事後淚如泉湧，而且接下來幾個月時不時就考慮完全離開這一行；要是真的離開，就太可惜了。

羅利的報告出來時，報告中指出鑑識科學服務中心並沒有系統性的疏失，並且祝賀他們立下了「了不起」的標準。雖然報告中有些建議，但我認為他們必須確保自己的員工遵守程序，而且別再發明出一堆額外的程序。有些建議和鑑識監管局的角色有關，這部分很重要。話說回來，我很慶幸他們至少並沒有逼個別的科學家扛下責難，不過事後我發誓，以後同意參與任何總部的獨立調查之前要三思。

到頭來，真正重要的是泰勒的家人對泰勒之死的疑慮得到一些答案，而造成他死亡的人得到法律的制裁。

28 新挑戰

大約在我離開ＬＧＣ鑑識時，鑑識科學服務中心宣布即將關閉。不過鑑識界**沒有任何人認為**這是好主意——即使是像我們這樣的競爭者也一樣。因為鑑識科學服務中心除了是當時最大的鑑識服務供應者，顯然也是強大且可靠的組織。鑑識科學服務中心多年前就可以（也應當）現代化，並適當的商業化，就像ＬＧＣ在執行長理查·沃斯偉格（Richard Worswick）手下那樣。鑑識科學服務中心最後一任執行長是西蒙·班奈特（Simon Bennett），我原以為他們終於找到有能力辦到那種事的人。然而據報告所說，服務中心每月虧損二百萬英磅，總部顯然失去耐心。

諷刺的是，總部對服務中心的「額外」要求——像是做研究，擔任顧問小組成員等等，多少導致了糟糕的財務困境。鑑識科學服務中心很樂於配合這些要求，因為這些事讓他們擁有可觀的廣告優勢，而且讓他們時不時可以將手掏進政府的口袋——二〇〇九年，政府顯然還在鑑識科學服務中心投注了五千萬英磅。不過徵兆存在已久，他們早該看出來。

我離開ＬＧＣ鑑識時，知道這間公司表現得很好，證實自己能處理任何事，包括知名度最高、最複雜的刑事案件。有時候，鑑識科學服務中心有缺失時，ＬＧＣ鑑識卻能成功。所以二〇一二年，鑑識科學服務中心終於關門時，ＬＧＣ理所當然成為英格蘭和威爾斯最大的鑑識服務供應者，也是歐洲最大的獨立鑑識供應者。

我離開ＬＧＣ鑑識時的一個協議是，一年之內不得參與英國的鑑識科學市場。我和葛里格不久前有機會訓練一些利比亞的科學家，我想ＬＧＣ對這計畫一向不大有把握。所以我們提議這可以成為新公司——公理國際（Axiom International）的基礎時，ＬＧＣ恐怕很樂於交出燙手山芋。此外，這也讓ＬＧＣ有機會和我訂下新的協議，除了我又一年不能涉足英國市場，也禁止和指定的六家英國鑑識公司有任何接觸。其中一間是「我自己」的公司：鑑識資源。不過我們覺得這樣很值得。所以，雖然那從來不是主要的計畫，但我們的目光當時穩穩落在國外市場。

我們非常幸運能說服史蒂文斯勳爵擔任我們的董事長。我們的一大重點是，看看是否能運用過去幾十年在英國學到的所有教訓，幫助其他當局處理遇到的執法和鑑識科學挑戰。成立新公司時，沒有任何設施，只有亞平頓（Abingdon）附近的一間大穀倉，迅速改建了一部分，容納少數核心的管理與科學成員。

我都忘記要從頭成立一間公司有多困難了。不是有種說法，比起不好的事，我們通常記得得比較多人生中美好的事，而且年紀愈大愈明顯嗎？不論是為什麼，總之我發覺我先後成立鑑識資源和鑑識聯盟公司時，雖然已經學到痛苦的教訓，這時有些又得從頭學習。

我和葛里格從ＬＧＣ帶來的合約，是設計、執行一個大規模的訓練課程，將一百零七位利比亞科學家變成鑑識學家。我們失去了和ＬＧＣ的密切連繫，因此必須找另一個大型夥伴才能完成任務。哈達斯菲爾德是葛里格的家鄉。哈達斯菲爾德大學為西約克郡警方提供許多警察訓練，而葛里格之前在西約克郡警局的生涯中，與他們非常熟絡。所以他和大學連繫，想知道他們有沒有興趣支援，接著被引介給診斷工程教授兼研究與企業系的副校長安德魯．巴爾（Andrew Ball）。

巴爾受到校長鮑伯．克萊恩（Bob Cryan）教授，以及企業與創業精神教授葛拉罕．雷斯理（Graham Leslie）的全力支持，表現異常出色，甚至確保大學滿足我們一切可能的需求。除了實驗室和設備，我們在預定的十八個月期間，也能得到大學師資的協助，並且有必需的所有基礎設備照顧這一百零七人和其家屬。在此同時，我們會提供各式各樣的操作訓練者、組織專業服務，讓學生得到第一手的「現場鑑識」經驗。這個合作計畫讓我們結合學術教學和操作訓練，推出獨特的訓練課程。學術教學能確保科學家明白鑑識檢驗背後的科學原理，操作訓練則讓他們為當地警方和法院提供高品質的鑑識服務。這計畫顯然讓利比亞當局印象深刻，二〇一〇年一個寒冷飄雪的十二月天，我們的第一批學生抵達了。

課程正式開始前，我們讓學生接受六個月的英語訓練，讓他們有恰當的英語程度，確保他們能理解教給他們的東西。然後向他們介紹鑑識意識（forensic awareness）的概念，其中涵蓋了所有的鑑識科學領域，這是我非常熱衷的主題。雖然專精鑑識科學的某個領域（例如犯罪現場或是毒理學）很重要，但他們也必須有些其他領域的知識和了解。否則不會知道自己的角色如何融入，也無法和複雜調查中處理其他部分的所有鑑識學家好好合作。課程的下一階段，把他們分成十三個不同的專家小組，深入訓練操作鑑識學。最後，給他們一些多領域、合作性的練習，接著是個別的研究計畫。

課程大獲成功，一百零七人中有八十五人得到理學碩士，四十五人成績良好，十二人成績優秀。在我撰寫本書時，原本的學生中有十三人剛得到哈達斯菲爾德大學的博士學位。他們其實是非常傑出的學生。有些人甚至不論用什麼標準來看，都絕對優秀。

不過和他們的合作並沒有到此為止。二〇一一年利比亞的內戰中，在首都的黎波里（Tripoli）建設，以及發展永久大型新實驗室的工作中止了。所以，課程末尾，我們和學生一起來到利比亞，在接下來的五個月中幫助他們設立一個臨時實驗室，開始用他們新習得的專業，協助當地警方解決實際的案件。我說的是「我們」，但我在那裡沒待滿五個月；我只是適時出現、消失。

看到利比亞團隊回到的黎波里後立刻有了一些成績，令人滿意。例如在二〇一三年他們破了一樁案件，此案高達六十人死亡、七百人中毒，而他們的毒理學家發現這是喝了當地私酒造成的甲醇中毒。另一樁案件原本被視為電氣故障，但他們證明其實是縱火。

此後的歲月間，我們在世界各地參與了無數和策略能力、能力培養、組織重組、發展國家安全有關的計畫。和海外警方、國家安全局和刑事當局合作——有時是透過他們自己的政府，有時是以英國政府的名義參與，對象遍及歐洲其他國家、非洲、中東、加勒比海地區和亞洲。

我們的一些工作顯然和鑑識科學有關，而我需要以當地警方的需求和處理能力為出發點來思考，因此是絕佳的挑戰。大約三十年前和史托克戴爾去奈及利亞擔任實驗室顧問的經驗也有幫助，讓我們因應當地所有需求，設計出最適合他們建造的那種實驗室、選擇他們該訂購的設備。

在我做了四十五年的鑑識學家之前，我就不是容易被嚇到的人。但世界各地實驗室浪費資源的情形，真的令我大驚失色。主要的原因是：採購設備的人對於設備用途一無所知。除了想迅速成交獲益，也很容易覺得裝備愈大台，上面閃亮的燈泡愈多，就愈厲害。因此，我看過非常昂貴的設備被當作「咖啡桌」，或堆在建築內某些不常使用的地方積灰塵，只因為鑑識學家根本不需要那種東西，即使會用上，當地也無法滿足設備所需的電力供應！

其他挑戰關乎當局需要雇用哪種科學家。原本不是鑑識科學家的人，需要經過特別的訓練與指導，而這些訓練指導必須按當地狀況、盛行的犯罪種類、警政和政府的優先考量以及文化價值來量身訂作。他們也要能提供穩健可靠的服務，而不是無意義的粉飾，實則導致、延續司法不公的情況。我前面提過，鑑識科學是非常強大的工具。但如果沒有正確使用，也很危險。這在所有司法機構都適用，不論他們的鑑識科學多麼基礎或先進都一樣。

以個案工作而言，我們在各方面與世界各地警方、家屬和律師合作的同時，也幫忙破案或處理司法不公的問題。這工作非常迷人，而且為我們能做的事增添全新的領域。當然了，有些鑑識學家拒絕在有死刑的國家工作，這是情有可原。但我的看法不同。我覺得如果要運用鑑識科學，最好就要正確，而如果我有任何辦法讓鑑識科學更正確，就應該去做。為了達到這目標，我**能**做的是引入當地沒有的做法或檢驗類型，或指出技術操作或解讀結果時的缺陷。

一名伊拉克漁民據稱謀殺一名科威特案海岸防衛隊員的案例，正說明了精確的鑑識證據可能多麼關鍵，而且真的生死攸關。那名漁民當時在一艘船裡，顯然和其他幾人在科威特海域非法捕魚。據稱海岸防衛隊員登船逮捕他們時，遭那名漁民射殺。控告漁民一案有些彈道學證據，據說顯示子彈是由漁船上的人擊發，此外還有ＤＮＡ證據，據稱能證明漁民本人使用過那把槍。

伊拉克駐科威特大使委託我們檢查證據，確認（或質疑）證據的可信度。所以公理國際的團隊在科威特待了一段時間檢視相關證物、檢查當地實驗室紀錄，和律師談話。他們得到的結論是，致命那槍的彈道顯示子彈不可能來自漁船，而是來自漁船一旁的海上。換句話說，那槍想必是來自海上防衛隊員自己的船上，因此是「誤擊友軍」的事件。至於ＤＮＡ，考慮到此案的細節，有可能只是二次轉移到槍上。法庭顯然體察了這些解釋，而漁民原本難逃死刑，結果減輕為無期徒刑。有時候，你得接受即使盡力而為，也未必能得到理想的結果。不過以救人一命來看，這樁案件很重要，也展現了鑑識證據可能多麼不可靠，以及直接接受表面的鑑識證據有多危險。

公理國際參與過許多形形色色的案件，其中有些是另一個死刑國家的販毒案，每次都是由代表被告的律師來接洽。每一案都有官方鑑識實驗室（屬於該國政府的一個機構）提供檢方證據。而每次我們都能證實，由於實驗室的作業並未達到可接受的標準，因此他們的發現和結論都有很大的疑點。法庭接受我們的證據之後，就能減輕原本將判下的死刑。我希望有朝一日，能直接幫助實驗室產生更可靠的結果。

我們在公理國際的其他案件中，有一案是一名荷蘭檢察官委託我們重新檢查荷蘭的一間房子，尋找是否有任何證據顯示，那裡是一樁調查中暴力犯罪的其中一個相關地點。我們在另一個國家檢視了各種歷史檔案和簽名，設法確認誰是一個古老宗教教派的正統繼承人。而我們也由於私人企業、家屬和他們的律師不滿對警方對可疑死亡案或明顯他殺案追根究柢的結果，而代表他們參與了歐洲、非洲、加勒比海地區和模里西斯一些高知名度的懸案。

公理國際難能可貴地擁有強大的鑑識科學能力，在世上許多地方專攻安全業務和法律服務，尤其是脆弱、衝突後的地區。我們不只在個案工作讓這種能力發揮很好的成效，也運用於支持層面，例如協助設計、建造、裝備當地的設施，建立情報資料庫和電子案件管理系統、將各領域的鑑識學科訓練到符合國際標準。所以我很高興事情的發展是這樣，而且這一切的勻稱安排也令人欣喜——起先是鑑識科學的訓練，支援辯方，支援警方，創新與複雜案件，現在是為海外提供服務。

許多年前，我在懷特島開心地採集海蛞蝓時，絕對無法想像有一天我會成為鑑識學家，也無法想像我會以不同於電視和電影中描繪的方式打擊犯罪與不公，而且不只在英國，也在世上其他的地方。更不用說我年近七十了，仍繼續做這些事！

你可能覺得，當了四十五年鑑識學家之後，我什麼都見識過了。其實當然沒有，因為案件五花八門，永無止境。此外，雖然我專精的事情永遠有需求（因為人們的行為永遠都差不多），但還是出現了一個新的疆界——網路犯罪，而我們需要新的觀點、不同的技術和尖端的工具才能對抗。

29 展望

自從我待在鑑識科學服務中心的早期，我就對鑑識科學充滿熱情。每樁案件都不同，在處理一樁案子的當下，那都是你做過最迷人的案子。每解開一個複雜的謎團，就讓人心滿意足。每次決定嘗試創新的方法、發展或採用了新技術，就讓人再次體認到科學的力量無與倫比。

過去四十五年來鑑識科學有了大幅的演變。甚至今日即使有人犯罪之後逃過法網，也很可能是經費有限的間接結果，而不是因為他們在犯罪現場沒留下任何微物跡證。如果警方能隨心所欲盡可能投入調查，如果鑑識學家受過適當的訓練，能掌握夠多在脈絡上重要的證物，現在非常可能可以破解大部分犯罪。

我生涯中鑑識科學最重大的發展，無疑就是ＤＮＡ鑑定。其他的重大改變還有數位鑑識掘起，反應了各種電子產品十分普及、使用頻繁，尤其是手機、個人電腦和筆記型電腦改變了我們的日常生活，此外還有監視錄影，則是記錄我們的生活。

電子產品能提供極為有用的證據，讓人知道誰和誰說過話、當時他們在哪裡、最近去過什麼地方、關注過什麼、買過什麼等等。從監視錄影的片段中，可能實際看到犯罪過程，或犯罪前後的行跡。有時這能直接證實身分，有時則讓你知道哪裡最適合取樣做傳統分析。不過這就像ＤＮＡ鑑定，也有些挑戰。在數位鑑識的脈絡中，這些挑戰時常需要檢查大量的資料，需要耗費大量的時間與成本。警方有經費壓力，而且需要夠多有適當資格的人做這些事，難免讓檢查受限，而我們也看到幾例法庭案件受到影響，數位紀錄中出現空白。這些空白可能是因為沒搜尋資訊，或是因為資訊並未揭露。這些空白可能讓一樁案件反撲，危及公眾對鑑識科學和警檢雙方的信心。

幾年前引進的ＳＦＲ（效率優化鑑識報告，streamlined forensic report），更是毫無助益。ＳＦＲ原先的目標是提早交出針對事實的簡短報告，協助調查員和檢察官辨識、探索認罪答辯的可能性，希望提供比較相稱的鑑識科學方法，能減少刑事司法體系中的開銷、官僚主義和延宕。ＳＦＲ分為兩種：ＳＦＲ1報告代表一樁案件最基本的資訊，通常由非科學家編寫；ＳＦＲ2報告則有科學家參與，但仍然只提供證據的狀況，完全不提脈絡。

如果ＳＦＲ1沒受到質疑，就能當作證據提出。如果受到質疑，就必須準備ＳＦＲ2報告。問題就在這，因為有時很難分辨他們的質疑有什麼依據（尤其是非科學家）。最近有一位訴訟律師告訴我，如果律師無法理解質疑ＳＦＲ１證據的特定理由，就無法申請必要的經費。所以檢方常常安於依賴有科學證據（例如可能和一個ＤＮＡ樣本有關）的ＳＦＲ１，但這些科學證據其實必須在案件的特定脈絡中檢視與考量。因此，原本希望成為有效率的系統，結果卻時常不易理解、受到誤用，導致普遍的混淆，危及司法正義。

過去幾年來，更令人擔心的是送交檢驗的證物數量大幅減少，價格減損了百分之三十到四十，而且警方愈來愈依賴鑑識服務內包（in-sourcing）——這都是經費削減的結果。在差不多的時期中，外部市場從將近二億萎縮到六千萬。除了這些因素之外，由於時限極為緊迫，還需要因趕不上時限而自掏腰包（罰金）；資格認證的費用節節升高；要更多的薪水才能留得住員工，導致傳統鑑識服務的供應者有的不斷虧損，有的財務十分吃緊。此外，許多鑑識科學家現在被學術機構招攬，最後我們恐怕能教鑑識學，卻無法實踐。這一切加上不穩定的招標時間表（去年警方工作有百分之七十五接受投標），以及在「贏家全拿」的模式下，供應者的工作量大起大落，因而影響了整體鑑識市場的穩定和最終的可行性。因此，有些供應者根本關門大吉，有些則拒接警方工作。其實，有三大家供應者進入破產監管程序，在尋找新贊助者的同時必須由警方客戶解救。真不知道這個故事的下一章會怎麼發展。

在這當中遭到遺忘的是，鑑識科學其實是效益很高的破案工具。只要看一些大型案件，比較一下無盡的重新調查、公開調查與其他調查的花費，和最後幫忙破案的鑑識科學花費多少，就知道了。此外，承受多年不必要的悲慘，最後才得到解脫，也是一種人力資本。

不過**真正**重要而必須回答的問題是，警方一面追捕罪犯，一面必須判斷來自犯罪現場、受害者和嫌犯的哪些證物需要檢驗、檢驗哪些項目，還要進行所有必要的檢測，然後上法庭提出理當中立的科學證據，這樣是否恰當。即使在某樁案件其實不重要，卻總是有風險，因此才會認為這很重要。況且在許多人的想法中，「觀感就是真相」。

光是選擇哪些物品要檢驗，就可能影響哪些證據會浮現。如果只尋找某些東西，就只會找到那些東西，然後案件就可能處在「自我應驗預言（self-fulfilling prophecy）」的風險。警方有個特別受歡迎的活動叫「搜查」，也就是檢查證物、尋找證據；之所以受歡迎，是因為聽起來直接了當，通常不需要昂貴的設備。但搜查其實是科學家工作中數一數二的關鍵，尤其在這過程中，可能找到或遺漏證據——甚至如果沒嚴格控制汙染的風險，還可能「產生」證據。如果忽略脈絡，只報告結果中的事實，卻沒考慮案件個別的脈絡狀況，就會進一步加重這些危險。

主要多虧了卓奕霆（Itiel Dror）博士和他在倫敦大學學院（University College）認知

神經科學研究所同事的研究成果，我們現在更加了解認知偏誤。簡單來說，認知偏誤通常是指一個人既有知識的一些層面，潛意識地影響了判斷和結論。在一系列的實驗中，將犯罪現場得到的指紋交給指紋檢驗師，詢問這些指紋是否和一名嫌犯的指紋吻合，結果展現了認知偏誤的影響。實驗一致發現，即使是合格而經驗豐富的檢驗師，仍會因為嫌犯是否認罪而影響判斷。即使同樣的檢驗師，如果得到不同的脈絡資訊，對同個指紋也會產生不同的看法。我們當然實際見過這種情形。比方說，在馬德里爆炸案中，ＦＢＩ辨識出布蘭登・梅菲爾德（Brandon Mayfield）留下的指紋——在一個裝有引爆裝置的提袋上發現。不久，西班牙當局比對指紋，找到了真正的炸彈客，是一名阿爾及利亞人。有些案例離我們更近，也有其他實驗發現認知偏誤同樣適用於ＤＮＡ鑑定。而確認偏誤（認知偏誤的一種）被列為最初誤認的一個影響因素。

目前鑑識機構的另一個風險是，雖然有很多進展，但不是所有警方的鑑識機構都通過國際認證，而**真的**得到認證的機構要保有認證，也可能不容易。這沒什麼奇怪，因為要得到或保有那樣的認證，既複雜又昂貴。不過，這確實讓外部的鑑識服務提供者和警方自己的內部安排比較起來，居於商業上的劣勢，因為外部提供者**有義務**通過認證，因此必須承擔相關開銷，才能投標警方工作。

政府指派的鑑識學監管員吉莉安・圖利（Gillian Tully）博士，對警方機構定下他們取得認證的期限。不過有些期限來來去去，而圖利的角色仍然缺乏法定強制力，因此她能做的並不多。認證顯然無法解決所有問題，不過確實提供可以進一步發展的穩固基礎。此外，認證也能確保員工得到訓練，機構的系統和程序能夠勝任且持續進步。

在認證的脈絡下非常重要的是，美國政府擔憂不牢靠的科學會導致誤判，於是由國家科學院（National Academy of Sciences，NAS）委託進行了一項鑑識科學研究。國家科學院在二〇〇九的報告中，以十三項建議總結了他們的結論。有趣的是，其中的建議包括鑑識科學應該不再受到警方／檢方的行政控制。此外，也應支持對鑑識科學準確性、可靠性和有效性的研究，以及人類觀察者偏誤和錯誤來源的研究。而且所有鑑識實驗室都應當強制取得認證，所有鑑識人員也應取得資格證明。

英國的鑑識工作分為警局內部機構和外部供應者，而採購系統為了方便委託與掌控，把工作拆分成最小公分母，因此導致兩種情況。首先，工作時常拆散給不同實驗室，因此唯恐導致缺乏整體管理、連貫性，而且很難確保能正確解讀結果。有時候，律師不知道應該讓哪些科學家在法庭上回答問題。警方的科學家看過證物的原始狀態，應該找他們嗎？還是拿證物樣本進行某種複雜檢驗的科學家呢？其實不論是誰，都看不到全局。最後，顯然是由法庭決定某人有罪或是清白。但如果證據破碎化了，事情可能更困難，而且根本沒必要這樣。

第二個影響是，檢測愈來愈集中於少少幾類分析方法。所以從前有各式選擇，方便發展有創意的調查策略，現在選擇卻愈來愈少了。科學家抱怨，他們被「去技術化」，未來有需要的時候，根本不再有那些技術和專長。

一些領域就在我們眼前消失，織物纖維正是個好例子。人人都穿衣服，當一套衣物和另一套衣物或和家具、汽車坐椅等等接觸（尤其是激烈的接觸），雙方之間通常就會有細小的纖維碎片轉移。舉例來說，如果我們沒搜尋纖維，我們在史蒂芬·勞倫斯案和彭布魯克郡濱海步道謀殺案，恐怕永遠不會找到血液（和ＤＮＡ）證據。

即使你手上有大量的證物，纖維也能告訴你其中哪些可能值得關注。纖維本身也能提供非常好的證據。問題是，由於仍然必須手動搜索、取得、分析、比對纖維，因此工作耗時，相對昂貴。說來或許有點諷刺，我們現在有技術可以讓整個程序自動化了；只需要一點研究經費改造，使之適用於我們特定的目標。但供應者都沒有餘裕，或願意在目前環境中冒險投資，自己「賭一把」。這也不能怪他們。拿ParaDNA在英國乏人問津的情況來說好了。雖然政府**確實**提供了一些研究經費，但主要需要經費的還是警方鑑識轉型計畫，讓他們把更多鑑識工作內包。於是事態繼續每況愈下。

我和警察談起我從事鑑識科學這些年間學到的教訓，他們總是反應熱烈，希望我為特定案件提供建議。我當然很樂意。但他們回到日常工作之後，顯然立刻就會因份內的大量工作而分身乏術，而那些案件也再度被擱置。只要在這鑑識科學服務中心工作過，對這樣的情況就很有共鳴。

這情況有個很大的隱憂——重新調查懸案時，檔案中搜尋起來最有收穫的一種樣本是採證膠帶。然而即使放遠看花不了多少時間，採取的採證膠帶卻愈來愈少。這表示，手上案件的其他線索都落空時（這是難免的事），不會永遠都正好有監識攝影機拍到影像，或罪犯及時就逮，可以扣押他的手機進一步檢查。所以沒什麼好重新調查的。將來這種情況顯然有損效率，一些司法不公的情況更可能無法扭轉。那麼警方深信有人有罪時，會發生什麼事——就像加地夫三人幫，或柯林・史塔格，或像比較近期的布里斯托（Bristol）教師克里斯多夫・傑弗瑞斯（Christopher Jefferies）被誤認殺害了喬安娜・葉茲（Joanna Yeates）？我們是否會回到依靠直覺行事的糟糕昔日，空有種種知識和技術卻缺乏充足樣本作為保障，無法揭露這些直覺背後的真相？

當然了，許多人會說現在由警方處理更多鑑識學事務的情形，只是恢復原狀而已。其實並不是這樣。除了指紋這一大例外（由於歷史因素，仍然由警方處理），鑑識科學一向都是獨立的活動。其實，我記得在鑑識科學服務中心時，只要法庭上有人質疑這種獨立性，例如有人說，「當然了，你那麼說是因為你幫警方工作」，我們都會強烈捍衛。

英格蘭和威爾斯絕大多數的鑑識科學，原本都是由總部提供，之後才都私營化。所以今日成為警方活動的程度，是有史以來第一遭。有趣的是，蘇格蘭的狀況恰恰相反，蘇格蘭鑑識實驗室現在脫離各別警局的控制，歸屬到蘇格蘭警政委員會（Scottish Police Authority）之下。北愛爾蘭的鑑識服務由隸屬法務部的北愛爾蘭鑑識科學局（Forensic Science Northern Ireland，FSNI）管理。

我恐怕最好澄清一下，我對警方的評論只針對警方工作的層面。整體而言，我對警方懷有深深的敬意，不只因為警方的努力，也因許許多多個別的警察，例如負責調查彭布魯克郡濱海步道謀殺案的史蒂夫・威金斯（Steve Wilkins），南威爾斯警察局主導麗奈特・懷特謀殺調查大獲成功的布蘭特・派瑞（Brent Parry），當然還有在公理國際的夥伴葛里格。就像其他組織一樣，不同警局中總有一些成員還有許多待改進之處。這也很重要，因為他們身居要職。不過以我的經驗來看，絕大部分的警察雖然時常處境艱難，卻表現出色。

我已經向各類聽眾發表過許多演講，包括資深警方調查員、法官、律師、醫護人員和大學生。大約一年前，我在一場全英國各警局的資深調查員年度研討會中演講，事後來找我的人數多得驚人，他們描述在偵辦的案件，詢問我從鑑識的角度會怎麼做——其實總是有些線索。所以顯然有很多人非常渴望鑑識科學可以有更創意、更全面的做法。然而像現在這樣，調查員和鑑識學家之間有一面採購之牆擋在那裡，就很難達成。所以學術人士目前都把心思放在系統運作的方式、認知偏誤和司法不公的風險這些層面。多少也使我深信我們不該糊里糊塗地落入會導致警方接手的處境，即使那是現在的系統所致，而且不是他們自己的錯。

我絕對天性樂觀，而且確實相信鑑識科學有辦法脫離目前的困境。但如果我們都消極以待，希望事情會自動解決，那就永遠不可能脫離困境（至少不會那麼快）。人人都需要主動關注司法正義。誰也不知道自己什麼時候會切身經歷——我不是指非要謀殺了誰那麼戲劇化的事。但如果你在錯誤的時間出現在錯誤的地點，誰知道你會染上什麼嫌疑，而嫌疑和後續效應就足以毀掉一個人。這是安全與自由最重要的面向，而我們都需要把對此的看法，傳達給我們選出來為我們管理這個關鍵面向的人。

理想的系統能在犯罪現場提供警方「立即」的鑑識，但有獨立的組織和管理，而且不會代價高昂。那樣的系統不只能支持警方的日常工作，在事情有其他可行、恰當的處理方式時，也讓他們能聽取建議、受到質疑。這些服務應該包括指紋；指紋對鑑識學家而言只是另一種痕跡，而且是主流鑑識工作不可或缺的一部分，應該和鑑識工作無縫結合。蘇格蘭系統顯然展現了這種合作方式的優點。

創新也需要一些關注，因為警方在經費削減下助長過度競爭，使得價格壓得過低，導致公司缺乏足夠的資金研發，讓自己跟上其餘科學界的發展腳步。所以要不是費用中必須計入研發經費，就是供應者需要得到（或更容易取得）其他的研發資金，尤其是在數位鑑識這些變動迅速的科技領域。因此和學術界的合作夥伴關係應該成為常態。

我知道這一切都和最近的趨勢相反，但確實需要有些改變——而且愈快愈好。有許多關於鑑識學的「浪漫想法」，尤其在鑑識科學服務中心關門之後。但由於鑑識科學服務中心落入的處境，以及引入競爭之後對服務費用和創新的強烈正面影響，我整體上還是贊同市場法。我擔憂的是，有些膚淺的研究指出事情大約是在二〇一二年開始走岔，然後假定那是因為鑑識科學服務中心關門的原故，結論是，我們需要重建鑑識科學服務中心。鑑識科學服務中心在許多方面固然出色（別忘了，我自己就是從那裡出來的），但無庸置疑的是，後來卻變得自負而安於現狀，警方何時會拿到什麼，全由他們決定。最後演變成明知就裡的新供應者，太容易脫穎而出。

在這話題的最後，我們單獨來看看獲利這回事。一般人普遍認為，任何商業組織只對大量獲利、分潤給股東有興趣。我在鑑識業的期間，從來沒有任何獲利可以分潤；那些獲利都回注到企業中。而我們並不會預期賺進多少利潤，因為鑑識業基本上是私人經營的公共事業。

公眾有不少要擔心的事，鑑識科學恐怕在大多人關心的事務中敬陪末座，也是情有可原。不過我在想，如果大家了解到警方有興趣負責提供「公正」的鑑識科學證據，支持他們起訴，大家會不會比較關心一點。認知偏誤和其他偏誤的風險總是存在。我擔心的是，我們其實承受了不必要的風險。

整體而言，我們的系統運作得還不錯（一些糟糕的司法不公是例外）。但我們不能因此自滿。事態不斷變化，美國哲學家喬治・桑塔耶納（George Santayana）說得好：「不記得過去的人，註定重蹈覆轍。」現在已經看得出那會導致更多司法不公的情形，所以我們別糊里糊塗陷入那樣的窘境，否則所有困於系統中的鑑識學家，都免不了承受所有責難。我們必須確保鑑識科學就像鑑識科學供應者協會（Association of Forensic Science Providers）建議的那樣，仍然健全、透明、合理而平衡。我們必須保證鑑識科學是在案情關鍵時，會由合格的獨立鑑識學家為辯方查核；也必須確保我們花了多年習得那些不可或缺的技術不會流失——除了特定證據種類相關的技術，還有如何整合技術而擬定有效的調查策略；有效的調查策略近年非常成功地解決許許多多最複雜的案件。

30 彭布魯克郡濱海步道謀殺案

約翰．古柏（John Cooper）在十七歲到二十一歲間被控攜帶攻擊性武器、未經同意占用（ＴＷＯＣ，taking without owner's consent）一輛機車、襲警、酒醉鬧事和襲擊造成身體傷害（ＡＢＨ，assault occasioning actual bodily harm）等罪。之後他結婚生子，似乎就定了下來。

一九七八年，古柏應該三十多歲時，因下注找球的彩券贏得九萬英磅。雖然九萬元在當時是一大筆錢，但顯然沒多久就被他花光賭盡。之後，在一九八三年，威爾斯離他家不遠的地方發生一起入室搶劫案，之後在一九八五年又有兩起搶劫，一九八六年有另一起入室搶劫，一九八八年也是……一九九八年古柏入獄時，已經犯下三十起入室搶劫和一起暴力持械搶劫案。

古柏在彭布魯克郡入室槍劫、打劫鄰居的那些年間，那地區發生了一些更重大的刑案。古柏入獄八年後，ＬＧＣ鑑識（也就是我當時工作的公司）受到督察長威金斯所託，參與渥太華行動（Operation Ottawa）。威金斯剛從默西賽德警局來到戴菲德・博厄斯警局（Dyfed Powys Police），懷疑古柏可能和一些重大刑案有關，因此發起行動調查。委託我們複查的是兩件雙重謀殺的懸案，以及一個發生於米爾福德港（Milford Haven）的持槍多重性侵案。

第一起謀殺案發生於一九八五年聖誕節前夕，導致李察與海倫・湯瑪斯死亡，兩人當時都五十多歲。一場火警讓緊急服務單位來到他們離群索居的農舍——史柯夫史東莊園（Scoveston Park）。在一樓發現海倫嚴重燒焦的屍體，一旁是因火災和屍體一起從樓上臥室落下的雜物殘骸。李察的屍體發現於二樓的一個樓梯平台處。

由於兩人身上都有槍傷，起初認為他們死於自殺或謀殺。接著發現在李察屍體旁一張染著泥巴的毯子和一間外圍建築裡一灘血裡的三枚彈殼，令人懷疑他可能在外圍建築或附近中槍，然後裹在毯子裡，經過泥土地拖回主屋。雖然警方聯合緝凶，此案卻始終沒偵破。

四年後，彼得和關妲・迪克森夫妻遭到謀殺，距離彭布魯克郡濱海步道不過幾哩。迪克森夫婦也都五十多歲，在一九八九年六月十九日星期一來到那裡，度過一個平凡的露營假期。十天後，二十九日星期四，他們把帳篷留在營地晒乾，沿著濱海步道最後散個步。他們顯然打算那天稍晚就開車回到牛津附近的住家。但星期一他們該回去上班卻沒出現，於是他們的兒子打電話給營地主人，營地主人向警方通報失蹤。將近一星期後，最後一次有人看見他們，是在濱海步道旁一道陡峭的崖邊平地的下層灌木中尋獲其屍體，屍體局部被斷裂的樹枝和植被遮掩。

關妲近距離中了兩槍。她衣物凌亂，不難看出她也遭到性侵害。彼得的屍體（衣著整齊）就在附近不遠，非常靠近崖邊。他的雙手被灰色聚乙烯繩索綁在背後，他也是近距離遭槍擊，中了三槍。

攻擊的主要動機似乎是搶劫，不論誰殺了迪克森夫婦，顯然都搜了他們的帆布背包，偷走了彼得的皮夾。凶手想必取得彼得至少一張提款卡的密碼，因為六月二十九日最後一次有人見到夫婦兩人之後，彼得的戶頭在三個鎮的四台提款機被提走了錢。

警方呼籲各界提供資訊，一名目擊者說他注意到有個男人由一台提款機提款時舉止怪異，並且詳細描述了那個男人。畫家速寫的結果是一個髮長及肩的男人，揹著帆布背包，身穿及膝的卡其色短褲，腳踏登山靴。同時段裡，其他地點目擊者也看到使用提款卡的人，其實和這個男人十分相似。

屍體尋獲時，炎熱的天候加速分解過程，因此很難找到ＤＮＡ證據。雖然警方大力投入，但沒找出任何嫌犯。

讓戴菲德·博厄斯警局束手無策的第三個懸案，是七年後五名年輕人在米爾福德港受到的攻擊事件。這群青少年走過一片田野時，一個男人上前來要他們交出錢，接著用槍威脅他們，同時性侵害其中一個女孩，強暴了另一個。這起攻擊事件讓五人都受到嚴重的創傷。但攻擊者戴著頭套，因此他們無法描述其特徵。他們倒是提到一件事——他的槍似乎塗了黑漆；這細節當時看似不重要。

威金斯複查完三樁案件後，深信古柏是主嫌。由於古柏很快就要有資格出獄，因此威金斯在二〇〇六年請我們特別調查迪克森夫婦的謀殺案。

他告訴我：「我們有許多間接證據顯示古柏涉案。我們只需要一點獨立、公正的寶貝科學證據就好。」

我記得當時我心想，「但你們可能得到證據，也可能不成，因為你們對他的猜測可能正確也可能有誤。」

威金斯只希望我們檢查ＤＮＡ，因為ＤＮＡ能提供統計上非常有力的證據。於是我派出里斯利實驗室非常高竿的一組科學家處理此案，他們找過所有明顯的地方——用來將彼得雙手綁到背後的繩子、彼得的腰帶、關妲被脫下或拉上的衣物、兩人屍體上採集的拭子。屍體的腐敗狀況使得工作困難多了。我們的調查毫無進展，於是決定開始尋找其他種類的證據。

就像書中敘述過的其他幾案一樣，我們從經驗學到，比方說衣物上的織物纖維通常在人們彼此接觸時會轉移，可能帶你找到ＤＮＡ，並且本身也能證實雙方曾經接觸。但或許我們把擔憂告訴警方時，解釋得不夠好，或許不夠有說服力，因為警方仍然堅持只對ＤＮＡ有興趣。

我們的調查可能有問題的第一個跡象是，有一天威金斯打電話給我，其實說的是：「妳參與這樁案件十八個月了，什麼都還沒找到。我要ＬＧＣ鑑識抽手，交給別人做了。」

當時我們成績斐然（懸案和當前的案件都是），我知道我們似乎沒任何進展，一定有原因。於是，我和里斯利的同事談過究竟是怎麼回事之後，便安排和威金斯見面。說實在，那是我和警方最辛苦的一次會議。他們人勢眾多，而且一致懷著敵意。但我解釋了我們被ＤＮＡ綁手綁腳，如果要找到此案的切入點，顯然需要掙脫這個束縛，於是威金斯終於同意給我們多一點自由、多一點時間。

我能理解他為何對我們那麼沒耐性。如果古柏像警方強烈懷疑的，**確實**犯下那四起謀殺和性侵案，那麼殘暴的凶手就要被放回他們的社會中了。所以，爭得威金斯同意之後，我們擴大了鑑識調查的範圍，特別從織物纖維開始著手。我選了羅傑．羅布森來負責這項工作（我知道他辦事不遺餘力），他未可限量的妻子艾普則主導搜查。

我們向往常一樣指望犯罪現場幫我們確定搜查的優先順序。我們幾乎立刻就在藏住屍體的枝幹和彼得的腰帶上，找到了藍色壓克力纖維。我們知道罪犯一定密切處理過這些枝幹，看起來他戴了手套，這可能是我們那麼難找到「外來ＤＮＡ」的另一個原因。

和古柏有關聯的所有入室搶劫，都發生在距離他住處大約半徑二哩內的地方。他的作案手法是在走回家的路上，把他覺得不值得銷贓的珠寶、自己的衣物（他的犯罪裝備），大概還有任何他不想要的東西，都丟棄在田野邊的灌木圍籬裡。找到的衣物中有個黑色頭套、鮮豔的絨毛夾克，還有一大堆手套，其中有些是藍色壓克力纖維織成。有隻手套的纖維和樹枝與彼得腰帶上的一些纖維吻合，另一些纖維十分相近，我們覺得很可能來自那雙手套的另一隻。這是我們期待已久的突破。我不知道警方有多佩服我們，但我們當時知道，應該可以讓這案子加速進行了。

說來好笑，人居然能記得一樁案件中非常重要的個別證物編號。手套的編號是BB109。我相信有些同事也還記得。最後，也在彼得的短褲、毛衣和腿部採證膠帶上，以及關妲裸露的身體部位和她的毛衣上，找到BB109型的纖維。

黏性採證膠帶的厲害之處是可以從物體表面黏下任何東西，毫無遺漏——織物纖維、玻璃、塗料、毛髮、血和精液都逃不過。古柏廚房一只櫥櫃頂上找到一件短褲上。在我們檢查短褲的採證膠帶、尋找織物纖維時，注意到細小的薄片狀血屑。

血屑的ＤＮＡ鑑定得到一個完整的圖譜，和彼得．迪克森的圖譜吻合。得到吻合的圖譜但血液來自和迪克森無關的人的機率小於十億分之一。但在我們把發現告訴別人之前，又檢查了一次短褲，這次是辛苦地在顯微鏡下檢查，結果發現薄片狀血屑應該是來自一個血跡，於是也拿血跡去鑑定。我們從古柏短褲左褲管後細小的血跡得到的結果類似，但稍稍沒那麼完整。即使如此，那血跡也只有四億八千萬分之一的機率不是來自迪克森。

血液的ＤＮＡ鑑定結果送來之後，我打電話給威金斯。

威金斯說：「我在開車。進行得如何？」

我提議道：「你還是靠邊停再回撥給我吧。我把我們的進展告訴你。」

他顯然只預期我更新我們在做什麼。所以他幾分鐘後打回來，我告訴他，「我想我們可能找到你的寶貝了」，然後聽到他聲音中的喜悅和捶打方向盤聲，我感到心滿意足。

二〇〇九年，古柏遭到逮捕，偵訊短褲時，古柏聲稱他兒子時常穿他的衣物。但進一步的鑑識檢測顯示，和短褲一同提交的一條手帕（原來應該在短褲口袋裡）只有他的ＤＮＡ，而短褲的拉鏈處的精液和陰道分泌物混合物中，有他自己和他妻子的ＤＮＡ。所以可以假定穿短褲的是他，不是他兒子。

古柏爭論的另一項證據是，迪克森夫婦屍體發現後不久在數個地點使用提款卡的男人，速寫一點也不像他。他的主要論點是，他從來不像畫裡的男人一樣髮長及肩。但原來迪克森夫婦被殺前的一個月，古柏曾經出現在一個全國性的電視節目《靶眼》（*Bullseye*）裡。一名記者設法找到那段影片，發現古柏的頭髮幾乎和速寫裡一樣長。

我們非常關注的另一項證物是一把削短型霰彈槍，是在那幾案入室搶劫調查過程中，在一道灌木圍籬裡找到的。槍上少了一小顆螺絲，而古柏房子一間棚屋掃出的垃圾裡有顆完全同型的螺絲，這是證明他先前犯行的證據之一。此外，那把槍的槍管漆成了黑色。

警方把槍收在一個袋子中。我們在顯微鏡裡觀察證物袋底取得的一些油漆碎片時，有些似乎帶著紅色，血液檢測結果是陽性。我們又刮了點槍上的黑油漆，才發現表面血液得到的部分ＤＮＡ圖譜不是來自彼得·迪克森或和他有血源關係的人的機率，不到十億分之一。

在此同時，我們也收集了大量的織物纖維關聯，許多牽起了古柏住家找到的BB109與其他手套，以及在灌木圍籬找到的頭套和絨毛夾克與他棚屋地板掃起的垃圾之間的關聯。事件過後一段時間才檢查衣物時，口袋是個搜查的好地方，因為口袋會留住手上的纖維，在大部分表面纖維應該已經脫落時，仍然保存。我們在古柏短褲口袋發現兩種聚乙烯纖維。

李察·湯瑪斯死亡時穿的大部分衣物，都在一九八五年史柯夫史東莊園的火災裡付之一炬，或破壞到難以復原的程度。不過他的一隻襪子有部分逃過了火焰，而古柏口袋裡的纖維居然符合襪子採集到的兩種纖維。

古柏和米爾福德港受到性侵害的兩個女孩也有強力的織物纖維關聯。其中包括兩個女孩衣物內側找到的纖維，可能來自一個灌木圍籬裡發現的一雙手套。此外也有反向轉移——從衣物轉移到手套上的纖維。甚至有根纖維可能來自BB109，這根纖維是在一名女孩站在紙上接受後續醫療檢驗時掉落的。此外，手套和古柏已被定罪的持械搶劫之間也有關聯——包括在灌木圍籬找到持械搶劫使用的槍枝。

這些強而有力的科學證據，證實了短褲上有彼得·迪克森的血。但畫家速寫中男人穿的短褲雖然類似，卻比較長，稍稍影響了這個證據的效力。所以我們再次檢查古柏的短褲。我們更仔細檢查，才意識到短褲出廠後曾經改短過。作工俐落，但顯然是家庭手工——可能是古柏的妻子改的，她曾當過女裁縫。

拆掉短褲的褶邊時，發現一小個模樣古怪的血跡，其中除了血，還有別的東西，可能是某種黏液或鼻腔分泌物。我們用最敏感的ＤＮＡ技術——DNA SenCE（我們早先在細胞標記公司發展出了增強技術，這是ＬＧＣ的版本），並且用三十四回合循環反應的短縱列重複序列當額外檢查。結果發現，古柏短褲摺邊裡血跡的ＤＮＡ是混合ＤＮＡ，但其中含有迪克森夫婦之女茱莉（Julie）ＤＮＡ中的所有要素。

我們除了經常和警方開會，也提交書面報告為他們更新資訊，他們對我們的進展顯然很開心。然而，我們向警方和檢方律師解釋我們在短褲收短的褶邊裡發現了什麼，他們（尤其是檢方律師）憤怒地告訴說：「太荒謬了。你們給我們回去再做一次檢驗和計算。」

雖然新證據看似難以置信，但科學不會說謊——真相確實可能比小說更離奇。所以我們知道，我們其實要回答的問題是，「**為什麼**茱莉．迪克森完全沒接近古柏，也沒去她父母屍體尋獲的濱海步道附近，但她的DNA卻出現在古柏的短褲上？」

我們的檢驗顯示，短褲褶邊裡血跡中的一些組成來自一個「不知名人士」。有鑑於對我們的批評聲波愈來愈高，我們求助於一名專精於鑑識科學的著名統計學家大衛．鮑爾丁（David Balding），請他給我們不同的意見。他確認我們的結論正確之後，說：「SenCE鑑定系統的DNA鑑定結果……DNA來源為茱莉．迪克森和一名與她無血源關係的不知名女性的可能性……是DNA來源為兩名不知名女性，且和茱莉．迪克森無關的可能性的九億九千萬倍。」所以我們再度檢查犯罪現場相關的證據，確認沒漏掉任何線索。

我們已經知道，迪克森夫婦遭到近距離槍擊，因此他們的凶手必定搬動了屍體，把屍體移動到後來發現的地方。那樣的話，他身上很難不弄到一些他們的血。犯罪現場拍攝的照片顯示下層灌木中的屍體、夫妻倆開敞的帆布背包以及背包裡掏出來的一些物品。有些散落在屍體附近地上的物品，似乎是他們隨身攜帶的換洗衣物。所以，如果短褲其實屬於受害者，而古柏在他們的帆布背包裡翻找錢和提款卡時發現了短褲，決定換掉他自己染血的短褲呢？迪克森夫婦的女兒和他們同住在牛津附近的家，短褲上也有她的微量DNA，前述的解釋確實是看似合理。之後，如果古柏曾把短褲帶回**他**家，而他妻子重新縫了短褲褶邊，古柏根本不會知道新摺邊裡藏著血跡，況且血跡太小，一點也不醒目。

我選了DNA科學家菲爾．亞凡內爾（Phil Avenell）處理案子的這些部分。亞凡內爾這種人不會因為事情不合常理而惱亂。他不只表現得很好，而且承受了一些嚴厲的批評之後，警方和律師才發現他根本不會破壞關鍵證據；他的發現其實支持關鍵證據。

任何科學調查（不論是鑑識或其他調查）的一個原則是，如果事情說不通，或發現意料之外的事，別洩氣。我們反覆檢查DNA檢驗的結果之後，知道科學層面沒錯。一旦陪審團看過所有證據，聽過所有可能的解釋之後，就交由他們來判斷了。二〇一一年古柏的審判正是如此。古柏謀殺李察與海倫．湯瑪斯、彼得與關妲．迪克森，以及一系列性侵害與五件意圖搶劫不幸在田野間遇到他的年輕人的罪名成立，判處無期徒刑。

31 反思

我寫這本書時，回顧數以百計的案件檔案，驚訝地發現那些打洞的紙張用牌子的金屬頭綠色文件繩固定在一起，或是把藍色資料夾塞得鼓脹，代表著我人生很大的一部分。我二十幾歲時，總是想像我「老的時候」會勉強待在工作崗位上。（當時我無法想像老了是什麼情況。而現在我根本不確定這能不能算某種「情況」！）我從前深信我五十七歲就會退休，就像鑑識科學服務中心遇到人口學和財務危機時，我一些同事的做法。但現在，我已經年近七十，卻仍然在做這一行。我想這是因為我仍然享受那些挑戰，而且挑戰每次都有些不同。不論謀殺案多久遠、多複雜，我對於該怎麼直搗問題的核心都有各式各樣的主意，我就愛這樣。何況我知道周圍的人會有更多（很可能更好）的主意，而且完全知道該怎麼做，這我也很愛。我也喜歡走進任何不及格的鑑識實驗室（世上哪裡都好），而直覺知道出了什麼錯，如何導正——就像名廚戈登・拉姆齊（Gordon Ramsay）的地獄實驗室，不過希望稍微親切一點，而且不會滿口髒字！

近來我最享受的一件事，是看到我的年輕同事發展出自己的專業性格。我和一些極有才華的人共事，有些了完全了解我們這些年在鑑識科學發展出非常成功的全方位方式。畢竟可以幫忙將惡人繩之以法，同時又洗清無辜者的罪嫌，還有什麼更令人滿足呢？

全方位方式和新科技的結合可能非常令人驚豔。我對未來的一個期望是，這方面能受到認可，好好發展。否則的話，我們學到的一切都可能被棄置在歷史的垃圾場，反而用更平凡、沒那麼有效率的做事方式。那麼一來，調查和司法的品質都會更低落——完全是為了重成本而輕價值的短期財政目標。

除了我在二十九章提過的那些事之外，今日令我擔憂的，還有鑑識學家在他們日漸狹隘的專業之外，不再受訓用更全面的角度看事情、思考，進而促成全方位訓練的技術正在流失。因此要用最有創意、最有效的方式對付新的犯罪趨勢就更困難了（就像目前和販毒集團有關的持刀犯罪潮流，或日益複雜的網路犯罪）。

我意識到，人通常頂多能把自己學到的大約百分之十傳遞給他人。世事不斷變化，新一代終究希望用自己的方式嘗試他們自己的想法。而且顯然必須鼓勵他們這麼做。不過這表示，人類得花不必要的時間重新發明老東西。只要我們建造出一流的賽車時能體認到這一點，就能接著設法把其中一些基礎要素融入接下來要設計的任何東西。

這些年來我參與過數千樁案件，要選出寥寥幾件來寫，實在困難。然後最近有人問我，有沒有我想參與但沒參與到的案件。答案是，瑪德琳．麥肯恩案絕對是其一。我不知道當時我們能不能找到任何線索。但我並不喜歡報紙的報導。感覺太專注於標準的犯罪現場，而不是實驗室可以拿僅有的那些證物找出什麼（不論多麼貧乏）。

我想重回的另一個犯罪現場是威爾斯的一間偏僻農舍，一九九三年，梅根（Megan）和哈利．圖澤（Harry Tooze）在那裡遭到槍殺。他們女兒的男友受審，被判謀殺他們的罪名成立，處以無期徒刑，之後由上訴庭撤銷他的罪名。一段時間之後，我去了那裡。原始調查應該是由切普斯托的鑑識科學服務中心做的，我不記得為什麼警方找我跟他們去那裡了。當時沒找到看起來有用的證據。但那之後我們有了許多處理懸案的經驗與成績，誰知道現在會如何？

我想大多數人對鑑識科學的印象大概都來自電視，是犯罪現場和科學家蹲在溝渠裡想像；或許本書有助於突顯鑑識科學不只是這樣。犯罪現場顯然是一切的開始，而我們確實趴在溝渠裡，但這通常是為了更仔細查看某樣東西。對於接下來要怎麼做，以及結果的細節該作何想，犯罪現場至關緊要。但真正的能力主要就在此派上用場。這就是需要辛苦投入的地方，也是如果問對問題就能找到答案的地方。這也是電視上犯罪劇略過不談的部分。鑑識學家的角色在那些作品裡有點扭曲，理由雖然情有可原，但終究會誤導人。因為現實是，實驗室裡發生的事都需要數天、數星期、數個月，有時甚至數年的仔細觀察、複雜的檢測、看顯微鏡、改進策略、撰寫報告、和警方討論接下來的步驟、得到共識，而每個步驟都設計成盡量節約寶貴的預算。但通常值得，而且我已經提過了，另一個選擇是無盡的重新調查，偶爾出了嚴重的差錯，會進行公開調查；相較之下這樣絕對比較划算。

以下是我多年間學到的一些教訓，尤其和如何破解懸案和複雜案件有關。

- 絕不假定經驗豐富的優秀科學家參與案件，就絕對會找到所有證據。
- 要挑戰你可能會或不會找到什麼的固有期待；有些期待未必正確。
- 不論犯罪發生在多久以前，不論犯罪現場在這段期間可能改變多少，永遠都從犯罪現場著手。你必須明白這一點，而且除了你，很可能沒人對必要的細節這麼追根究柢。
- 別忘了，凡是接觸都會留下微物跡證——可能只是很難找到。從歷史演變來看，有個因素通常讓事情更複雜——我們以前是找到小得無法檢驗的東西，現在變成要檢驗小得無法找到的東西。
- 對於要檢驗的東西要有想像力，但在尋找的過程中要不屈不撓。（比方說，我們在處理麗奈特·懷特謀殺案時，不得不回鑑識科學服務中心的檔案室好幾次。）

- 必要的話，就發明新技術。即使要花一點時間，長久來看還是值得。
- 要意識到你有了眉目，不論線索多小、多不可能；然後絕對要徹底調查。這非常重要。
- 如果你找到一種證據，就很可能還有別種證據。
- 別隨便把任何事歸類於「太困難」——必要的話，把油漆一層層刮掉檢查也在所不惜。
- 接受「真相時常比小說更離奇」，如果看起來真是這樣，別因此懊惱。
- 拓展視野，看向更遼闊的科學社群，得到專業知識和經驗的所有益處。不過要確保用恰當的方式呈現——法庭通常對面前的科學研究人員沒轍。
- 帶著調查員和你一起踏上旅程——否則可能你還來不及得到頭緒，就被他們阻撓。
- 保持獨立，別陷入傳統或偏誤的思考方式。
- 事情說不通、狗沒吠叫時，務必查出為什麼。事出有因，而這原因可能非常重要。

當了四十五年鑑識學家之後，我想我給大家最好的生涯建議是，找件你真正喜歡做的事。找到之後，你的工作自然成為你喜悅的泉源，也成為你的熱情所在。那麼一來，你就不再介意漫長的工時以及明天就**必須**達成承諾的嚇人時刻，而且成果必須完全正確、**非常**理想，因為有人的性命可能真的就要仰賴你的結果。

謝辭

我的生涯中，很幸運能與英國許多最有才華的鑑識學家共事。有些已在本書中提起，但還有更多人，我萬分感謝他們以形形色色的方式，在個人和專業方面豐富了我的生命，並且讓我得到多到不能再多的工作成就感。

沉默證詞：血跡型態、DNA鑑定、數位鑑識，一位鑑識科學家的破案實錄
When the Dogs Don't Bark

作　　者❖安吉拉．蓋洛普（Professor Angela Gallop）
譯　　者❖周沛郁
美術設計❖許晉維
內頁排版❖零柒壹
總 編 輯❖郭寶秀
責任編輯❖黃怡寧
行銷業務❖許芷瑀

發 行 人❖凃玉雲
出　　版❖馬可孛羅文化
10483臺北市中山區民生東路二段141號5樓
電話：(886)2-25007696
發　　行❖英屬蓋曼群島商家庭傳媒股份有限公司城邦分公司
10483臺北市中山區民生東路二段141號11樓
客服服務專線：(886)2-25007718；25007719
24小時傳真專線：(886)2-25001990；25001991
服務時間：週一至週五9:00～12:00；13:00～17:00
劃撥帳號：19863813　戶名：書虫股份有限公司
讀者服務信箱：service@readingclub.com.tw
香港發行所❖城邦（香港）出版集團有限公司
香港灣仔駱克道193號東超商業中心1樓
電話：(852)25086231　傳真：(852)25789337
E-mail：hkcite@biznetvigator.com
馬新發行所❖城邦（馬新）出版集團
Cite (M) Sdn. Bhd.(458372U)
41, Jalan Radin Anum, Bandar Baru Seri Petaling,
57000 Kuala Lumpur, Malaysia
電話：(603)90578822　傳真：(603)90576622
E-mail：services@cite.com.my
輸出印刷❖中原造像股份有限公司
初版一刷❖2020年7月
定　　價❖400元（如有缺頁或破損請寄回更換）

ISBN：978-986-5509-28-6

城邦讀書花園
www.cite.com.tw

國家圖書館出版品預行編目(CIP)資料

沉默證詞：血跡型態、DNA鑑定、數位鑑識，一位鑑識科學家的破案實錄／安吉拉．蓋洛普(Angela Gallop)著；周沛郁譯. -- 初版. -- 臺北市：馬可孛羅文化出版：家庭傳媒城邦分公司發行, 2020.07
面；　公分
譯自：When the dogs don't bark：a forensic scientist's search for the truth
ISBN 978-986-5509-28-6（平裝）

1.蓋洛普(Gallop, Angela.)　2.法醫師　3.傳記
4.刑事偵察　5.英國

548.6941　　　　109007173